Economic Sociology of Ethical Market
Spontaneous order and fair trade

倫理的市場の経済社会学
自生的秩序とフェアトレード

畑山 要介
HATAYAMA Yosuke

学文社

倫理的市場の経済社会学

自生的秩序とフェアトレード

まえがき

　本書は，市場経済と市民社会の境界融解という1980年代後半以降に観察されるようになった新たな社会変動を背景に負っている。かつて，対立的緊張関係を構成していた両者は，いまや相互補完的なカップリングを形成しつつあり，このカップリングのなかで市場の利害関心が生成・制御されるとともに市民社会の規範的理念が促進されるという社会編成が進行している。

　こうした社会編成を，「新しい公共」イデオロギーの下で普及してきた新たな統治メカニズムの台頭であるとみなすこともできるだろうし，市場経済と市民社会の止揚という近代社会悲願のプロジェクトの展開であるとみなすこともできるだろう。いずれにせよ，旧来的な二項対立的関係が相対化されることによって，この今日的構図をいかにして理解・説明するかという大きな問いが社会学に課せられることになった。そして，この問いに直面した社会学という学問は，市場と社会の関係を再びみつめ直す必要に迫られている。

　ここで「再び」というのは，そもそも社会という問題意識それ自体が市場経済の台頭という背景のなかで形成されてきたことを想起する必要があるということである。M. ウェーバーやÉ. デュルケムの社会学の背後にあったのは，19世紀に台頭してきた市場経済という強大な社会編成原理への問いであった。ウェーバーは市場の成立条件として社会を問い，他方でデュルケムは市場の制御機制として社会を問うた。両者における市場と社会の関係図式はけっして同じではないが，しかし両者においては市場と社会の関係は単純な二項対立図式に収まるものではなかったし，それゆえにこの関係の分析をめぐって両者は膨大な時間と労力を費やさねばならなかった。

　市場と社会の関係が「問い」ではなく「前提」となったのは，20世紀における東西冷戦構造の成立以降，「資本主義／社会主義」という明確な二分法的世界観が社会科学の認識を支配するようになってからであるように思われる。

この時代には「市場と社会の関係」という問いは忘却され，代わりに「市場か？社会か？」という新たな問いが登場した。この時代においては，市場経済が拡大するということは社会的領域が破壊されるということに等しかったし，それゆえ善き社会を実現するということは市場経済の拡大に抗うということに等しかった。むろん，今の時点からみれば，それは1980年代後半に東西冷戦構造が崩壊するまでのわずか数十年ほどの間しか有効性をもたなかった時代制約的なパラダイムであったといえる。

そして，この東西冷戦構造の崩壊という契機において，「市場と社会の関係」という問いが目を覚ますことになった。逆にいえば，「市場／社会」という二項対立パラダイムでは，もはや政治経済的な複雑性の増大を処理しきれなくなったことの帰結としての構造崩壊であったともいえる。A. ギデンズをはじめとする1990年代以降の社会学は，目を覚ましたこの古典的かつ新しい問いを準拠点として現代社会を分析することを余儀なくされた。90年代に経済効率性と社会的公正の「両立」という議論から再出発したこの問いは，今日では，市場経済への市民社会の「内部化」という議論へと進展しつつある。公正であることが効率的である社会，少なくともそうした言説によって駆動しつつある社会を社会学が対象とする時代になっている。

本書が探究する「倫理的市場」の分析の背後にあるのは，こうした社会学的コンテクストである。そして，この分析を支える問題構成は，この四半世紀に初めて誕生したものではない。それは19世紀末から社会学の中心的問いとして存在し，その後，半世紀以上の間に渡って忘却されながらも，数十年前にようやく目を覚ました「市場と社会の関係」をめぐる問いである。

本書は具体的な分析対象として，途上国の労働者に公正な対価を支払う「フェアトレード」を扱うが，これは経験的にはこの十数年で注目されるような生産・取引・消費のあり方でありながらも，その背後には100年に渡る「市場と社会の関係」をめぐる問いが伏在している。本書が狙うのは，フェアトレードを社会学が背負ってきたこの問いの俎上に乗せることで，倫理的市場の現代的

な意義と課題を明らかにすることであるとともに，逆照射的にこの問いそれ自体を「市場経済と市民社会の境界融解」という今日の社会学的文脈のなかで再活性させるということにほかならない。いささか大胆な問題設定を掲げてしまったが，これが本書の背後にある試みである。

　2016 年 10 月

畑山　要介

目　次

まえがき ……………………………………………………………………… i

序章　問題の所在 …………………………………………………………… 1

　はじめに ……………………………………………………………………… 1
　1　倫理的市場の台頭 ………………………………………………………… 3
　2　フェアトレードの「転換」 ……………………………………………… 5
　3　行為と秩序の連関 ………………………………………………………… 7
　4　規範・諒解・共生 ……………………………………………………… 11
　補論　予備的考察——経済社会学の基礎カテゴリー ………………… 13
　　　1．価値と交換　13／2．市場と競争　15／3．公正な取引　17／
　　　4．慣習律と制定律　20
　結　び ……………………………………………………………………… 23

Ⅰ部　倫理的市場の理論

1章　自生的秩序としての倫理的市場
　　　——「倫理的市場のパラドクス」の脱パラドクス化 …………… 26

　はじめに …………………………………………………………………… 26
　1　倫理的市場とは何か …………………………………………………… 27
　2　倫理的市場のパラドクス ……………………………………………… 29
　3　自生的秩序論の理論的認識 …………………………………………… 31
　　　1．メンガーの問い　31／2．ハイエクの自生的秩序論　34
　4　観察水準の区別としての主観主義 …………………………………… 37
　　　1．シュッツによるパーソンズへの批判　37／2．目的動機と理由動機　40
　5　ルールに従うとはいかなることか …………………………………… 43

1．パースペクティブの反射　43／2．いかにしてルールは学習されるか　45
　6　経済の社会的制御 ··· 48
　　1．埋め込み概念と開放システム理論　49／2．オートポイエティック・システムとしての経済　52／3．「埋め込み」から「構造的カップリング」へ　56
　結　び ·· 60

2章　社会的経済と倫理的市場の分水嶺
　　　　── K.ポランニーと F.ハイエクの社会観をめぐって ·························· 65

　はじめに ·· 65
　1　2つの「ホモ・エコノミクス批判」 ·· 66
　2　ポランニーによる新古典派経済学批判とその射程 ····························· 70
　　1．市場経済の特殊性　70／2．人間の経済　72／3．機能的社会主義　73
　3　ハイエクによる新古典派経済学批判とその射程 ································ 76
　　1．均衡分析批判　76／2．市場と抽象的ルール　78／3．設計主義的合理主義批判　80
　4　2つの社会観の分水嶺 ·· 82
　　1．共通点と相違点の整理　83／2．ツリー型社会とリゾーム型社会　86
　5　リゾームとしての倫理的市場 ··· 90
　　1．「社会正義」批判　90／2．ハイエクにおける利他の位置　92
　結　び ·· 94
　I 部の結び ·· 95

II 部　フェアトレードの転換

3章　フェアトレードの市場志向的転換
　　　　── 歴史的展開とその構造的背景 ·· 100

　はじめに ·· 100
　1　フェアトレードの多層性 ·· 101

2　フェアトレードのルーツ……………………………………………………… 103
   1．慈善貿易　103／2．開発貿易　104／3．連帯貿易　107
 3　市場経済に対する抵抗運動への発展………………………………………… 109
   1．自由市場への抵抗　110／2．国際協会の設立　111
 4　市場志向的転換とメインストリーム化……………………………………… 112
   1．市場志向の台頭　113／2．カフェダイレクトの革新　114
 5　転換の社会的背景……………………………………………………………… 117
   1．ポスト福祉国家的社会編成と NPO の経営論的転回　117／
   2．社会的企業と企業の社会的責任の台頭　119
 6　認証ラベル制度とその影響…………………………………………………… 123
   1．認証ラベル制度の登場とその拡大　123／2．2000 年代におけるフェアトレードの普及　125／3．日本のフェアトレード事情　128
 結　び……………………………………………………………………………… 130

4章　認証ラベルの機能
——経済と社会の構造的カップリング……………………………… 136

 はじめに…………………………………………………………………………… 136
 1　フェアトレード市場の形成…………………………………………………… 137
 2　FLO 認証の仕組み…………………………………………………………… 140
 3　FLO 認証の基準……………………………………………………………… 143
   1．一般基準　144／2．商品別基準　148
 4　認証制度による経済システムの自己規制…………………………………… 150
   1．企業の合理的選択としての認証取得　151／2．経済と社会の構造的カップリング　153
 5　市民規制の原理………………………………………………………………… 155
   1．規制のプライバタイゼーション　155／2．外部制御から内部制御へ　158
 6　認証ラベル間競争とその意味………………………………………………… 161
   1．レインフォレスト・アライアンス認証　162／2．競争を通じたルールの形成　165
 結　び……………………………………………………………………………… 168

5章　認証ラベル論争の分析と解釈
――提携型フェアトレードと認証型フェアトレード……173

はじめに……173
1. 論争の背景と経過……174
   1. 論争のコンテクスト　174／2. 認証ラベル論争への発展とその経過　176
2. 提携型からの批判……178
   1. 第1の論点――フェアトレードの普及に関する逆機能　179／
   2. 第2の論点――対価の享受の限定性　180
3. 認証型からの応答……182
   1. 第1の論点に対する応答――「社会の目」の内部化　182／
   2. 第2の論点に対する応答――機会の公正　185
4. 論争をめぐる解釈……187
   1. 市場と公正　187／2. 提携型の限界／認証型の限界　190
結び……191

Ⅲ部　倫理的市場の展開

6章　民衆交易事業の展開と現状
――岐路に立つ提携型フェアトレード……196

はじめに……196
1. 民衆交易の背景と問題意識……197
   1. 途上国における構造的暴力への抵抗　198／2. 日本における市民的オルタナティブの実現　199
2. 事業の形成と展開……201
   1. バランゴンバナナの輸入の開始　202／2. 事業の経過　203／
   3. 非営利活動としての民衆交易　205
3. 民衆交易の条件……207
   1. ATJの商品販売経路とその消費者像　207／2. 生活クラブの社会観　209
4. 個人化のなかの生協と民衆交易……212

1．生協を取り巻く環境の変容　212／2．変化のなかの民衆交易　214
　5　岐路に立つオルタナティブ……………………………………………217
　結　び………………………………………………………………………219

7章　People Tree のファッション化戦略
　　──社会的企業によるフェアトレードの意義 …………………225

　はじめに………………………………………………………………………225
　1　サフィア・ミニーと People Tree ………………………………226
　　1．チャリティではなくビジネスで　227／2．People Tree の事業形成の過程　228
　2　People Tree の戦略 …………………………………………………231
　　1．ファッションとしてのフェアトレード　232／2．オピニオン・リーダーを通じた宣伝　234／3．舞台としての消費社会　236
　3　フェアトレード・ファッション…………………………………238
　　1．影響力の不可欠性　238／2．オルタナティブ・ヘドニズム　239／3．ツリー型からリゾーム型へ　240
　4　フェアトレード・ファッションの課題 ……………………243
　　1．企業家とリスク　244／2．リスクの請け負いの公正　246
　結　び………………………………………………………………………248

8章　倫理的消費の台頭
　　──自由選択を通じた公共社会の形成 ……………………………253

　はじめに………………………………………………………………………253
　1　消費社会と倫理的消費……………………………………………254
　　1．消費社会批判と消費者運動　254／2．消費者運動から倫理的消費へ　256
　2　消費の脱物質主義的転回…………………………………………259
　　1．脱物質主義化論　260／2．高度消費社会の特徴としての倫理的消費　261
　3　倫理的消費者の特徴………………………………………………262
　　1．倫理的消費者像の分類　263／2．自己実現欲求に基づいた倫理的選

択　267
　4　フェアトレード商品の購入者層の分析……………………………………… 269
　　　1．フェアトレード商品の購入者の概要　269／2．変　数　271／
　　　3．分析結果　273
　結　　び…………………………………………………………………………… 275

終章　倫理的市場の行方……………………………………………………… 279
　はじめに…………………………………………………………………………… 279
　1　ニーズを通じた経済システムの制御………………………………………… 280
　2　消費者主権の陥穽……………………………………………………………… 282
　3　倫理的市場と新自由主義……………………………………………………… 284
　4　ニーズからルールへ…………………………………………………………… 287
　結　　び…………………………………………………………………………… 289

あとがき……………………………………………………………………………… 293
引用・参考文献……………………………………………………………………… 297
初出一覧……………………………………………………………………………… 311
事項索引……………………………………………………………………………… 313
人名索引……………………………………………………………………………… 319

序章　問題の所在

はじめに

　倫理的な経済はいかにして可能かという問題は，近代社会をめぐるひとつの主要な問題領域を形成してきた。特に近年においては，自然環境の保護（地球温暖化防止，生物多様性保護，森林・水産資源保全など）や社会環境の保護（労働者の人権保護，公正な取引，差別撤廃など）に配慮された生産・取引・消費はいかにして可能かという問題が注目を集めており，こうした配慮が実現される経済のあり方が問われている。

　社会学もまた，これまでさまざまな概念道具と理論装置を駆使して，自然や社会に配慮された経済はいかに可能かという問題に挑んできた。そして，今日までにもっとも広く共有されてきたのは「規範的価値の共有を通じた合意を形成しなければならない」という考え方であった。社会は規範的志向に基づいた諸行為を単位として形成されるという T.パーソンズ以来の考え方は，20世紀には経済社会学から社会運動論にいたるまで広く浸透していた。

　それは理論のみではなく実践においても同様であり，倫理的な経済を目指す試みとは規範的価値の共有を通じて市場における企業や消費者の自由な経済活動を制約することであるとされてきた。たとえば，協同組合主義は，成員間の相互理解を通じて合意を形成し，個々の行為者が自分勝手にふるまうような市場経済を制御することを試みてきた。理論的にも実践的にも，「規範的価値を

通じた合意形成」という理論図式が，社会秩序をめぐる言説磁場を構成してきたといえるだろう。

ところが今日，そうした図式では必ずしも理解することができない新たなタイプの倫理的な経済のモデルが台頭してきている。それは，個々の企業や消費者が倫理的配慮を自由な経済活動として選択することによって成立するような経済である。自らの利害関心追求の一環として倫理的配慮を行う企業マネジメントや社会的企業の登場，さらには自身の関心のもとで自然や社会に配慮された商品を積極的に選択する倫理的消費者の登場などがそうした経済を特徴づけている。こうした経済のあり方を理解するためには，規範的価値の共有を通じた合意形成という理論図式とは異なる視座からの展望が不可欠であるように思われる。

本書の目的は，これまで倫理的な経済に理解を与えてきた図式を相対化し，「自生的秩序論」の地平からこの新たな潮流に対して理解を与えることである。この新たな潮流を「自生的秩序」としてとらえるということが意味しているのは，個々の企業や消費者が自らの環境に適応するために諸行為者間のパースペクティブの反射を通じて学習するようなあり方，そしてそれをもとに各々が行為する過程において倫理的に配慮された生産，取引，消費が生じるようなあり方をとらえるということである。別の言い方をすれば，全体に貢献するという何らの共通の意図をもたない諸要素の各々のうごめきが相互に連関し合う複雑な過程の結果として形成される経済秩序として，この新たなタイプの経済を理解するということである。

本書では，こうした「パースペクティブの反射」ないしは「相互の連関」を生み出す位相を「調整」とよぶ。自生的秩序論の地平から倫理的な経済をとらえ直す本書の試みは，「諸行為はいかにして倫理的に動機づけられうるのか」という問題構成を「必ずしも倫理的に動機づけられているとは限らない個々の諸行為がいかにして調整されうるのか」という問題構成へと移し替えるということである。とはいえ，こうした問題構成の転換はいたって挑戦的なものとな

らざるをえないと思われる。というのも，倫理的な経済は規範的価値の共有を通じて可能となるのだという考え方はまだまだ社会学のなかでも主流であるし，さらにはそうした考え方自体が道徳的に正当化されているとさえいえる。本書が試みようとする問題構成の転換は，必然的に，倫理的な経済についての従来的な前提を支えている社会観それ自体を問い直すという理論的作業を含むものとならざるをえないだろう。

1 倫理的市場の台頭

　本書が主要な分析テーマとするのは，「倫理的市場」(ethical markets) という新たな経済のあり方の台頭についてである。倫理的市場という言葉が意味しているのは，倫理的配慮それ自体が市場に内部化されることによって，自然環境や社会環境に配慮された生産・取引・消費が自由な経済活動の一環となるということである。ここでの「自由な」という言葉は，「任意の選択に基づく」ということを意味している。この倫理的市場に対して自生的秩序論の視座から理論的説明図式を与え，今日において登場してきた諸制度に一貫した理解を与えることが本書の目的である。この倫理的市場は，規範的価値の内面化という図式に基づいた倫理的な経済のあり方とは大きく異なる。この相違は「社会的経済」との対比によって理解することができる。

　社会的経済とは，主に協同組合の組織化によって市場における自由な経済活動を制御することで，自然環境や社会環境に配慮された生産・取引・消費が実現するという理論的モデルである。この社会的経済に大きな影響を与えてきたのは経済人類学者の K. ポランニーの議論であった。ポランニーによれば，市場は自己の利害関心を追求する利己的な行為者によって構成されており，この市場を中心とした社会編成は利他的で公共的な社会のあり方を解体する。他方で社会は，人びとが利害関心を差し押さえ，相互に理解し合い配慮し合える領域であるとされる。社会的経済が目指すのは，市場を社会のなかに埋め込むこ

とによって，人間中心の経済を生み出すことであった (Polanyi 1944=1975)。

一方，倫理的市場モデルの最大の特徴は，市場経済の残余的範疇としてとらえられてきた自然や社会への配慮という経済外部性を市場経済そのものに内部化することによって，倫理的配慮それ自体を市場取引の対象とするという点にある。典型的な例がカーボン・オフセット制度である。この制度は，二酸化炭素削減量をクレジット化し，その削減量自体を取引対象とすることで，自然環境を保護すること自体をひとつの経済活動へと変換する。また，近年普及しつつある企業に対する認証制度もその一種である。環境認証は商品付加価値として，あるいは企業ブランディングの一環として，さらには非倫理的企業という非難やサプライチェーンの不透明性に対するリスク・マネジメントとして積極的に導入されている。これらの制度は，倫理的配慮を商品化することで，倫理的配慮それ自体を市場取引の対象とするという点に特徴づけられる。

倫理的配慮の商品化は，市場における企業の経済活動が常に他者のまなざしによって観察されるような社会が条件とされている。1990年代におけるステークホルダー概念の台頭は，企業の経営活動を観察するまなざしそれ自体が経営活動の要素となるという位相転換であった。ステークホルダーとは，企業に対するイメージを作り上げそれを評価する取引相手や投資家，そして消費者を含んだ「社会の目」のことである。社会の目に晒される企業は，自らの経済活動を取り囲むその不透明な環境に適応しなければならない。カーボン・オフセットや企業認証制度は他者のまなざしの反射板として，個々の経済活動に環境適応の指標を与え，それによって企業や消費者に自らの利害関心 (interest) のもとで倫理的配慮を選択することを可能にしている。

この倫理的市場というモデルは，諸個人の合理的選択の結果として倫理的な経済が形成されるという，いわば古典的自由主義の社会観をひとつの出発点にしている。古典的自由主義は，B. マンデヴィルや A. スミスに端を発する社会モデルであり，全体には還元されない諸個人の固有の関心に基づく行為の意図せざる結果として，社会秩序が形成されるという考え方を特徴としている。こ

の古典的自由主義の考え方は，社会的経済の立場からは到底受け入れがたいものであった。自然環境や社会環境の破壊は，自らの利害関心を追求する個人や企業の営みに根をもつのであり，古典的自由主義の自由放任思想は自然環境や社会環境の破壊を助長するものと考えられてきたのである。

その意味では，自由な経済活動が環境や社会を保護するという倫理的市場のモデルは「パラドクス」に満ちている。このパラドクスの解決の鍵のひとつは，古典的自由主義のなかに潜在している内生的な秩序形成，あるいは自己準拠的な秩序形成という考え方を理解することにあると思われる。スミスの「見えざる神の手」という問いが，F. ハイエクの「自生的秩序」という内部制御モデルとして刷新されて既に久しい。しかし，それが倫理的な経済の形成をめぐる理論的問題に適応されるようになったのはごく最近である。たとえば近年の日本でも，自生的秩序論の立場から企業の社会的責任について論じ，1990年代以降の経済制御モデルの転換を明らかにするという研究も登場してきた（楠 2010）。古典的自由主義の再解釈を通じて，今日進行しつつある社会編成に対する新たな見方がいま提示されつつあるといえよう。

倫理的市場モデルの台頭という現代社会論的文脈のなかで自生的秩序論を蘇らせるという試みは，必然的に「経済効率性と社会的公正」「市場経済と市民社会」「私益と公益」，そして「利己と利他」といった二分法を問いに晒すことになる。この問いを開示するということは，結果として社会的経済やその他の倫理的な経済をめぐる従来的モデルが暗黙の前提として抱えていた社会観を相対化することになるだろう。本書では2000年代に世界的に普及した「フェアトレード運動」の展開を経験的事例としながら，倫理的な経済の形成をめぐるモデル転換の位相をとらえていく。

2　フェアトレードの「転換」

今日，社会的経済と倫理的市場という2つの倫理的な経済モデルの相克が顕

著にみられるのが，本書の経験的な分析対象となるフェアトレードである。フェアトレードは「社会的経済から倫理的市場へ」というモデル転換のなかにあり，その転換をめぐって2つの立場からの論争が展開されている。

　フェアトレードとは，主に途上国の生産者への公正な対価を支払う取引・貿易のあり方であり，古くは1940年代から慈善事業，開発支援，対抗経済運動などさまざまな文脈のなかで実践されてきた取り組みの総称である。1960年代以降，南北問題という言葉の登場とともに世界の経済的不均衡が問題化されるなかで，途上国の生産者の貧困が大きな社会問題としてクローズアップされることになった。先進7ヵ国が世界の富の6割以上を占めるという構造的歪みのなかで，いかにして途上国の生産者への公正な富の分配が可能であるかということが，今日までに問われ続けてきた。フェアトレードはこうした問題に対して取り組み，公正な取引のあり方を目指す活動であった。

　フェアトレードは1980年代頃までに，市場経済の外部を志向する社会的経済の思想的色彩をもつ運動へと発展する。貧困・格差を生み出す自由主義的市場経済とそのなかで力を握る巨大資本による不公正な取引こそが途上国の生産者を苦しめていると考えられたわけである。そこでは，市場の外部としての協同組合の組織化を通じて，生産者と消費者の透明かつ直接的な結びつきによる公正な取引を実現することが試みられた（渡辺2007）。

　しかし，1990年代以降は，社会的経済を志向する運動の展開と同時に，フェアトレードを積極的に市場に内部化していこうとする動きが顕著になる。1997年に設立されたFLO（フェアトレード・ラベル機構）の認証ラベルは，生産と取引のルールを遵守すれば，誰もがフェアトレード商品を取り扱うことを可能とした。2000年代には，協同組合のみではなく一般企業もフェアトレードのサプライチェーンに参入し，それらのCSRの取り組みを通じてフェアトレードは飛躍的に普及する。2007年にはフェアトレード商品の世界販売総額は44億ユーロに至るが，そのうち実に90％をFLO認証ラベル商品が占めている（FINE and DAWS 2008）。こうした1990年代後半以降の展開は「社会的

経済から倫理的市場へ」という図式で理解することができるだろう。

 そのような転換が明瞭に認識されるようになってきた 2000 年代には，社会的経済運動としてフェアトレードをとらえる立場と，認証ラベルを通じた市場の取引慣行の変革としてフェアトレードをとらえる立場との間で「認証ラベル論争」とよぶことのできる一連の論争空間が形成される。それは，市場経済の外部における「顔と顔の見える関係」を重視する主張と，認証ラベル制度の拡充を通じたフェアトレード市場の形成を重視する主張の間で生じたコンフリクトだといえよう。

 こうした，対立構造については，フェアトレードの「深化」を重視するか「拡大」を志向するかの違いとして考えられてきた（渡辺 2010）。しかし，この両者の相克には「質か量か」の選択という問題に還元されえないより根本的な問題が伏在しているように思われる。本書では，この論争における根本的な問題が社会的経済と倫理的市場の間にある社会観の相違にあるととらえ，この観点から両者の相克について分析を加えていく。そのなかで最大の焦点となるのは認証ラベル制度の機能である。認証ラベル制度は倫理的市場という自生的秩序における調整の位相を理解するための鍵であり，この機能に対する理解が与えられることによって，フェアトレードをめぐる 2 つの立場の相克，さらには倫理的な経済に対する見方の転換そのものの意義が鮮明となると考えられる。

3　行為と秩序の連関

 本書の分析はフェアトレードの転換を倫理的市場という新たな枠組みの台頭との関連で説明するものである。ただし，その狙いは，市場経済に抵抗するはずのフェアトレードが市場の力に依存してしまっているということを，そのネガティブな側面として暴き出すという点にあるのではない。むしろ，市場経済それ自体がフェアトレードの大きな原動力となっていることを明らかにすることによって，あまりにも市場への抵抗という観点を強くもちすぎる日本での昨

今のフェアトレード研究をいったん相対化し，倫理的な経済の形成をめぐる問題構成それ自体を問い直すことが本書の狙いである。

　日本では他の先進諸国に比べてフェアトレードの普及は遅れているといわれている。しかし，それは日本の消費者が倫理的消費に関心がないとか，日本の企業が倫理的配慮を軽視しているとか，あるいはフェアトレードそれ自体が欧米文化に根をもっているとか，そういったことが理由ではないと思われる。日本のフェアトレードの普及が遅れているのは，むしろフェアトレードを普及させようとする側において意識されているモデルに問題があるからではないだろうか。つまり，2000年代以降におけるフェアトレードの拡大という現実を「社会的経済の発展」として理解してしまうことによって，実際にフェアトレードを推進してきた原動力を見落としてしまっているのではないか，ということである。

　というのも，多くのフェアトレード論では「良心的な消費者」や「良心的な企業」という言葉でこの取引の原動力が説明される傾向にあり，特に日本ではそれが主流のフェアトレードに対する理解を構成してきた。それゆえフェアトレードの普及をめぐる問題は「いかにして消費者や企業を良心的なものに変えていくことができるか」という問題構成によって問われてきたし，またその問題構成はフェアトレードに関する制度が編成されていく上での自明の前提であった。

　しかし，本書が投げかけようとするのは，フェアトレードの普及を支えた原動力を良心的な動機づけという水準のみに還元してしまってよいのだろうか，という問いである。この問いの裏側にある仮説を単刀直入にいってしまえば，1990年代以降におけるフェアトレードの飛躍的な普及は，良心的な消費者や企業の増加という点からだけでは必ずしも十分に説明されうるものではなく，むしろ，たとえ良心的な消費者や企業ではなかったとしても倫理的な生産・取引・消費が可能となるような制度の発展という点をとらえることではじめて十分に説明されるのではないか，という仮説である。

この仮説は行為と秩序の連関をめぐる理論的視座によって支えられている。経済の社会的制御という問題において，常にその鍵となってきた概念は規範であるが，その規範概念を行為者の「動機」の水準でとらえてしまうことで，個々の行為には還元不可能な秩序形成の位相が見落とされてきた。「行為が秩序に妥当している」ことと「秩序に妥当するように行為する」ことがまったく別の事柄だということが，この種の問題を論じるときには概して忘れ去られる傾向にあったのである。

　かつてM. ウェーバーは，「行為が秩序に妥当している」ことと「秩序に妥当するように行為する」ことの区別の重要性を指摘した。ウェーバーによれば，前者は観察者（研究者）の説明図式の問題であり，後者は行為者自身の内的動機づけの問題である。両者を同一視してしまうということは，観察者と行為者のそれぞれの視点を混同してしまうことになる。そして，この2つの視点を区別することで，「あたかも秩序にしたがっているかのような行為」という次元が開かれてくることになる（Weber 1913=1990）。つまり，観察者からみれば秩序に動機づけられた行為にみえるが，行為者自身の内側ではたんに自身の関心に従っているに過ぎないような行為を論じることができるようになるわけである。

　本書の狙いは，この行為と秩序の連関という視座によって「経済の社会的制御」をめぐる図式を展開し，それによって倫理的市場，とりわけフェアトレードの「転換」を説明するという点にある。この説明図式は，先に論じたあの倫理的市場のパラドクスを含んでいる。なぜなら，この図式が意味しているのは「必ずしも倫理的に動機づけられているとは限らない人びとによって倫理的な経済が形成される」ということにほかならないからである。したがって，本書の最初の課題となるのは，この「倫理的市場のパラドクス」とよぶことのできるパラドクスをいかにして紐解くことができるのかを明らかにすることである。

　この脱パラドクス化を通じた倫理的な経済のモデル化は，「倫理的な動機づけ」を放棄するというものではない。それは，自己の倫理性への問いと倫理的な経

済秩序の形成への問いを2つの別の水準の問題として区別するということである。だが，このような水準の区別は「他者性」という問題に行き当たる。というのも，本書が設定するのは自己目的的な倫理的配慮によって形成される秩序への問いであるわけだが，それは「他者への配慮」が自己自身への関心に回収されてしまうという「自己効用論批判」（仁平 2011：350-358）と正面から向き合うことになるからである。

　本書のⅠ部では，「自己」にとっての「他者」という問題がサブテーマとして敷かれることになる。これはけっして，秩序形成問題とは異なる次元の問題ではなく，むしろその根幹にある問題であると考えられる。経済秩序の形成をめぐって長年に渡って議論が展開された社会主義経済計算論争では，「他者を理解するとはいかなることか」というテーマが伏在していた（Lavoie 1981=1998）。本書が提示するのも，社会的経済と倫理的市場の分水嶺を構成していたのがまさしく他者理解をめぐる問題だったということにほかならない。

　本書はこの問題の検討にあたって，他者を自己の「内的構成概念」としてとらえる地点から出発する。これは，自己の内的関心によって構成された「概念としての他者」を自らの行為選択のためのデータ（与件）として参照する自己準拠的な行為者像に焦点を当てるということを意味する。こうした行為者モデルとそれに基づく他者理解モデルは，「承認」の過程を倫理的な経済秩序の条件に据えるポランニーなどからは次のような批判をうけるに違いない。すなわち，結局それは自己が他者を「知識」という形で道具化しているだけではないか，という批判である。他者性の問題を知識の水準に還元してしまってよいのかというこの種の批判は，真摯に受け止めなければならない。しかし，逆に，「知識」を媒介としない他者理解は，はたして可能なのかと問いかけることもできる。というのも，あらゆる理解は自身にとって関連ある知識を用いた「解釈」という内的過程なしにはありえないからである。本書では，観察者の視点と行為者の視点の区別という社会科学方法論の根本的な次元に回帰しながら，この種の問題を検討していく。

4 規範・諒解・共生

　本書の分析が射程範囲として収めているのは次の3点である。すなわち(1)「規範的行為」というカテゴリーの再考，(2)諸個人の自由な経済活動のもつ意義のとらえ直し，(3)「共生」をめぐる問題構成の転換である。これらは言い換えれば，本書のフェアトレードに対する分析の結果としてもたらされる認識利得でもある。

　第1の射程は，規範的行為を「あたかも秩序に妥当しているかのような行為」という次元からとらえることで，「規範的志向の内面化」という視座からではとらえきれない秩序形成の位相を明らかにすることである。個人の内面が「規範に合致する」ことは，秩序形成の前提条件ではなく，状況に対して観察者が事後的に構成した説明図式にすぎない。複数の行為者の合意についてもそれは同様であり，相互の解釈の「一致」や内面的見通しの「透明性」によってそれが可能となっているわけではない。規範的行為，および複数の行為者間の合意の可能性の条件は，ウェーバーの言葉でいえば「諒解」である。諒解とは，他の人びとの行動について予想を立てそれに準拠して行為すれば，その予想の通りになっていく可能性が，次の理由によって経験的に「妥当」しているという事態である。その理由とは，他の人びとがその予想を，協定が存在しないにもかかわらず，自分の行動にとって意味上「妥当なもの」として実際に扱うであろう，という蓋然性が客観的に存在しているということである（Weber 1913=1990：85-86）。

　この諒解という視座は，他者の内面が理解不可能だということではなく，理解というものがそもそも予期を反映するようなシンボルを通じて可能となっているということを意味している。それを可能としている制度のあり方を検討することを通じて，倫理的な経済の形成の条件をめぐる問いを「規範的志向の内面化」という問題設定から切り離し，自生的秩序としての倫理的市場という新たな問題設定へ移行させていくことが，本書の射程範囲に含まれる。

第2に，これまで倫理的な経済の形成を阻むものと考えられていた諸個人の自由な経済活動に対して再評価を与えることが射程に収められる。従来，市場化・消費化に伴う社会の個人化という傾向を食い止めることが倫理的な経済のために必要だと考えられてきたが，そのような個人化された人びとの自らの関心に基づく諸行為が倫理的市場の成立を可能にしているという側面がある。本書では，この側面を「社会的価値の利害関心への織り込み」という視点からとらえていく。

それは，社会の原子化・分断化を称揚することを意味しているわけではなく，むしろ逆で，自己実現を原動力とする諸個人の個々の行為が，結果として公共的社会を編成する強力な力をもつという位相をとらえることを意味している。企業のCSR，社会的企業の経営活動，そして倫理的消費者の選択に対する分析を通じて，個人や企業の自由な経済活動がけっして倫理的な経済の形成と対極にあるわけではないことを示すことが本書の射程範囲に含まれる。

第3に，これまで規範的価値の内面化という図式でしか理解されることのなかった「共生」という概念を自生的秩序論の視点で理解し直すということが射程に収められる。この図式では，内面的見通しの透明化を通じた行為者間の相互的な結びつきによって組織化された社会のあり方が共生であった。そこでは，共生はいかにして可能かを問うということは，そのような内面化はいかにして可能かを問うということに等しかった。だが，規範的合意を社会の成立可能性の条件とみなすことができないとするならば，この共生の可能性をめぐる問題構成も転換されなければならない。それは，共生の可能性を，シンボルを介した調整の位相のなかでとらえ返し，この調整の産物として共生という社会のあり方を理解するということである。この種の調整がいかにして可能かという問いを開くことが，本書の分析射程に含まれている。

以上の3つの射程は，本書の理論枠組みとなる自生的秩序論そのものがもつ射程である。Ⅰ部では，本書の備える理論地平を明らかにすることで，この射程範囲をより明確に示し，今日における倫理的市場の台頭がもつ意義を検討し

ていく。そのⅠ部での検討にあたって，そこで使用される概念を定式化し，その概念が背負うコンテクストを明瞭にしておく必要がある。以下の補論では，予備的考察として本書が前提を置くコンテクストを明確にする。

補論　予備的考察――経済社会学の基礎カテゴリー

　この補論では，分析に先駆けていくつかの基礎概念の整理をおこない，問題の検討のための準備を行う。この概念整理は，倫理的市場，特にフェアトレードの分析に関する予備的考察として位置づけられる。ここで整理するのは「価値」「交換」「市場」「競争」「独占」「公正な取引」，そして「ルール」の概念である。ここでは差し当たり，本書がこれらの概念をどのような前提のもとで使用していくかという点に焦点を絞って必要最低限の考察を行い，フェアトレードをめぐるひとつの見方を提示していく。

1．価値と交換

　社会学，特に経済についての社会学的分析において，「価値」の概念は分析の出発点として設定され続けてきた。また，それゆえに価値は論争的な概念であったのも事実である。価値を客観的なものとして定義するか，それとも主観的なものとして定義するかということが方法論上きわめて重要な問題とされ，それによって「経済と社会」をめぐる問題設定は大きく左右されてきた。

　価値を客観的なものとして，つまり価値を客体のもつ性質として理解する仮説は「客観価値説」とよばれる。それは，K. マルクスに代表されるように，主観の外部に本来的な価値が存在することを前提とする考え方である。かつては日本の社会学でも，価値を「主体の欲求を満たす客体の性能」（見田 1966: 17）として定義する客観価値説が受け入れられていた。だが，客観価値説は，客体のもつ真の価値をいったい誰がどのようにして知ることができるのかという問題，そして時間の変化に伴う価値の変化をどのように説明するのかという

問題をもつ。この問題の解決のためには，客観価値説は主観の外部に全知全能の観察視点を設定しなければならないが，そのような視点の設定は方法論上不可能であることが今や広く知られている。

　一方，価値を主観的なものとして理解する仮説は「主観価値説」とよばれる。主観価値説は，価値を客体に付随する性質としてではなく，その客体に主観が付与する客体との関係性としてとらえる。たとえば，C. メンガーは，経済行為における価値を「財に対して人々が見出す意味」(Menger 1871=1999：68) と定式化しているが，それは，価値とは財の性能ではなく人が財に見出すものだということを意味する。M. ウェーバーに従うならば，ある財が財であるのは「それらのものを使うことが有用であると評価しかつそう信ずること」(Weber [1921] 1972=1975：309) に基礎をもつ，ということになろう。主観価値説においては，もはや主観に外在する本来的な価値は想定されず，他者が財に対してどのような価値を見出しているかという「期待」こそが重要な問題となる。主観価値説は，全知全能の外的観察視点を設定することなしに客観価値説のアポリアを避けることができる。したがって，本書ではこの主観価値説から出発し，それに基づいて他の諸概念も定式化していくことにする。

　主観価値説においては，ある財の価値は，その財が生産されるためにどれだけの原料費，労働力，時間がかかったかということとは原理的には一切の関係がない，という点は非常に重要である。財の価値はそれを評価する人の関心のみに依存する。むろん，その財の生産費用が評価者の関心になる場合もあるが，その場合でも，財の価値が主観的評価に基づくことに変わりはない。それは，財の価値がそれを評価する側の置かれた状況によって異なるということ，そして同じ財であっても，その人が既にそれを所有している場合とそうでない場合とでは価値は異なるということを意味する (Menger 1871=1999：137)。たとえば，大量の水が流れる川の側で暮らす人びとにとって水は財ではないが，水資源の乏しい乾燥地帯に住まう人びとにとって水は希少な財である。また，既に1台の車を所有している人にとって2台目の車は1台目の車とは異なる意味をもつ

し，3台目の車は，1台目と2台目の車とは異なる意味をもつということになる。

こうした価値の定義を前提にするならば，「交換」の本質は，交換される財どうしの等価性にではなく，むしろ交換当事者の間の財に対する意味の差異にあるということになる。このことは，後に「公正な取引」について検討する際に非常に重要な問題となってくる。客観価値説では，XとYという財が合理的に交換されるのは，両者の価値がX=Yと等価な場合であるが，主観価値説では，一方がX＞Yと意味づけし，他方がX＜Yと意味づけする場合だということになる。つまり，主観価値説においては，自身にとって相対的に価値のないものを，相対的に価値のあるものと引き替えることが交換だということになる。したがって，ウェーバーのいうように，「交換が合理的に行われる場合には，交換の当事者は，それが行われない前の状態よりも，この交換によってどちらもいっそう有利な機会を手に入れる」ことになる（Weber［1921］1972=1975：325）。

上記のような物々交換はさまざまな制約が課せられているが，交換手段としての貨幣によって，交換する財と交換される財の空間的，時間的，人的，量的な分離が可能となる。ウェーバーは，貨幣の重要な側面として財を価格で評価しうる可能性，すなわち貨幣計算を挙げているが，この貨幣計算によって財を交換する際，「将来の評価の機会」さらには「第三者による評価の機会」が考慮に入れられることになる。貨幣は，交換をその交換以外の空間と時間に結び付けることによって，人びとの期待が折り重なった状態を生み出す。ウェーバーはこれを「市場」とよぶ。

2．市場と競争

ウェーバーにとって市場は「競争的闘争」の状態である。交換における「闘争」とは，買い手と売り手の間の価格をめぐる駆け引きである。交換における「競争」とは買い手どうしの間の，あるいは売り手どうしの間の価格をめぐる相互観察である。つまり市場とは，売り手が他の売り手を気にしながら買い手

と，あるいは買い手が他の買い手を気にしながら売り手と取引する状態である。

　市場の特徴は，たんに買い手と売り手が取引するだけでなく，そこにはいない第三者の期待によってその取引が左右されるという点にある。そこには現実の第三者だけではなく「想像された第三者」(Werber [1921] 1972=1975：313)，すなわち買い手や売り手が主観的に構成した類型としての競争相手も含まれている，という点が重要である。売り手は，他の売り手がより安い価格で財を販売するだろうと想定するならばその価格を引き下げるであろうし，他に競争相手がいないと踏むと買い手に対して強気に出ることになるわけである。売り手は，そうした「想像された第三者」の主観的構成のために，他の売り手たちを観察しなければならない。H. ホワイトがいうように，商品供給者間の相互観察が市場価格を形成する（White 1981）という一見すると逆説的な事実もここから浮き彫りになってくる。[1]

　むろん，売り手が他のすべての売り手の情報をあますことなく入手することは現実的には不可能である。だが，市場によって形成された価格は他の売り手に対する情報を含んでおり，それを手掛かりとして自らの販売する財の価格を定めることができる。ウェーバーが市場の前提として貨幣および価格について論じるのは，そうした予期のために必要な情報を伝達する指標がなければ市場は機能しないからである。

　ところで，競争が重要な意味をもつのは，それがたんに競争の当事者に対して必要な情報を伝達するということだけではない。売り手の間の競争を通じて，買い手もまたその恩恵に預かることができるという点も同じく重要である。競争のこうした側面に着目したのが G. ジンメルであった。ジンメルは，二者間の競争が第三者に寄与する状態を "*tertius gaudens*"（漁夫の利）とよび，そこに競争の意義を見出す（Simmel [1908] 1923=1994：128）。生産者は競争で優位に立つために消費者の公言されていない希望を推測するよう努力しなければならず，その結果として消費者は競争がない状態では得られなかった利益を得ることができる。ジンメルはこうした第三者の要求を推測し合う競争を「心をめ

ぐる競争」とよび,結合的な相互作用を増大させるとともに深化させる巨大な社会化作用であるとみなす(Simmel [1908] 1923=1994 : 296-301)。

　ウェーバーとジンメルに従えば,市場とは諸個人が第三者の期待に対する期待を構成することで織りなされる競争的闘争の過程であり,その期待の構成に必要な情報それ自体が価格を媒介として競争の過程から伝達されるということになる。そしてその競争は,競争参加者の意図せざる結果として,第三者の利益を増大させることになる。

3. 公正な取引

　以上の概念整理を踏まえて,「公正な取引」について検討しよう。公正な取引として主に意味されるのは,買い手と売り手の間の取引という相互行為における公正性の問題である。買い手どうしの競争,あるいは売り手どうしの競争における公正性は「公正な競争」の問題として,ここではひとまず「公正な取引」の問題とは区別しておきたい。

　まず強調しておかねばならないのは,取引が公正であるとはいかなることか,という問いに答えることは困難を極めるということである。公正を主観的に定義するならば,さまざまに異なる状況によって公正な取引の基準は変化することとなり,それだと公正は意味のない概念となってしまう。だが,公正な取引の客観的基準を設けようとするならば,いったい誰がどのようにしてそのような視点を持ち合わせることが可能なのかという問題に突き当たる。差し当たり可能なのは,「不公正な取引」がどのような状況として考えられているかを明らかにし,その状況を排するような取引を「公正な取引」とよぶことであろう。

　しかし,「不公正な取引」という言葉は,ある意味では矛盾している。なぜならウェーバーもいうように,取引はそもそも両者の間の合意がなければ成立しないからである。取引条件が不公正であれば合意には達せず,したがってその取引は生じない。不公正な取引は,そもそも理論的には存在しないということになる。なるほど,主観価値説から出発するならば,交換される財どうしの

「不等価交換」という点から不公正な取引を説明することはできない。だが，不公正な取引とよばれる事態は確かに存在しており，それをどのように概念化することができるかが問われなくてはならない。

　取引が不公正だといわれる多くの場合，問題とされているのは次のような状況である。すなわち，一方の取引従事者は自らの目的を十全に達成できるが，他方の取引従事者は目的を十全に達成できないにもかかわらず他の選択肢が存在しないため，しぶしぶそれに合意しなければならないという状況である。たとえば，災害によって水がまったく存在しなくなった地域に，500mlの水を1,000円で販売するという状況がそれである。この価格は，買い手にとっては非常に高額であるが，命には代えられないため，その価格で購入せざるをえない。その逆の場合もある。たとえば，取引先を他にもたない貧しいコーヒー農家からコーヒーを安価な価格で買い叩くという場合である。農家は，コーヒーが売れないと暮らしていけないので，その価格で売らざるをえない。

　上記の2つの例に共通しているのは，しぶしぶ合意せざるをえない側には他の選択肢が与えられておらず，取引を拒否する自由を実質的に奪われているという点である。主観価値説の前提に立てば，「不公正な取引」とよばれる事態のなかで生じているのは「不等価交換」ではなく「自由の不公正な分配」であるといえよう。このように，自由が不公正に分配されることによって一方の選択の機会が排除された状況は「独占」とよばれる。独占的地位にいる売り手は，買い手の意思を排して自らの設定する価格での販売を貫徹する権力を有し，独占的地位にいる買い手は，売り手の意思を排して自らの設定する価格での購入を貫徹する権力を有する。フェアトレードが不公正な取引として批判してきたのは，まさにこの「独占」であった。

　こうした権力の行使が制御されないのは，売り手に他の選択肢＝オルタナティブが存在しないからだといえよう。たとえば，コーヒーを（1ポンドあたり）10セントで唯一の買い手Aに販売せざるをえない状況にある農家に対して，30セントで購入するという買い手Bが現れるとしよう。Bにとって，この状

況はAから供給先を奪う機会であり，より魅力的な価格を提示することによって売り手にアピールすることでそれを達成しようとする。そうするとAの独占は崩れ，売り手は積極的にコーヒーをBに販売することになる。Aはコーヒーを売ってもらうためには，価格を上げるか，あるいは大量にまとめ買いするなどして売り手を惹きつけなければならない。さらに，買い手Cが現れ50セント，買い手Dが現れ100セントでの購入を提示したとすれば，AとBは最初に提示した価格で購入することはもはやできない。第三者の登場によって，買い手はその第三者の提示する価格を考慮に入れざるをえなくなるわけである。

　上記の例が示しているのは，Aによる独占状態からA，B，C，Dの競争状態へ移行することによって，売り手の選択機会が増大し，その結果として売り手がより高い価格でコーヒーを販売する可能性が高まるという状況である。オルタナティブの存在によってコーヒーが希少化し，売り手はジンメルのいう"*tertius gaudens*"の機会に恵まれることになるわけである。

　むろん，買い手が増えることで際限なく価格が上昇するわけではない。最初の売り手をaとし，別の売り手bが現れたとしよう。先の例では，最終的に売り手aは買い手A，B，C，Dの競争状態によってコーヒーを100セントで販売できる状況となったが，この状況を知った売り手bにとって，これはaから顧客を奪う機会であり，より魅力的な価格を提示することによって買い手にアピールすることでそれを達成しようとする。bが50セントの価格を買い手に提示するならば，買い手A，B，C，Dはbの方へと流れる。もはやaは100セントで売ることはできないので，価格を下げるか，あるいは付加価値をつけてA，B，C，Dを惹きつけるしかなくなる。さらに，売り手c，dの登場によってこの状況は加速していくことになる。

　上記の例が示しているのは，先の例とは逆に供給側が競争状態に移行することによって，売り手は相応の努力を強いられる状況になるということであり，それによって買い手が"*tertius gaudens*"の機会に恵まれるということである。

そして重要なのは，供給側と需要側の双方に競争状態が生じ，その競争過程で価格が形成されていくということである。これが「市場価格」である。市場競争によって，買い手が独占的地位にある状況よりも，売り手にとって確実に恵まれた価格が形成されることになるし，売り手が独占的地位にある状況よりも，買い手にとって確実に恵まれた価格が形成されることになる。

「不公正な取引」を「自由の不公正な分配」として，すなわち独占的地位にあるものの権力行使によって行われる一方的な価格設定の状況下における取引として理解するのであれば，それを排する手段のひとつが競争状態の創出だということになる。上記の考察で導かれたのは，しぶしぶ合意しなければならない状態にある弱い地位にある人びとは，その選択の自由の増大によって「不公正な取引」から脱することができ，より恵まれた価格で取引する機会が獲得可能だということである。「不公正な取引」が排された状態を「公正な取引」とよぶのであれば，少なくとも選択の自由の増大は「公正な取引」の前提だということになる。

4．慣習律と制定律

　自由が公正の前提であることは，「公正な取引」を考える上での重要な出発点である。だが，それはあくまで前提に過ぎないのであって，市場価格が常に公正な価格であるとは限らないという点は重要である。上記の考察は，市場参加者それぞれの埋め込まれた具体的状況を考慮していない，いわば理論的仮構のなかでの「公正な取引」の可能態である。現実には，社会的環境状態（不安定な政治情勢や地理的不利）のため，競争によって形成された市場価格にさえ対応できないコーヒー農家も数多く存在する。こうした売り手は，自助努力を怠っているわけではなく自助努力の機会が奪われているのである。上記の考察は，各人の自助努力が前提とされていたが，その前提を満たしえない状況で「公正な取引」はいかにして可能かを問うためには，上記の考察をさらに展開させなければならない。

そのためには，競争だけではなく，市場参加者が守るべき「ルール」という概念の導入が不可欠となってくる。たとえば，「買い手は，不利な立場にある農家に対しては，コーヒーを最低でも150セントで買い取らねばならない」という最低価格の取り決めなどがそれにあたる。だが，この種のルールは2つの大きな問題を抱えている。第1の問題はルール形成の観察視点に関する問題であり，第2の問題はルールと競争の関係に関する問題である。

　第1の問題は，いったい誰がどのようにして150セントが公正な価格であるとわかるのか，という問題である。何が正しいルールであるのかが外的観察視点によって決められるとすれば，それは客観価値説の密輸入であり，それは結果的に「公正な取引」を全知全能の観察視点というアポリアに引き戻すことになってしまう。第2の問題は，この種の最低価格のようなルールが，競争によって形成された価格を無視してつくられたとすると，それは秩序の破壊につながり，ひいては思わぬ混乱を引き起こすことになる，という問題である。たとえば，市場価格が（1ポンドあたり）100セント前後のときに，いきなり500セントという最低価格が義務づけられたとしたら，実際どうなるかを考えればそれは明白である。コーヒー価格は高騰し，買い手の手に届かないものとなるだろう。場合によっては，売り手は取引から撤退して紅茶の買い付けに移るかもしれない。そうなると，コーヒー農家は取引の可能性を失うことになる。コーヒー農家に対する善意に基づいて形成されたはずのルールが，コーヒー農家を殺すことにもなりかねないのである。

　上記の2つの問題は，ともにルール形成の「手続き」に関する問題であるといえる。この問題を検討するためには，「ルール」という概念のなかに潜む2つの意味を区別する必要がある。ひとつは，実際に取引の際に慣行として人びとが従っている規則性としてのルール，すなわち「慣習律」であり，もうひとつは明文化されることによって人びとに義務として課され，それを破ることによってサンクションが加えられる法としてのルール，すなわち「制定律」である（Weber［1921］1972=1974）。

上記の2つの問題は,「制定律」が「慣習律」とは別個に立てられているということによって生じるものである。「慣習律」は,人びとが競争のなかで第三者のまなざしをどのように主観的に構成しているかということに関する規則性でもあるわけだが,それに抗して,あるいはそれを無視して打ち立てられた「制定律」は,人びとが財に対して見出す意味とは無関係なものとなってしまい,結果として人びとの実践感覚とミスマッチなものとなってしまう。競争は,市場参加者のパースペクティブの反射の過程であるが,「慣習律」を無視した「制定律」は,その反射の過程を失わせてしまうということである。

　言い換えれば「慣習律」は「制定律」が適応しなければならない環境だということである。むろん,それは,最低価格やその他の「制定律」を決定することが必ずしも不可能だということを意味してはいない。問題なのは,人びとの主観的な意味構成を含みながら「公正な取引」のためのルールを形成することはいかにして可能かということである。ルールの形成のために必要な手続きとは,「慣習律」に「制定律」を適合させる手続きにほかならない。それは,人びとの主観的な意味構成の過程をルール形成の過程のなかに組み込むということである。こうした形での「制定律」の形成は,公正が自由を条件としているという考え方に反するものではないし,競争とルールを正反対のものとして対置するものでもない。

　本節でおこなった予備的考察は,主観価値説から出発することによって,「自由」対「公正」という対立構造,あるいは「競争」対「ルール」といった対立構造を見直し,「公正な取引」の可能性をその基盤から再考する必要があることを示すものであった。ただ,ここでの議論は,その必要性を示唆するに留まる。いかにして人びとの主観的な意味構成の過程をルール形成の過程のなかに組み込むことが可能かという重要な問題がまだ残されているが,その検討は以降の議論に譲ることとしたい。

結　び

　予備的考察のなかで示された「人々の主観的な意味構成の過程をルール形成の過程のなかに組み込む」という仕組みを有するのが，まさしく倫理的市場という新たな枠組みであるように思われる。だが，前述のように，この倫理的市場はパラドクスに満ちており，それを理論的に解消することから議論を出発させなければならないだろう。

　以下では，ここでの予備的考察を前提として倫理的市場，特に「公正な取引」をめぐるその市場の形成をめぐって分析を展開していく。本書は3つの部によって構成されており，それぞれの部において設定された問題について検討を進めるなかで，倫理的市場の可能性と限界を明らかにしていく。

　Ⅰ部では，倫理的な経済のあり方をとらえ直すための理論的考察を展開する。経験的対象の記述に先駆けて最初に理論的考察を展開するのは，どのようなものの見方から出発するかによってフェアトレードの現状をめぐる解釈は大きく変わってくるからである。ある現実に対する解釈は不可避的にその理論地平に依拠している。それゆえ，現実をとらえるためのいわば「レンズ」について分析を加え，本書がどのような地平のなかで倫理的市場をとらえていくかを明らかにすることから分析を開始する必要があるように思われる。したがって，まずこのⅠ部では，これまで倫理的な経済というものを考える上での「レンズ」として受容され続けてきた「規範-内面化論」を批判的に検討するとともに，それに対するオルタナティブとして自生的秩序論を位置づけていくことを試みていく。

　Ⅱ部では，本書の分析の中心的な課題であるフェアトレードの「転換」をめぐる考察を展開していく。市場経済への抵抗として出発したフェアトレードは1980年代後半以降，むしろその市場経済のもとで成長していくことになる。そのメルクマールとなるのが認証ラベル制度の導入である。Ⅱ部では，この認証ラベル制度がどのようにして「フェアトレード市場」を創出しうるのかを明

らかにする。また，そのような「転換」の流れの他方で，2000年代には「フェアトレード市場の創出」という新たな方向性に対する疑念も登場し，「認証ラベル論争」が生じることになる。このフェアトレードの「転換」をめぐる論争のなかで衝突していたのは，倫理的な経済の構想の理論的前提となる根本的な2つの社会観であったことを浮き彫りにし，その観点からこの論争に解釈を与えていく。

Ⅲ部では，現在の日本におけるフェアトレードの普及を支える団体・企業・消費者についての考察を展開していく。日本では，「フェアトレードの発展＝社会的経済の発展」として理解される傾向が強いが，Ⅰ部・Ⅱ部での分析を踏まえるならば，その見方は大きく変わるのではないだろうか。ここでは協同組合の組織化を通じた民衆交易を展開する「オルター・トレード・ジャパン（ATJ）」やフェアトレードのファッション化を試みる「People Tree」の取り組みについて検討しながら，今日のフェアトレードの展開をとらえていく。さらに，最後には倫理的市場の維持・形成においてもっとも重要な位置を占めることになるであろう消費者に対する分析を加えていく。「倫理的消費」とよばれるような消費行動はおそらく「消費者運動」とは大きく異なっているが，日本ではまだこの消費を消費者運動論の流れのなかで理解しようとする試みが主流を占めているように思われる。本書では，むしろ消費社会論の文脈のなかで倫理的消費を理解することによって，倫理的な経済の維持・形成をめぐって新たな視座を投げかけていく。

注
1) 新古典派経済学の価格形成の理論においては，供給量と需要量の間の均衡点において市場価格が成立することが前提とされていたが，実際に売買する人びとは供給量や需給量についての知識を持ち合わせていないし，そもそも誰もそのような知識に頼って売買などしてはいない。ホワイトは価格が実質的には，売り手どうしの相互観察を通じて定まっていくことを明らかにした。

I

倫理的市場の理論

1章　自生的秩序としての倫理的市場

——「倫理的市場のパラドクス」の脱パラドクス化

はじめに

　倫理的市場は，自由な経済活動の抑制を通じてではなく，むしろ自由選択を通じて自然環境や社会環境に配慮された経済が維持・形成されるという経済モデルである。このモデルに基づく新たな社会編成をどのように評価するかは重要な問題ではあるが，その前にそれを理解するための理論的枠組みが存在しなければならない。

　本章では，道徳規範を内面化した人びとの営みの集積という見方においては倫理的市場は，パラドクスとしてしか観察されえないということから出発する。なぜなら，倫理的市場というモデルは，これまで倫理的な経済の維持・形成を阻んでいると考えられてきた自由な経済活動が倫理的な経済を形成する，という考え方を内に含んでいるからである。この「倫理的市場のパラドクス」を紐解くなかで，倫理的に配慮された経済に対する新たな理解を開示していくわけであるが，その際に取り上げる主要な概念が「自生的秩序」である。自生的秩序論における現象理解の仕方が備える地平を明らかにすることによって，「規範−内面化論」とよばれる理論の前提条件を相対化し，その過程を通じてこのパラドクスを脱パラドクス化することができると思われる。本章では，社会システム理論の視座も借りながら，自生的秩序の意義が「行為者自身の観察」と「行為者の観察を観察する観察者の観察」という観察水準の層の区別にあると

いうこと，そしてこの区別こそが倫理的市場の脱パラドクス化の鍵だということを明らかにしていく。

1　倫理的市場とは何か

　倫理的市場とは，財やサービスを生産・取引・消費するにあたって，倫理的配慮それ自体が行為者の目的達成，欲求充足にとって重要な意味をもつような市場である。それは，持続可能性や生物多様性，労働者の人権保護，生産者への公正な対価の支払いなどといった現代社会において倫理的とよばれる配慮それ自体がさまざまな動機づけのもとで人びとから求められる市場である[1]。たとえば，カーボン・オフセット認証やフェアトレード認証などはその典型である。こうした認証は，クレジット化されるものもあれば，CSR評価制度に用いられる証明機能を果たすものなどさまざまであるが，これらは総じて企業のブランディング戦略やリスク管理戦略の一環として注目を集めている（Bendell and Kleanthous 2007）[2]。

　これらの認証制度は，自らの社会的な信頼を獲得しようとする「CSR（企業の社会的責任）」や，財・サービスの倫理的な性格をブランド化する「エシカル・マーケティング」といった，今日普及しつつある新たなタイプの企業戦略の台頭を背景としている。こうしたビジネス領域においては，倫理的な配慮はたんなる費用ではなく，その財やサービスを特徴づける商品価値を構成している。すなわち，環境保護や人権保護は「仕方なく」なされるものではなく，自らの目的達成のための有効な手段，あるいは不可欠な手段として企業に積極的に選択されている（Vogel 2005=2007：30）。そこでは，倫理的配慮それ自体が欲求の対象として市場で取引されているといえるかもしれないし，あるいは倫理的配慮が企業の経済活動のために手段化されているといえるかもしれない。また，別の視点からみれば，それは倫理的配慮という社会的費用の負担の分配を，市場において決定するような制度的枠組みであるともいえるかもしれない。いず

れにせよ，企業が何らかの規範的価値へのコミットメントを経由せずとも，さまざまな倫理的配慮を行うことを可能とする制度編成のあり方が生じていると考えられる。

　こうした市場において最終的に商品を選択する消費者も，必ずしも共有された何らかの価値によってまとまりをえているわけではなさそうである。「倫理的消費」に関する研究においては，それは規範的消費行動であるというよりも，むしろ自らの生活の質をより豊かにしたいという欲求充足的な行動であると指摘されている（Sassatelli 2006, Soper 2007）。日本においても，環境配慮を志向する消費者が消費を通じて自己実現をはかる態度を持ち合わせているという側面（寺島 2012），倫理的消費者が個性的ライフスタイルや自分らしさを追求しているという側面（畑山 2012, 2015）が明らかとされている。企業や消費者の自由な経済活動はそのままであるにもかかわらず，環境保護や人権保護といった倫理的な事柄が達成されるというあり方が，倫理的市場を特徴づけていると考えられる。

　市場を通じた経済の倫理的方向づけという理念的モデルは，1990年代後半から2000年代にかけて先進諸国で制度化されてきたさまざまな経済の倫理化プログラムのなかに組み込まれている。日本においても，経済同友会による「21世紀宣言」（経済同友会 2000）を皮切りに，市場原理を支持しながら企業による倫理的配慮を促していくような経済的枠組みを作り上げていくことが経済界における主流の考え方となってきた。[3] かつてであれば，企業や消費者に倫理的配慮を要求するということは，産業社会や消費社会への批判という意味を少なからず含むものであった。しかし，倫理的市場においては倫理的配慮それ自体が産業社会・消費社会のなかに組み込まれているというある種のパラドクスが観察されるわけである。こうした新たなあり方をいかにしてとらえることができるのだろうか。

2　倫理的市場のパラドクス

　従来的な視点からみれば，倫理的市場という言葉そのものが矛盾をはらんでいる。倫理的な生産・取引・消費のためには，市場経済を中心とした社会編成それ自体を反省的かつ批判的にとらえることが不可欠だと考えられてきたからである。それゆえ，「市場の制御」ないしは「市場の外部」の可能性を問うことが倫理的に配慮された経済の可能性を問うことだとされる傾向が極めて強かった。市場における利己的な経済行為を抑制することによってのみ倫理的に配慮された経済は実現される，という思考が支配的であったといえよう。その思考に基づいているのが「社会的経済」とよばれる経済モデルである。

　社会的経済は，規範的価値の共有によって企業や消費者の自分勝手な経済活動を抑制し，倫理的な経済の実現を目的とする経済思想であり（Moreau 1994=1996：13-24），資本よりも人間を優先する経済のモデルであるとされる（Defourny and Monson 1992=1995：12）。協同組合主義にみられるように，それは既存の資本主義体制へのオルタナティブという視点を常に含むものであり続けてきた。[4]

　社会的経済の枠組みからすれば，諸行為者による価値の内面化とその相互共有を通じた合意の形成によって倫理的な経済は実現しうるのであって，そうした過程を経由しない自分勝手な経済活動こそあらためられなければならない対象であった。社会的経済にとって，倫理的な経済とは規範的価値に動機づけられた経済行為の集積なのであって，それゆえ企業や消費者の動機づけを規範的なものへと変革させていくことこそが経済の倫理化の条件であったというわけである。このように，社会を成立させる合意の条件を社会的な価値・規範の内面化によって説明する立場を，ここでは暫定的に「規範-内面化論」とよぶことにしたい。[5]規範-内面化論は，社会的経済に限らず20世紀には広く社会科学に普及した社会観であり，この社会観における諸個人の倫理的行為の集積という図式が，倫理的な経済をめぐる従来的構想の理論的前提条件であった。

倫理的市場のパラドクスとは「経済を非倫理的にしてきたはずの自由な経済活動が倫理的な経済を維持・形成する」というパラドクスである。このパラドクスが意味しているのは，そのようなことが本来なら起こりえないということではなく，規範-内面化論が倫理的市場の台頭という現状を理解するための枠組みとして不十分だということである。というのも，倫理的市場をパラドキシカルにみせているのは，規範-内面化論の理論的前提条件それ自体だからである。倫理的市場の台頭という新たな状況を理解するためには，規範-内面化論とは異なる図式で倫理的市場をとらえることが必要だということになる。

あるパラドクスを解決するということは，それをパラドキシカルなものとして認識させている図式の前提条件それ自体を掘り崩すことによって，それとは異なる図式からそれに新たな理解と説明を与えることである。本章の目的は，規範-内面化論とは異なる理解の仕方で倫理的市場の理論的モデルを描くことである。それは，「倫理的に動機づけられているわけではない行為」を説明の出発点に置くにもかかわらず，「倫理的な経済」の成立が説明されるような理論的モデルを提示するという試みにほかならない。議論を先取りすれば，本章では，行為者自身の欲求や関心といった主観的側面が社会制度の生成・維持に対してどのように作用しているのかという点から倫理的市場の理解可能性が提示されることになる。

以下では，この試みのなかで依拠する「自生的秩序」という概念について検討を加えていく。自生的秩序とは，諸個人の多様な行為の「意図せざる結果」として成立しているものとして説明される秩序である。この概念は，本書が問題とする「倫理的な動機づけによってなされるわけではない経済活動によって倫理的な経済が形成される」という側面を理解するための有用な説明図式となるように思われる。

3　自生的秩序論の理論的認識

　倫理的市場の脱パラドクス化を可能とする理論的前提条件とはどのようなものか。以下では自生的秩序の概念の検討を通じて，規範−内面化論の問いの外部におかれてきた問題領域を明確にし，その問題領域に対してどのような問い方が可能であるかを明らかにしていく。

1．メンガーの問い

　倫理的市場を理解するための手がかりとして，本書が出発点として依拠するのがC.メンガーの古典的な命題である。その命題とは，かつて彼が社会科学の根本的な分析対象として提起した「その創設を目論む共同意志なしに発生する共同福祉に役立つ制度」(Menger 1883=1986：150-151) という命題である。誰も共同福祉のための意図をもって行為しているわけでもないのにもかかわらず，結果として共同福祉が達成されるような制度が現に存在し社会を支えているということをメンガーは主張した。メンガーはこの命題をもって次の問題を提起する。

　　どのようにして共同福祉に役立ち，その発展にとってもっとも重要な制度がその創設をもくろむ共同意志なしに発生することができるのか？ (Menger 1883=1986：150-151，強調原文ママ)

　倫理的市場も「その創設を目指す共同意志なしに，個別的な個人的利益を追求する人間の諸努力の意図されない結果」という観点から理解することができるだろう。たとえば，企業ブランディングのために建築木材業者や印刷業者がこぞって森林認証を取得する結果として，熱帯雨林の保護が促進される。また，個性的なライフスタイルを通じた自己実現を目指してフェアトレード・ファッションを身に纏うことによって，途上国の生産者が公正な対価を手にする。倫

理的市場が，企業や消費者の自らの関心に基づく経済活動が結果的に倫理的な経済を実現する，というあり方によって特徴づけられるとすれば，メンガーの問いを本書の問題構成の出発点に据えることができる。

ところで，メンガーの根本的な出発点は，社会現象の一部には法，言語，国家，貨幣，市場といった「有機的な社会現象」，すなわち社会成員の合意の産物ではなく歴史的発展の無反省的な結果の産物としての社会現象が存在するという点にある。彼が「有機的」という言葉を用いるとき，そこでは「諸部分が全体の維持，正常的な機能，発展に貢献するとともにそれらを制約し，同時に，諸部分の機能が全体の機能によって制約され影響される」(Menger 1883=1986：135)ということが意味されている。諸部分と全体が何らかの因果関係において関連し合っているのではなく，諸部分の「意図せざる結果」として一定のまとまりが形成されているということである。

これは，有機的な社会現象に対しては，人間の目的意識的活動をその起源として想定することができないということを意味する。にもかかわらず，有機的な社会現象はこれまで他の社会現象とはあまり厳密には区別されず，それを理解するための方法論も明示的に論じられることはなかった。メンガーは自らの問題定式を通じて，「有機的な社会現象をいかにして理解することができるのか」という問題を提起したのであったといえるだろう。

ここで本題である「倫理的市場のパラドクス」に立ち戻ってみよう。「倫理的な動機づけによってなされるわけではない経済活動によって倫理的な経済が形成される」というあり方を，「諸部分の意図せざる結果」という観点からとらえるならば，諸行為と経済の間にあるきわめて複雑な関係が立ち現れてくる。それゆえ，倫理的な経済を目論む共同意志に基づいてはいないような諸行為がその結果としてどのように倫理的な経済を形成しうるのかという問題は，その複雑な関係をどのように理解するかという理論的視座を要求するということになる。であるとすれば，そのような視座を提示することが，倫理的市場に対する理解を前進させることになるだろう。

表 1-1 諸行為と秩序の連関

	秩序の次元	
行為の次元	倫理的な秩序	必ずしも倫理的であるとは限らない秩序
倫理的に動機づけられた諸行為	A	C
必ずしも倫理的に動機づけられているとは限らない諸行為	B	D

　メンガーの問いから出発して倫理的な経済を理解するということは，理論的認識としてどのような位置に立つことになるのか。表1-1は，諸行為と秩序の連関についての問題化の枠組みを区分したものである。

　諸行為と秩序の連関を「倫理的である」/「倫理的であるとは限らない」という区別を用いて，AからDの4象限を構成したものがこの表である。表では，A（倫理的に動機づけられた諸行為が倫理的な秩序を生み出すという問題領域），B（倫理的に動機づけられているとは限らない諸行為が倫理的な秩序を生み出すという問題領域），C（倫理的に動機づけられた諸行為が倫理的であるとは限らない秩序を生み出すという問題領域），D（倫理的に動機づけられているとは限らない諸行為が倫理的であるとは限らない秩序を生み出すという問題領域）という4つの問題領域が存在することを示している。

　これまで，倫理的な経済をめぐって規範-内面化論の図式で説明されてきたのはAの問題領域であった。一方，メンガーの問題提起を，倫理的な経済をめぐる問題という文脈のなかに位置づけるならば，その問題意識はBに位置づけられることになる。メンガーが主張したのは，Aの図式によって説明される社会現象とBの図式によって説明される社会現象の区別であり，Bの問題領域に理解を与える説明図式はAの問題領域に理解を与える説明図式とは異なるということである。

倫理的市場がパラドクスでしかないのは，Ａの問題領域に説明を与える図式でＢの問題領域をとらえようとするからである。それゆえ，倫理的市場を脱パラドクス化するということは，Ｂの問題領域に説明を与える図式がＡの問題領域に説明を与える図式とどのように区別されるかを明らかにすることだといえる。以下では，徹底してＢの問題領域に焦点を当てるハイエクの議論を検討することを通じて，その区別を明らかにしていく。

2．ハイエクの自生的秩序論

F．ハイエクはメンガーの提起する有機的連関への問いを社会科学方法論の根本的問題として検討を加えている。まず，彼はメンガーの論じる「諸部分の有機的連関による全体」とは固定化された何らかの実体のことではなく，観察者（研究者）の心的過程において再構成された統一体であるという留意点を最初に置く。社会科学は自然科学とは決定的に異なり「人々が抱くことで社会現象の原因となる概念」と「観察者がその現象について形成する説明的な概念」の２つの概念の区別が存在し，有機的な社会現象は後者に属する（Hayek 1952=2011：37-39）。有機的な社会現象なるものは説明的見解であって，それ自体が個々の行為を動機づけているわけではない。有機的な連関とは行為を観察者の説明的見解，すなわち個人が行動について行う理論づけの結果から説明されるものではなく，行為において個人を導く諸概念から説明されるものだと彼は論じる[6]。

このような前提から出発して，ハイエクはメンガーの問いを「どんな精神もそれらを設計したのではないのみならず，それらはまた，その存続を望む欲求に導かれているのではない人々の行動によって維持されており，こうした行動にその働きは依拠している」（Hayek 1952=2011：89）と分節化し，そうしたあり方によって形成される秩序を「自生的秩序」と表現する。ハイエクのいう自生的秩序とは，諸個人の意図や目的に外在するような自然の原理に導かれて発生するような秩序を指し示しているのではなく，全体に貢献するという何らの

共通の意図をもたない諸要素の各々のうごめきが相互に連関し合う過程の結果として形成される秩序のことを指し示している。

　メンガーにおいて「有機的な社会現象」とよばれたものは，ハイエクによる分節化を通して，「その制度がどのようにして形成することができるのかを誰も知りえないような制度」として理解可能となる。そして，こうした自生的秩序はいかにして可能となっているのかという問題を，人間による知識の利用の問題として取り扱うという点がハイエクの議論の特徴である。つまり，メンガーの問いは，ハイエクにおいて「公共の福祉に役立つ制度がどのようにして形成されるかという知識を誰も所有しえないにもかかわらず，公共の福祉に役立つ制度が形成されることはいかにして可能となっているのか」という問題として再定式化される。この再定式化を通じて，ハイエクはメンガーの問いに対して「シンボル」という概念を用いて答える。

　　文明は個々の知識が集積した結果であるが，社会のなかの人間が，自分も他の誰も完全には所有していない一連の知識からつねづね利益をえることができるのは，これらすべての知識がいずれかの個的頭脳のなかに明示的・意識的に組み合わされることによるのではなく，われわれが理解せずに用いているシンボル，つまり習慣や制度，道具や概念のうちにその知識が体現されることによるのである。…（中略）…それは個人がけっして完全には理解しえない役割を果たしている過程の産物なのである。(Hayek 1952=2011：90)

　シンボルとは人びとが暗黙的に依拠している行為の「抽象的ルール」を体現するものとされる。抽象的ルールとは，人間の意識的思考に上ったり，言語で表現されたりする以前から行為を決定する全過程がもっていた規則性のことである。そして，人びとがシンボルを媒介としてこの抽象的ルールに従うという過程においてはじめて，「自生的秩序」に理解が与えられる。

　たとえば，ハイエクは貨幣のなかにそのシンボリックな機能を見出す。市場

均衡にいたるために必要な知識は多数の成員に分散しているが、その分散された個々の知識に基づく行為が貨幣を指標とした市場価格に反映されることによって、人びとは他者の知識を有効利用することができる。誰も価格を市場均衡へ向かわせるために売買してはいないし、そもそもどうすれば価格が市場均衡へ向かうかということすら誰にもわからない。にもかかわらず、貨幣を媒介として予期が形成され、その予期形成過程を通じて市場均衡の達成が可能となっているとハイエクは論じる（Hayek 1937=2008, 1973=2007）。

　ここで、メンガーの問う有機的連関に対して、「シンボルによる行為調整」というひとつの理解可能性が与えられる。むろん、ここでいう「調整」とは行為に先駆けて存在する自然のメカニズムによって均衡状態へと収斂するという意味ではなく、諸行為者間のパースペクティブの反射を通じて、個々の行為者自身がいかにして自らの環境に適応することができるかを学習し、それをもとに人びとが行為する過程において観察可能な一定のパターンが形成されるという意味である。異なる目的、異なる動機づけのもとにある諸個人の行為がシンボルを媒介として一定の秩序を生み出していくというあり方において、自生的秩序を理解することができるだろう。

　このハイエクの議論を通じて「倫理的市場のパラドクス」の脱パラドクス化は一歩展開される。つまり、倫理的市場への問いは、「どのようにして倫理的ではない諸行為がシンボルの行為調整のもとで倫理的な経済を生成・維持していくのか」という問いとして展開されるわけである。このパラドクスの展開によって、倫理的市場は自生的秩序をめぐる問題として定式化される。

　このハイエクによる問いの転換は、きわめて社会科学方法論的な転換を含んでいる。自生的秩序論のものの見方は、行為において個人を導く諸概念から理解・説明するという主観主義の立場に立つものであるとハイエクはいうが、それは規範-内面化論の科学観とは根本的に異なるものである。ところが、実はこの相違は規範-内面化論の側からは気づかれにくい。というのも、多くの場合には規範-内面化論的な視座に立つ者それ自身も自らが主観主義の立場に立

っているつもりだからである。

この少々厄介な問題に光を当ててくれるのがT.パーソンズとA.シュッツという2人の社会学者の間の論争である。次節では，パーソンズに対するシュッツの批判を検討しながら，この自生的秩序論の問いの転換の根底にある社会科学方法論的な転換を明らかにしていきたい。

4　観察水準の区別としての主観主義

パーソンズとシュッツの間の論争で問題とされていたのは，メンガーやハイエクの提起する自生的秩序それ自体ではなかった。しかしその論争は，自生的秩序としての現象理解を支える主観主義という科学的手続きをめぐって行われたものとして再構成することが可能である。ハイエクは「観察者の説明的見解から行為を理解・説明する方法」と「行為において個人を導く諸概念から行為を理解・説明する方法」を区別し，後者の方法を自生的秩序としての現象理解の基礎とした。この区別の意義を教えてくれるのがパーソンズとシュッツの間の論争である。

1．シュッツによるパーソンズへの批判

現象理解のためには，前提となる仮説的モデルが不可欠である。ある現象をそれとして指し示すというその時点で，それは世界から何事かを統一体として切り出すということであり，その統一体の切り出しは特定の仮説的モデルがなければなされえない。「観察の理論負荷性」に対して自覚的となり，どのような仮説的モデルが現実において妥当しうるかを検討することは理論社会学の出発点である。そして，それを強調したのがパーソンズであった。パーソンズは行為をとらえる仮説的モデルを「分析的リアリズム」の立場から入念に構築しようと試みた（Parsons 1937=1989）。

分析的リアリズムとは，経験的な現象を抽象的概念によって理解することで，

客観的な外的世界の諸側面を適切に把握することができるという認識論的立場である（Parsons 1937=1989：138）。パーソンズは，行為とは特定の準拠枠によって切り出されることではじめて有意味なものとして把握可能なものだと考え，行為は「行為者」「目的」「状況」「規範的志向」の4つの特性を含む，という仮説的モデルをその前提として設定する。なかでも「規範的志向」は行為における主観的側面をとらえるものとされる。行為理解の図式にこの規範的志向を導入することによって，パーソンズは自らの仮説的モデルを主観的観点に立つものであると考える。

　こうしたいわゆる「行為の準拠枠」をもって，行為の諸要素間の関連を明らかにするのがパーソンズの行為分析である。この分析で把握される行為は，客観的・歴史的に記述される行為とは異なり「因果的な意味」をもっているとされる。彼は次のように論じる。

　　主観への準拠という点がこの図式特有の個性となっており，そこには行為者にとって外的な過程と同様に，行為者の心のなかの実在的過程も含まれている。…（中略）…この行為図式は記述的であるばかりか因果的な意味をもつようになり，そうすることによって動機づけという「主観的に実在的な過程」を含みもつことになる。（Parsons 1937=1989：166）

　こうした行為分析の結果としてパーソンズは「行為のいかなる具体的体系であろうと，その変化の過程は体系内の行為者を拘束していると見なされる合理的規範の実現という方向に進んでいくことができる」という見解，そして「努力というエネルギーは，行為過程においては目的の実現あるいは規範への同調へと転化される」という見解を提示する（Parsons 1937=1989：168）。それゆえ，彼においては，諸行為とその結果の間の関係という問題は「共通価値による統合はいかにして可能となっているか」という問題に還元されることになったわけである（Parsons and Shils 1951=1960）。

以上のようなパーソンズのモデルは，社会理論における諸個人の主観的次元の重要性を強調としたという点で画期的であったわけであるが，しかしその一方では「行為者の主観性」と「観察者が客観的に論じる行為者の主観性」を混同しているという点から批判に晒されてきた。そうした批判的示唆をもっとも明快に与えたのがシュッツである[7]。シュッツはパーソンズの議論に対して次のように論じる。

　　（パーソンズは）行為者の心のなかの主観的事象を，観察者だけに接近できるその事象の解釈図式ととり違え，したがって主観的現象を解釈するための客観的図式とこの主観的現象それ自体とを混同してしまっている。(Schutz and Parsons 1978=1980：110)

　行為者が思念した意味を，その行為の結果として観察される外的事象に対して観察者が解釈した意味で代替することはできない（Schütz 1932=2006：59）。だが，シュッツは社会科学が行為者の主観性を客観的に扱いえないということを主張しているのではない。彼は，行為者による一次的構成概念と科学者による二次的構成概念を区別することによって，主観的な意味構造を客観的知識の体系によって把握できると論じる（Schutz 1954=1983：86-96）。
　一次的構成概念とは社会的な場面にいる行為者が常識的な思考をもって構成する概念であり，二次的構成概念とは一次的構成概念について社会科学が構成する概念である。シュッツによれば，社会科学が行っているのは，「観察した事柄をもとに諸々の類型的な行為経路パターンを構成」し，それに「理念上の行為者モデルを整合的に帰属させる」ことによって「自らが構成した日常生活の社会的モデルのなかに住まわせる」ということである（Schutz 1954=1983：129）。こうした仮説的モデルとしての「人間模型」は，科学者が構成した仮構のなかでのみ行為する。そして，科学者はこの人間模型に与えた類型的パターンを出発点として，問題とされる当の事象がその仮構のなかでどのように生じ

うるのかを説明する。社会科学とは，諸個人の主観的な世界の理解（一次的構成概念）を特定の観点から再構成して現象のモデル（二次的構成概念）を練り上げ，それよって社会現象に説明を与えるものである。シュッツが，「主観的な意味構造を客観的知識によって把握する」という言葉で意味していたのは，この観察水準の区別にほかならなかった。

　パーソンズは，行為者の主観性を「規範的志向」という主観的カテゴリで代替することによって，行為者当人の立場からの理解と科学的構成概念を用いて再構成された行為者の理解を同一視した。他方，シュッツは，規範的価値は科学者によって論じられる行為者の主観性であって，それ自体は行為者自身による理解をうちに含むものではないと考える。シュッツが指摘したのは，パーソンズのモデルは実は当人の内的思考過程を客観的知識によって代替させているだけであるに過ぎず，真の意味で主観性を客観的に扱うものではないということである。主観性を客観的に扱うということは，観察水準を区別するということであり，それは結局，科学者が自らのモデル構成の観点に自覚的であるということを要請することになる。社会科学における主観主義とは，科学者の観点を行為者の観点に置き換えることではなく，科学者の固有の観点から行為者の主観性を再構成することである。

　行為の仮説的モデルを「規範的志向」というカテゴリから構成するならば，その行為モデルから出発して形成される秩序は，パーソンズの論じるように「共有価値を通じた社会統合」として説明されるだろう。だが，その前提となる規範的志向の内面化というモデルは，行為者当人の内的思考を含んで構成された概念ではなく，行為の主観的側面を科学者が客観的な視点から把握するものであるに過ぎない。

2．目的動機と理由動機

　以下では，パーソンズとシュッツの間の議論を自生的秩序論の文脈のなかで整理しながら「倫理的市場のパラドクス」をさらに展開していこう。

シュッツが「ある制度を理解しようとすれば，その制度の存在に照らして自らの行動を方向づけている個々人にとってその制度が何を意味しているのかを理解しなければならない」(Schutz 1953=1983：58) と論じるとき，そこに含意されているのは「観察者の説明的見解から行為を説明する方法」ではなく，「行為において個人を導く諸概念から行為を理解・説明する方法」を採用しなければならないということにほかならない。この点でシュッツの方法はハイエクの方法に符合する[8]。両者はともに，日常生活者自身による概念構成それ自体を再構成することによって，人間模型のふるまう仮構を構築することがその行為を理解・説明することだと考えるわけである。

　パーソンズにおいては，個人の目的に対する手段の選択は規範的志向に導かれるものであることが前提とされていたが，それはこの仮構を，仮構の構築の結果として事後的に獲得されるはずの説明図式を用いて構築するということを意味する。たとえば，運転手が車の制限速度を守るというとき，諸個人のさまざまな「自分自身にとっての関心」が想定される——スピードを出し過ぎて事故をおこしたくない，あるいは助手席にいる人に自分が無謀な人間だと思われたくはない，など。しかし，パーソンズにおいては，ルールを守る行為はすべて規範への同調として理解される。この「規範への同調」は制限速度を守るという行為を説明するために事後的に構成された概念であり，それを「自分自身にとっての関心ごと」に置き換えることはできない。

　主観主義的に現象を理解するということは，パーソンズとは対照的にこの運転手の「自分自身にとっての関心」から仮構を構築して交通秩序を説明するということである。そして，まさに，このような形で説明される秩序こそが自生的秩序にほかならない。つまり，ある秩序の維持・形成を意図しているわけではない諸個人によって当該秩序が維持・形成されるという事態を説明する仮構を構築することが，自生的秩序として現象を理解することだというわけである[9]。

　自生的秩序としての現象理解は，行為者当人の動機と観察者が解釈して与えた動機を区別することによってはじめて可能となる。シュッツは目下で行為す

る行為者当人の動機を「目的動機」，観察者が与える動機を「理由動機」とよ
ぶ。この2つの動機概念の区別は，観察水準の区別にほかならない。そして，
この区別こそが，「倫理的市場のパラドクス」の脱パラドクス化を可能とする
区別である。つまり，「倫理的な動機づけによってなされるわけではない経済
活動によって倫理的な経済が形成される」という事態がパラドキシカルである
のは，目的動機と理由動機が区別されていないからだということである。この
区別を分析の観点に挿入すれば，自らの利害関心に沿って倫理的配慮を行う企
業や消費者の行為が倫理的な経済を維持・形成するというあり方に説明を与え
ることができる。観察水準を区別することで，建築木材業者の企業ブランディ
ングが熱帯雨林の保護を促進したり，個性的なライフスタイルを追求する消費
行動が公正な取引を促進したりすることは，それ自体なんらの矛盾を含んだも
のではなくなる。

　だが，ここではまだパラドクスは完全に解かれたわけではなく，規範−内面
化論の理論的前提条件を相対化することによって脱パラドクス化のための足場
を獲得したに過ぎない。完全な脱パラドクス化のためには，なぜ諸個人が自ら
の関心に従っているだけであるのにもかかわらず結果としてそれらが秩序形成
に寄与するのか，という問題に対して理解を与えるような仮構を構築しなけれ
ばならなない。それはすなわち，「シンボルによる行為調整」はいかにして可
能かという問題に対して理解を与えるということである。

　というのも，自生的秩序として現象を理解するということは，諸個人が自身
の関心に基づいて行為することが前提とされるが，同時にその自身の関心が他
者の関心に依存することが前提とされるからである。他者のパースペクティブ
の反射を通じて自身のパースペクティブが形成されるという位相こそが調整で
ある。そして他者のパースペクティブを知る位相を「学習」とよぶことにしよ
う。学習について問うということは，規範の内面化について問うことではなく，
他者のパースペクティブについての知識を得ることはいかにして可能かを問う
ということである。

さらに，それは「ルールに従うとはいかなることか」を問うことであるともいえよう。理由動機と目的動機を区別するならば，もはや「ルールに従う」ということを共有された規範的価値へのコミットメントとして説明することはできない。次節では，ルールに従うということをどのように理解することができるかについて検討を加えていく。

5　ルールに従うとはいかなることか

　パーソンズにおいては，ルールに従うということは内面化された規範に基づいて行為するということと同義であった。しかし，そこで論じられる「規範の内面化」とは結局「説明図式の内面化」であり，目的動機を理由動機に置き換えたものにすぎなかった。一方，自生的秩序としての現象理解は行為者自身の概念構成から「ルールに従うこと」を説明しようとする。本節では，このような説明はどのようになされるのかを明らかにすることによって，「倫理的市場のパラドクス」をさらに展開していく。

1．パースペクティブの反射

　主観主義の立場から出発するならば，「ルールに従う」ということは他者のパースペクティブという自身の環境に適応することである。しかし，他者のパースペクティブはいたって不透明なものであり，それを知るということは，結局は他者のパースペクティブに関する何らかの知識に頼って，それを自分なりに再構成するということにほかならない。ルールブックやマニュアルなどは，それ自体がルールであるというよりも，むしろそうした他者のパースペクティブという概念を構成するための指標を与えてくれるものである。より正確にいうならば，それらは他者がどのように別の他者のパースペクティブを構成しているかについての知識を教えてくれるものである。

　このように他者のパースペクティブを再構成するということは，他者の目的

動機を自らの解釈を通じて理由動機として再構成するということを意味する。この理由動機として再構成された概念を通じて理解された他者のパースペクティブは，自らの行為選択のための情報として利用することができる。この情報に基づいて選択された行為の目的動機は，さらにその行為を観察するまた別の他者によって解釈されて理由動機として再構成される。このように，目的動機が理由動機として再構成されていくという連鎖的過程を通じて，ある一定のパターンを伴った抽象的なルールが形成される。この連鎖的過程を「パースペクティブの反射」とよぶことができる。

　ルールに従うということは，このようなパースペクティブの反射を通じて獲得される知識を自らの行為選択のための情報として利用するということにほかならない。つまり，ルールに従うということは，個人が自分自身の関心のもとで行うことであると同時に，その自分自身の関心が他者の関心に依存するという両義的性格をもつということである。自己の関心のなかに他者の関心が織り込まれているとするならば，自己の関心の追求のための手段として他者の関心を常に内に含めざるをえないということになろう[11]。

　ルールに従うということをこのように理解するならば，「倫理的市場のパラドクス」がまたひとつ解かれることになる。ここで脱パラドクス化されるのは，「利害関心を追求する企業が進んでルールを守る」というパラドクスである。規範－内面化論においては，利害関心を追求する行為とルールに従う行為は相反するものであり，それゆえ企業にルールを守らせるということはそれらの利害関心を抑制させることであった。だが，自生的秩序論の前提にあるのは，企業の追求する利益が他者の関心に依存するということ，そしてそのために企業が自ら進んでルールに従うということである。「ルールに従う」ということと「自らの関心を追求する」ということの間に置かれてきた二分法的な対立軸の解体を通じて，従来であればパラドクスでしかなかった命題に対する理解が開かれることになる。

　ところで，そのような他者のパースペクティブに関する知識を人はどのよう

にして獲得しうるのであろうか。これは，ルールを「学習」することはいかなることか，という問題である。それが規範の内面化ではないとするならば，いったいどのような説明が可能なのか。この学習の位相をとらえることは，「倫理的市場のパラドクス」の解決のためには不可避である。以下では，ルールの習得の問題について検討を加えていくが，そのなかで，そもそもルールとは何かということそれ自体をとらえ返していきたい。

2．いかにしてルールは学習されるか

　人はいかにしてルールを学ぶかという点について，H. L. A. ハートの議論から検討しよう。というのも，彼の議論は自生的秩序にとってのルールの役割を明確に示しているように思われるからである。ハートはルールが存在するということを「ある集団の人々ないしその大部分がある種の環境のもとで特定された同じやり方で一般に行動するということ」ととらえ「ルール＝ものの見方や考え方の規則性」という見方から出発する（Hart 1961=1976：11）。このルールを認識可能としているのは「内的視点」，すなわちある特定の社会体系に内属することによって与えられるものの見方である。それゆえ，ルールを記述するということはすべからくある特定の内的視点を記述することであるとされる（Hart 1961=1976：99）。彼に従うなら，ルールを習得するということはひとつの社会体系に通じるということにほかならない。

　他方で，ハート自身の主要な関心はルールの習得の問題よりも，むしろ法の概念の再定式化の問題にあった。彼は，法の存在を主権者の存在から導き出そうとする当時の主流の議論に抗して，法が主権者の意図を超えた一般的ルールに属するのだという主張を貫く。ハートはルールを通常の行為を規制する「一次的ルール」と一次的ルールに言及してその変更や承認を規制する「二次的ルール」に区別し，この両者の結合として法を理解する（Hart 1961=1976：101-103）。二次的ルールは「承認のルール」「変更のルール」「裁判のルール」から成っており，一次的ルールを最終的に確認，導入，排除，変更することができ

るメタ・ルールとして存在している。

　このハートの二次的ルールはかつて橋爪大三郎によって，主権者の意図を超えて人びとを特定の内的視点に閉じ込めるようないわば「隠蔽」の機能によって国家の安定や資本の正当化に寄与する超-権力的な存在であると解された（橋爪 1985：149-152）。しかし，そうした理解は少なくともハートがこの理論に付与した含意を正確にとらえるものではない。というのも，「二次的ルールを可能にしている内的視点とはルールに従う行動を記録し予測するだけでなく，ルールを自分自身および他人の評価基準として使用する人々の視点なのである」(Hart 1961=1976：108　強調は原文ママ) とハートが論じるとき，そこには，二次的ルールが社会そのものに帰属しているということが強調されているからである。橋爪は，二次的ルールと一次的ルールの結合によって構成される「ルール環」なるものから抜け出して自由になることはいかにして可能かを問題にしたわけであるが，むしろハート自身はこの結合を肯定的にとらえ，いかなる法であろうとその源泉が社会の目にあることを示すことによって，法それ自体のもつ自由な性格を示したといえよう。

　上記のようなハートに対する解釈を経由してルールという概念をとらえ返すならば，ルールは人びとの日常的な営みに由来するというある意味で常識的な理解に落ち着く。ルールという言葉を聞くと，主権者なるものがルールを定めて人びとに服従を強いているような構図が思い浮かばれるかもしれないが，上記で示されたルールの根本的な性格からすれば，人びとが慣習的に持ち合わせている実践知に適合的なあり方でしか上手く機能することはない[12]。

　ところで，ルールが社会の目に由来するという意味では，ハートの理論は自生的秩序論の視点に多くの点で符合するのではないだろうか[13]。ハイエクは「立法の前に法がある」と論じるが，それが意味するのは，立法はルールを発明するのではなく，既にして社会に存在している思考のルールを発見するという機能をもつということである（Hayek 1973=2007：103）。彼が「既にして社会に存在している思考のルール」とよぶとき，それは必ずしも明確には言表されない

暗黙知としてのルールを含む。さまざまな暗黙のルールからなる慣習的なルールをハイエクは「抽象的ルール」とよぶわけであるが，それはハートが論じる二次的ルールとして機能するものだといえよう。

　ハイエクにおいて，抽象的ルールとはそれが明文化される以前から，言葉で上手く表現することはできないが，しかし「人びとが一定の仕方で行為する／しない傾向」としてなんとなく知られているルールのことである。その意味では，抽象的ルールは行為の「実践知」にほかならない。彼はこの実践知の習得を言語の習得と同様に考える。

　　言語それ自体の習得の場合と同じように，個人はルールに対応する特定の行為を真似ることによって，ルールに則って行為することを学ぶ。…(中略)…抽象的ルールは特定の行為を真似することによって習得され，そのことから，個人は「類推によって」他の場合にも同じ原理にもとづいて行為する能力を身につける。(Hayek 1973=2007：103-104)

　ハイエクによれば，ルールを学習するということは，そのルールを説明できるようになるということではなく，そのルールに則って行為することができるようになることである。前述のように，ハートにおいては「ルールを習得するということはひとつの社会体系に通じるということ」であったわけであるが，人がひとつの社会体系に通じるということは，まさしくその社会体系で通用している一連の行為を模倣し，異なる状況においても類推を通じて行為できるということである。習得された知識は次にその人が行う行為のためのデータ（与件），すなわち自身の行為に対する他者の解釈を類推するための手掛かりとなる。したがって，抽象的ルールとは，自己の行為を評価するまなざしについての実践知であり，それゆえ人びとが特定の社会体系に適応するチャンスを与えるものだと理解することができる。

　ハートとハイエクは，ルールが人びとの行為にチャンスを与えるものである

と考えている点で符合する。つまり、「自らのためにルールに従う」というプロセスは「特定の社会体系に適応するチャンスを拡大させようとする関心のもとで、個々の行為者が他者の行動を観察することによって抽象的ルールを習得しそれを実践するプロセス」として理解可能となる。こうした理解に基づけば、「ルールを学習する」ということは規範的志向を内面化することではなく、自らの置かれている社会的な文脈のなかで適切にふるまうことができるための暗黙の実践知を身につけることである。このような諸個人の学習プロセスというモデルこそ、自生的秩序論の地平を形成している。

ルールの学習についての主観主義的な説明を通じて、規範的志向の内面化という説明図式とは異なる地平からの説明可能性が与えられる。つまり、企業や消費者の倫理的配慮行動を支えている「学習」とは、自然破壊や搾取を食い止めねばならないという道徳規範を内面化することではなく、自然や社会に配慮する行動が自らにとってどのような意味を持つかを知るということである。

しかしながら、そのような学習がいかにして可能かという問題がまだ残されている。これは、経済を社会的に制御するとはいかなることか、という問題と深く関わり合っている。本章の最後では、透明性・確実性を制御の条件とする理論的視点を相対化することで、経済の社会的制御を「埋め込み」モデルから「構造的カップリング」モデルへと移行させていく。

6 経済の社会的制御

ルールと学習に関する分析を通じて与えられるのは、企業が自身の利害関心を追求するがゆえにルールに従う、という視点である。ではその場合、社会的なルールによって経済活動を制御するということは、いったいいかなることを意味しているのか。これまで、社会学において「経済を社会的に制御する」ということは、経済を社会に「埋め込む」こと、つまり、社会規範によって個々の利益追求行動を抑制することだとされてきた。だが、この「埋め込み」の考

え方では，利害関心を追求するがゆえにルールに従うという位相をもはやとらえることはできない。

利害関心を追求するがゆえにルールに従うのは，他者の関心が自己の関心に織り込まれているからである。この「織り込み」について考える上で重要なのは，そもそも他者のパースペクティブとはそれをとらえようとする側によって構成されるものであり，それはとらえられる側のパースペクティブそれ自体とは異なるということである。これが意味するのは，他者の内面を「理解する」ということが，あくまでも一方向的な過程だということである。

本章の最後に紐解かれるのは，そのように一方向的な理解しかできない人間どうしが，倫理的な経済を維持・形成するというパラドクスである。本節では，「埋め込み」の理論において前提とされてきた「開放システム理論」の限界について考察することから出発し，それに対する「閉鎖システム理論」の視座を検討する。それによって，倫理的な経済の形成をめぐる問題構成を，「経済の社会への埋め込み」から「経済と社会の構造的カップリング」へと展開させ，これによって倫理的市場のパラドクスの脱パラドクス化という本章の作業を完了させる。

1．埋め込み概念と開放システム理論

経済の社会的制御を「埋め込み」として理論化したのは経済人類学者のK.ポランニーであった。ポランニーは，「互恵」と「再分配」という規範によって個人の動機や欲望を制限することを，「経済の社会への埋め込み」とよぶ（Polanyi 1944=1975）。経済が倫理的なものであるためには，個人は自らの欲求ではなく規範的行動原理に従わなければならない。そのために重要なのが，諸個人の内面的見通しの「確実性」ないしは「透明性」である。

ポランニーによれば，内面的見通しとは「他者の心のなかにある欲求や苦労を知ること」であり，それは「思考のなかで自分を彼の立場におき，彼の欲求，彼の苦労をともに体験し，共感すること，そしてこの欲求と苦労に内面的に入

り込むこと」によって初めて可能となる (Polanyi 1925=2012：7)。このような内面的見通しを可能とするものとして理論化されてきたのが「協定」であった。協定は成員どうしの承認関係を通じて内面的見通しの確実性を高め，さまざまな事実に対する成員間の解釈を一致させるものだとされる。協同組合は協定の典型であり，それは諸個人の動機や欲求に基づく市場経済ではもたらされない規範的な社会を実現するとポランニーは論じる。

　次章で詳細に検討するように，この内面的見通しの確実性・透明性に関する議論にはポランニーの社会観，すなわち複数のパースペクティブがその相互作用を通じて一致に近づいていく過程を社会の条件とみなす考え方が反映されている。これは，ポランニーに限ったことではなく，20世紀中頃の社会科学に広く普及していたパラダイムであった。システム理論の領域では，この種の前提を「開放システム」の理論のなかにみることができる。

　システム理論は，20世紀を通じて発展した一般性を指向する科学理論である。システム理論は，諸要素の相互連関によって形成されるまとまりを「システム」としてとらえ，システムの自己維持や，システム間の相互作用，そして外部環境への適応などを問題とする。この分野の発展の礎をつくったL. ベルタランフィによれば，システムは外部環境や他のシステムに「開かれる」ことによってフィードバックを獲得し，それによって自らの構造を維持することができる (Bertalanffy 1971=1973)。フィードバックとは，システムと環境の間，あるいはシステムとシステムの間での「インプット／アウトプット」を通じて諸要素が交換されることであり，これによってシステムは制御される。このシステムと環境の相互作用を「インプット／アウトプット」図式でとらえるタイプのシステム理論は，「開放システム理論」とよばれる。

　社会学に開放システム理論の考え方を導入した典型が，T. パーソンズとN. スメルサーの『経済と社会』における理論図式である (Parsons and Smelser 1956=1958)。この議論では，経済は政治・文化・社会と並ぶ全体社会システムの部分システムのひとつとされる。この4つの部分システムは他の部分システ

ムとの相互作用を通じた「インプット／アウトプット」によって互いに「制御」される。この制御を通じて，部分システムは他の部分システムに対して，あるいは全体社会システムに対して「貢献」することになる。この理論において，経済の制御の条件は，経済が他の部分システムからの「インプット」が行われるために「開かれている」ということ，そして経済が全体システムに「埋め込まれている」ことだとされる。別の言い方をするならば，経済が制御されるためには，経済活動が経済的な動機づけのみに基づいてはならず，他の部分システムの諸要素，特に「道徳規範」がインプットされなくてはならない，ということである。このインプットの局面こそが「内面化」である。「経済が社会的に制御される」ということでパーソンズが意味しているのは，「道徳規範を内面化した経済活動が営まれる」ということにほかならず，この「内面化」が高い確実性をもってなされるために，システム間の境界はより高い透明性を保持していなくてはならないということである。

　ポランニーの理論とパーソンズの理論は，ともに開放システムのパラダイムの上で経済の社会的制御の成立条件を論じるものだといえる。経済の社会的制御は規範の内面化を条件として成立しうるのであり，それは複数の個人間のパースペクティブの一致を条件としているという点で共通している。重要なのは，ポランニーもパーソンズも，個人間（ないしはシステム間）の相互理解の問題を「正確な写し取り」の度合いの問題として構成しているという点である。ポランニーが「思考のなかで自分を彼の立場におき，彼の欲求，彼の苦労をともに体験し，共感する」，「そしてこの欲求と苦労に内面的に入り込む」というとき，そこで目指されている「理解」とは他者の内面の「正確な写し取り」にほかならない。ポランニーとパーソンズは，この「正確な写し取り」がより「確実」かつ「透明」になされることが経済の制御のために重要だと主張しているわけである。[14]

　この「正確な写し取り」としての「理解」という考え方は，開放システム理論の前提となっている社会観を反映している。しかし，これは他者を理解する

ということをめぐる唯一の理論的前提ではないということも今日では明らかにされている。以下では，開放システムに対する閉鎖システムの理論の検討を通じて，この前提を相対化していく。

2. オートポイエティック・システムとしての経済

　理解には総じて「解釈」が含まれている。これは，理解について考える上で決定的に重要である。この点を強調するH. G. ガダマーは，解釈という過程は必ずしも「正確な写し取り」を意味しているわけではないと論じる。

　　あるテクストを理解しようとするとき，ひとは著者の心的状態に自己を移し入れているのではない。自己を移し入れることについて語ろうとするとき，すでに，他者がその意見を獲得した際にとっていたパースペクティブに自己を移し入れているのである。(Gadamer 1960=2008：458)

　　理解は，本当のところ，より判明な概念によって事柄をよりよく知るという意味においても，また，意識された生産が意識されない生産に対してもつ原則的優位という意味においても，よりよい理解なのではない。《そもそも理解するときには別の仕方で理解している》といえばそれで十分である。(Gadamer 1960=2008：465　強調原文ママ)

　解釈の準拠点は，解釈者の内側にある。解釈とは，この内的な準拠点によってテクストや他者を把握することである。これは，理解を「メッセージの伝達の確かさの度合い」の問題としてとらえる考え方を根本から転換させる。というのも，ガダマーに従うならば，あらゆる理解は自己に関連付けられた理解だということになるからである。これは，人間の不完全性ゆえに「完全」な理解は不可能であるという「限定合理性」の議論とは異なる。ガダマーが論じているのは，完全性というものがそもそも解釈者によって先行把握された統一体で

あるということ，つまり，解釈者は予めその事柄に対して自らがもつ関連性から汲み取られた意味期待に基づいて理解するのであって，その関連性のなかで理解が自己完結していることを「完全」とよぶのである。

　ガダマーの考察を通じて与えられるのは，「理解」が理解する側の関心に従って作り上げられた構成概念であるということ，そしてその構成概念は理解する側の関連性の構造の内部においてのみ意味をもつということである。この考察結果は，「正確な写し取り」を条件とする開放システム理論の前提を相対化する。というのも，解釈に関するガダマーの考察がシステムにも同様に当てはまるとすれば，システムは自らにとっての環境をシステム自身の固有の仕方においてのみ理解しているということになるからである。それどころか，この考察を徹底するならば，システムにとっての環境は常にシステム自身によって解釈・定義された環境でしかない。つまり，環境なるものそれ自体がシステム自身の固有の産物だということになるわけである。

　システム理論において，理解をめぐるこの種の考察は，開放システム理論を相対化するとともに，システム自身の自己完結性を前提とする閉鎖システム理論への移行を要求する。システムが「閉鎖している」ということは，システムの自己維持や変化が，システム自身のなかで自己完結しているということを意味する。しかし，それはシステムが環境から孤立しているということでもなければ，環境からの影響をうけないということでもない。H. マトゥラーナとF. ヴァレラは，このシステム閉鎖性を「作動上の閉鎖」，つまりシステムの構成要素が構成要素そのものを産出する「作動」のみでシステムが完結していることであると定式化する（Maturana and Varela 1980=1991）。

　この「作動上の閉鎖」において，システムと環境はもはや開放システムでいうところの「インプット／アウトプット」の関係にはない。作動上閉鎖したシステムにとって環境は「攪乱」（雑音・ノイズ）である。この攪乱のなかから何が切り出されるか，つまり何がシステムにとっての環境として定義されるかということは当該システムの構造（構成要素間の関係性）が決定する。このシス

テム自身の構造によって決定された環境との組み合わせによって，システムは自己をさまざまな形に再生産する。逆にいえば，システムは環境との差異においてはじめて自己を再生産することが可能だということでもある。

環境を「攪乱」としてとらえることで得られるのは，システムにとっての環境がシステム自身の固有の産物であると同時に，そのシステム自身の再生産がまさにその自らの産物である環境に依存するという帰結である。マトゥラーナとヴァレラは，この自己創出＝自己制御のあり方を「オートポイエーシス」とよび，これを備えたシステムを「オートポイエティック・システム」とよぶ。このシステムは，作動上閉鎖されているため，環境とコミュニケートすることはできない。環境とシステムは互いに状態変化を引き起こしながら，攪乱をもたらす相手として振る舞うことになる。このプロセスは「構造的カップリング」とよばれる（Maturana and Varela 1984=1997：86）。

オートポイエティック・システムの理論を社会学に導入し，開放システム理論の前提に依存していた当時の社会学理論を相対化したのは N. ルーマンであった。ルーマンは，システムと環境の差異それ自体がシステムの作動の相関物であるとするならば，もはや「インプット／アウトプット」図式を経済と社会の関係に適用できないとする（Luhmann 1984=1993）。

ルーマンは，経済を全体社会の中で分化したオートポイエティック・システムとしてとらえ，「経済の作動上の閉鎖」という観点から，経済の作動を経済の構成要素のみによって記述する。経済のコミュニケーションは貨幣を媒介とした支払いにほかならず，このコミュニケーションの連鎖によって経済は自己完結している。経済はこのコミュニケーションを自己の作動の独自の様式として利用することでのみ自己を再生産する（Luhmann 1988=1991）。

経済を経済のみによって説明するルーマンの理論は，けっして効率性のみに従うホモ・エコノミクスの行動として経済を説明するというものではない。経済システムの作動上の閉鎖が意味するのは，経済がその環境に構造的に条件づけられているということにほかならない。ルーマンは，この条件づけの位相を

1章　自生的秩序としての倫理的市場　55

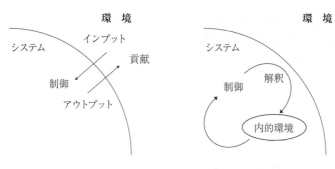

開放システムの制御モデル　　　閉鎖システムの制御モデル
図1-1　開放システムと閉鎖システムの制御モデルの比較

「開放」とよぶ。

　オートポイエティック・システムは，それが自分自身の再生産にまとまりとして用いるものを自己の環境から受け取りえない限りでは，閉じたシステムである。それにもかかわらずこのシステムは，自己再生産を環境のなかにあってのみ，環境との差異を前提にしてのみなしうるという点では開いたシステムである。(Luhmann 1988=1991 : 38)

　経済の構成要素は支払いであるが，しかし「支払いは最終的にはシステムの環境に行き着くような支払い理由に結びついている」(Luhmann 1988=1991 : 47) ということからこの開放の位相を理解することができる。支払いは希少性に基づくという意味で作動上閉鎖されているが，その希少性それ自体が社会的コンテクストに依存しているという意味では開放されていると考えることができるだろう。
　ただし，ルーマンが「開放」というときに意味しているのは，システムが環境に接続可能だということではなく，システム自身が産出した内的環境を自らの構成要素として自己再生産することができるということである。これは開放[15]

システム理論の「開放」とはまったく異なっており, むしろ, 開放システム理論的には「徹底的な閉鎖」と理解される状態こそがルーマンにおいては「開放」となる。「構造的カップリング」はこの意味での開放の位相である。つまり, システムがどのような内的環境を自ら構成するかによって, システムの構造が決定されていくということである。システムがどのようにシステムと環境を区別するかということ, つまり内的環境をどのように構成するかということが, システム自身の関連性の構造に依存するのだとすれば, 「構造的カップリング」は, そのような関連性の構造のなかで先取りされているということになるだろう。[16]

以上が意味するのは, 経済が自身の固有の区別を用いて構成した環境によって経済が条件づけられるということである。この観点は, 「制御」の概念を「自己制御」の概念へと転換させる。この転換を踏まえて, 再び経済の社会的な制御とはなにかを考えるならば, 開放システムの理論とはまったく異なる論理的帰結がもたらされることになる。

3. 「埋め込み」から「構造的カップリング」へ

開放システム理論に基づくならば, 経済を制御するということは, 経済以外の要素, 特に道徳規範を経済にインプットすることであった。「経済を社会に埋め込む」という言葉で意味されているのは, 互恵と再分配という規範的行動原理によって個人的な動機や欲求に制約を与える必要がある, ということにほかならなかった。経済は自己利益に動機づけられた行為ではなく, 他者や社会への配慮に動機づけられた行為によって形成されなければならなかった。

こうした開放システム理論の図式に対して, オートポイエーシス理論は根本的な転換を迫ることになる。第1に, 観察水準の区別である。オートポイエーシス理論が導く重要な帰結は, あらゆるシステムが「観察するシステム」だということである (Foerster [1981] 1984)。「観察」は, 自らの区別を用いた指し示しにほかならず, システムが自らの作動として行う内的過程である。システムの用いる区別がシステム固有の概念であるということを前提にするならば,

1章　自生的秩序としての倫理的市場　57

あらゆる観察はシステム固有の観察である。

　開放システム理論は，システムが観察に使用している固有の区別を，システムの作動に先駆けて設定しているといえるだろう。言い換えるならば，開放システム理論は，システムの観察（ファースト・オーダー）とシステムを観察するシステムの観察（セカンド・オーダー）を混同してしまっている。これは，一次的構成概念と二次的構成概念を区別せよというシュッツのパーソンズ批判においても問題とされていた指摘にほかならない。

　第2に，この観察水準の区別に伴って「制御」をめぐる問題構成が移行せざるをえないということである。制御は，「区別を当の区別によって指し示される差異の極小化のために設けるような作動」（Luhmann 1988=1991：338）として，システム自身の自己再生産を記述する概念となる。開放システム理論においてインプットと呼ばれていたものは「システム自体の中で構成された情報に過ぎず，この情報構成は当のシステムがその差異の極小化に努める区別を作り上げている一成分」（Luhmann 1988=1991：342）でしかない。こうして，開放システム理論では他のシステムへの「貢献」と表裏一体とされてきた「制御」概念は，もはや「貢献」それ自体とは切り離される。経済の制御とは，経済が経済自身のために，経済自身の固有の区別を用いて，経済の環境に適応していく自己言及的プロセスにほかならない。

　以上の転換を踏まえるならば，開放システム理論の「制御＝貢献」図式のなかで理論化されてきた経済の社会的制御という命題を，「自己制御」図式のなかで再記述することが必要となる。経済システムと社会システムが相互に作動上閉鎖しているということ，すなわち両者の観察視点の差異を前提にするならば，この命題は整理される。つまり，経済システムにとっては経済の自己再生産＝自己制御に過ぎないが，社会システムにとっては社会への貢献であるような事態こそが，開放システム理論においては「制御」という言葉で問題とされていたということである。開放システム理論では，システムを観察する研究者の観察視点によって，この経済システムと社会システムそれぞれの固有の観察

が代替されてしまう。「制御」と「貢献」は「インプット／アウトプット」として，つまり同じ現象の両側面として処理されてしまう。パーソンズとポランニーにとって「自己の制御」の問題と「他者への貢献」の問題が結局は同じ問題であったのは，このためにほかならなかった。

　しかし，観察水準の区別によって問題が再構成される。たとえば，二酸化炭素の削減を指向する経済について考えてみよう。この経済を経済システムの固有の観察に基づく自己再生産＝自己制御として説明するならば，「経済システムが二酸化炭素の排出を控えるのは，二酸化炭素の排出抑制それ自体に経済的価値があるからである —— あるいは二酸化炭素の排出それ自体が経済システムにとって経済的リスクだからである」という説明が可能となる。つまり経済システムの構成要素のみで経済システムの作動を説明することから出発できるわけである。この説明は，出発の時点において「他のシステムへの貢献」という社会システム固有の観察視点から区別されているが，この社会システムの観察を経済システムの観察に再び挿入することで，問題を再構成することができる。すなわち，「経済システムは自らの自己再生産をおこなっているだけであるにもかかわらず，なぜその作動が結果として社会システムに貢献しているのか」という問題である。この問題構成は，経済システムの固有の観察への問い，すなわち，経済システム内部で二酸化炭素の排出抑制が希少価値，として，あるいは排出がリスクとして認識される関連性の構造についての問いを開く。

　たとえば，「企業は社会的評判が自らの経済的利益を左右すると認識しており，その関心のもとで二酸化炭素の排出を控える」という補助仮説はその問いに対応するひとつの説明を与えてくれる。つまり，経済システムは，社会システムからみれば「社会的問題」として観察されるものを，経済システム自身の関連性の構造に従って「経済的問題」として観察し，その自らの固有の観察に従った経済システムの自己再生産が，社会システムの側からはあたかも社会への「貢献」であるかのように観察されるということである。これは，経済システムが社会システムと「構造的にカップリング」しているということを意味している。

経済システムをオートポイエティック・システムとしてとらえるならば、経済が社会的に制御されるということは、社会システムから経済システムに道徳規範がインプットされるということではなく、経済システムが社会システムと構造的にカップリングするということである。これは経済システムが社会を自らの環境として思い描きながら作動するということであり、けっして経済システムが社会のために作動するということではない。経済システムが目的としているのは社会ではなく、あくまで経済の自己再生産である。

　オートポイエティック・システムとしての経済システムにとって、社会は自身の構成要素ではなく「攪乱」（雑音、ノイズ）に過ぎない。これは道徳規範や社会関係が経済にとって不要だということではなく、まさにそれらが経済システムの環境を構成しているということ、つまりシステムが自らの構成要素で自己再生産を行っていく上での構造的条件を構成しているということを意味している。むろん、作動上閉鎖した経済システムは道徳規範をそのまま直接には扱えないので、それを「ニーズ」あるいは「リスク」という経済システムの構成要素として処理することになる。つまり、経済システムが配慮しているのは社会ではなく、あくまで経済の自己再生産なのではあるが、経済と社会が構造的にカップリングすることで、この自己再生産のなかに社会への配慮が織り込まれることになるわけである。

　この「経済と社会の構造的カップリング」という視座において、社会システム理論は自生的秩序論へと接続される。「倫理的であるとは限らない自由な経済活動が倫理的な経済を維持・形成する」という倫理的市場のパラドクスは、いまや「経済と社会の構造的カップリング」という命題として脱パラドクス化される。そして経済の社会的制御は、いまやこの命題のもとで問われることになる。

結　び

　本章では，規範－内面化論（開放システム理論）の理論的前提を相対化することを通じて，「自由な経済活動が倫理的な経済を維持・形成する」という「倫理的市場のパラドクス」を脱パラドクス化してきた。メンガーの問いから出発しハイエクの理論を経由することで，このパラドクスを「自生的秩序」への問いとして構成した。そして，自生的秩序における「主観性」と「ルール」についての考え方を整理するなかで，その脱パラドクス化を展開してきた。さらに，自生的秩序論を補完する最後のピースとしてオートポイエーシス理論を取り上げ，倫理的市場のパラドクスを「経済と社会の構造的カップリング」という観点から脱パラドクス化した。この一連の理論的検討を通じて，「その創設を目論む共同意志なしに発生する共同福祉に役立つ制度」という，もはや今日では忘れ去られようとしていた「メンガーの問い」が，新たな装いのもとで現代に蘇ることになる[17]。

　この蘇ったメンガーは，企業の社会的責任，社会的企業，倫理的消費者といった極めてアクチュアルな経験的現象の分析に有効性を発揮する。本書の第4章における「認証ラベル制度の分析」や第7章の「社会的企業の分析」，さらに第8章における「倫理的消費者の分析」などは，その試みの一環である。この種の対象をめぐる研究は，規範－内面化論からの影響を強くうけてきた。経済学者であればポランニー，社会学者であればパーソンズの理論を前提にして分析が進められてきた。本章の分析を経由することで，いまや経済学的にはポランニーからハイエクへ，社会学的にはパーソンズからルーマンへと理論的準拠点は移行することになる。

　むろん，ポランニーとパーソンズは「経済と社会の関係」をめぐる問題を掲げた理論として20世紀を代表するものであり，その後の社会科学に与えた影響は計り知れない。しかし，彼らの使用した理論概念は，もはやそのまま使用するには，あまりにも旧来的な図式を内に含み過ぎている。であるとすれば，

理論的な足場の組み方にまで議論を戻して，新たな理論概念を使用しながら，経済と社会の関係を分析する試みが必要となってくるだろう。

ただ，倫理的な経済をめぐる規範−内面化論的＝開放システム理論的な理解が，今日では広く常識化・教科書化されているのも事実である。それを覆すようなものの見方を提示することは挑戦的なものとならざるをえない。さらには，その古典的な図式で倫理的な経済を理解すること自体が道徳的に規範化されているようにさえ思われる。特にそれを顕著に示しているのは，市場経済に対する批判的なまなざしである。

次章では，ここで示した問題構成の転換について角度を変えて検討していく。それは本章で示した理論地平を，市場経済をめぐる論争のなかで位置づけていくという試みである。そこでの中心的な検討は，本章でも登場したポランニーとハイエクの間の理論比較である。この試みのなかで，本章での問題構成の転換が市場に対するどのような理解可能性を開くことになるのかを明らかにしていきたい。

注
1) 「倫理的」であるとはいかなることか，という問いかけそれ自体は非常に重要な問題であるが，本書ではそれをあくまで社会的事実として，すなわち「倫理的な事柄として人びとに考えられているもの」として考察する。P. バーガーとT. ルックマンも論じるように，社会学においては「人々にそのようなものとして考えられている事柄」がどのように再生産，普及，変化しているかを分析することが重要な探究課題となりうる（Berger and Luckmann 1966=2003）。本書で倫理的配慮という場合には，主に，自然環境と社会環境に対する配慮のことを意味するものとする。
2) カーボン・オフセットやフェアトレード以外にも，農産物の有機栽培を認証化する「有機認証」や生物多様性に考慮した漁業を認証化する「漁業認証」，森林の持続可能な開発を認証化する「森林認証」などが1990年代後半に登場した。
3) 経済同友会は日本経済団体連合会（経団連），日本商工会議所（日商）と並ぶ日本の企業経営者団体である。楠茂樹は，同友会の「21世紀宣言」を日本の経済界のひとつの転換点とみている（楠 2010：168）。「21世紀宣言」では，市場

原理を支持しつつ，それを支えるルールの尊重を謳うとともに，市場が経済性のみならず，時代のニーズを企業がより効果的に実現する役割を担うことを宣言し，その例としてグリーン・コンシュマリズム，ソーシャル・コンシュマリズム，社会的責任投資などに言及している。2000年代以降，日本の経済界は，倫理的配慮を一種の「ニーズ」としてとらえ，そのニーズへの適応として倫理的配慮を推し進めてきたといえるだろう。

4) 西川潤によれば，社会的経済（連帯経済）の特徴は，① 社会組織を非営利的に再編成することによって経済の歪みをコントロールしようとする点，② 社会的余剰を資本の蓄積に向けるのではなく人間発達（教育）やコミュニティの福祉に向けようとする点にある（西川 2007：13）。

5) 本章の6節の分析段階で，この理論的立場は「開放システム理論」として再定式化される。ここではまだ定式のための理論道具を提出できないので，やや曖昧な言葉ではあるが，この立場を暫定的にこのように表現したい。

6)「観察者がその事物について，たとえどのような優れた知識をもつとしても，それが当事者の知識でないのであれば，このような知識は人びとの行為の動機を理解する上で，我々にとってなんの助けにもならない…（中略）…人間活動の対象が同種であるか異種であるかとか，または同じ群に属するか異なった群に属するかということは，観察者がこれらの対象について知っていることにもとづいてではなく，観察されている人がそれについて知っていると観察者が思っていることにもとづいて定まるのである」(Hayek 1943=2008：86)。

7) ただし，シュッツとパーソンズの間の往復書簡（Schutz and Parsons 1978=1980）では，シュッツの批判はパーソンズには理解されないまま議論はすれ違いに終わる。この両者の議論の応酬の分析に関しては森元孝（1995：629-659）や那須壽（1997：112-145）の議論などを参照。

8)「現象学的社会学者」として論じられることの多いシュッツではあるが，彼の方法論の形成に関しては1920年代のウィーン時代におけるミーゼスとその周辺（ハイエクを含む）からの強い影響があることが指摘されている（Prendergast 1986）。日本でも1990年代に入ってから，この方法論の形成期についての分析が次第に行われ，シュッツの「オーストリア学派的」な側面の重要性が焦点化されてきた（小川 1991，橋本 1995，森 1995）。彼の方法論をオーストリア学派経済学の社会学版としてとらえるならば，シュッツとハイエクが「主観性を客観的知識で代用するような諸理論」への抵抗という軸を共有していたということが理解できる。

9) 主観主義を自生的秩序としての現象理解の方法論的基礎に据えるオーストリア学派経済学の理論（O'Driscoll and Rizzo 1985=1999：26）を参照。

1章　自生的秩序としての倫理的市場　63

10) 目的動機は，行為者の目下の行為の企図のなかで，その行為が達成された状態として想定されている事態であり，未来完了時制的なものである。一方，理由動機は，行為者が実際に行った行為をするように彼を規定している過去の諸経験に関係しており，過去完了時制的なものである（Schütz 1932=2006：138-153, Schutz 1953=1983：71）。本書では，目的動機を目下で行為する行為者当人の動機，理由動機を観察者が与える動機と区別したが，ここでいう観察者には，その行為を過去完了的に省察する（行為時点からみて将来の）行為者当人も含まれているという点には注意が必要である。

11) 自生的秩序論が原子論的な個人という前提から出発しているという批判（土場 1995, 盛山 1995）もあるが，必ずしもそうでないということがここからわかる。

12) ルールに対するこのような理解は，既存の秩序をすべて肯定する体制順応的な保守的見解であると批判されるかもしれない。しかし，よく検討してみればわかるとおり，こうしたルール理解は存在するルールのすべてを肯定するということではけっしてなく，何が正しいルールであり何が正しくないルールであるかを分かつメルクマールが「市民感覚」にあるということを意味している。その意味では，ここでのルール理解は体制順応的なものではなく，むしろ法は市民によって規制されるものであり，またそうあるべきだという主張を含むことになる。

13) 通俗的には，ハートは法実証主義であり，一方でハイエクは法実証主義を批判したのであって，両者の理論は相容れないものであると理解されがちである。しかし，ハイエクの法実証主義批判はハートにはあたらず，むしろハイエクからすればハートの理論は法実証主義に対する有効な批判であるとされる（渡辺 2006：50-51）。

14) 開放システム理論には「限定合理性」（Simon 1972：170）の考え方も含まれる。この種の議論は，「正確な写し取り」の不可能性を主張しているので，一見すると開放システム理論を否定しているかのようにも思われるが，これは一致の問題を近似の問題に置き換えたものに過ぎない。

15) 「環境」概念をシステム言及の水準によって区別することで，ここでは混乱を避けることにしたい。本書では，システム外部に帰属される環境を「環境」（「攪乱」），システム内部に帰属される環境を「内的環境」（「システムにとっての環境」あるいは「システムによって解釈された環境」）とよぶ。環境はシステムにとって「攪乱」でしかない。システムが自らの作動によってシステム／環境の差異を産出するということは，その環境をシステム自身にとって関連ある仕方で自らの内側に再構成するということを意味する。この自らの内側に再構成さ

れた「内的環境」は「環境」のコピーではない。そもそも「環境」はシステムには接続できない雑音でしかないので、システムにとっては内的環境こそが自らの環境だということになる（システムが自らの環境を環境として認識できるという時点で、それは内的環境である）。

16) マトゥラーナとヴァレラは「カップリング」という言葉でシステムと環境の「組み合わせ」について論じているので、本書の分析は一見すると矛盾しているようにも思われるかもしれない。しかし、環境がシステムに帰属しているという水準からみるならば、「カップリング」とはシステムとその外部との関係のことではなく、システム内部の諸要素間の関係のことでしかない。したがって、環境との「組み合わせ」自体がシステムの構造によって先取りされているということになる。

17) 「主観／客観」というメンガー＝ハイエクの区別は、社会システム理論を経て「ファーストオーダー／セカンドオーダー」という観察水準の層の区別の問題として再定式化されることになる。

2章　社会的経済と倫理的市場の分水嶺

——K. ポランニーとF. ハイエクの社会観をめぐって

はじめに

　本章の目的は，社会的経済と倫理的市場を分け隔てている分水嶺を明らかにすることにある。この両者の相違を構成しているのは，市場概念に対する2つの理解の間の分水嶺そのものであると考えられる。ここでは，市場に対する2つの見方を対比的に検討することによって，両者の相違に理解を与えていくことを試みていく。

　社会的経済も倫理的市場も，自然環境保護や人権保護，社会的公正，持続可能性といった現行の経済体制のあり方において問題とされる倫理的・社会的な問題の改善を目指す点で共通する。しかし，そうした経済へ至る方途として構想されるプロセスには相違がある。前者は「非市場な経済へ移行する」ことによって，後者は「市場の持つ可能性を最大限に引き出す」ことによって，倫理的な経済を実現しようとする。諸部分の意図や目的によって全体が構成されているのか，それとも諸部分の「意図せざる結果」として全体が構成されているのか，という理論的認識の相違が社会的経済と倫理的市場を分け隔てている。本章で問うのは，この理論的認識の相違を基礎づけている根本的な社会観にほかならない。

　本章では，倫理的な経済の分水嶺を明確にするために，新古典派経済学に対する2つのタイプの批判の区別という観点から出発する。というのも，社会的

経済と倫理的市場はともに新古典派経済学に対する批判から出発しているにもかかわらず，結果として倫理的な経済のあり方をめぐって相反する結論が導かれているからである。おそらく，この新古典派経済学批判の相違のなかに，両者の分水嶺を構成する根本問題が伏在していると考えられる。ここでは，焦点を絞り込み，K. ポランニーと F. ハイエクの理論比較を通じて 2 つの新古典派経済学批判の相違の核心部分を摑み出すという方法を取る。彼らの理論的主張の相違点を分析視角とすることで，社会的経済と倫理的市場の決定的な相違点に対するある明確な理解可能性を与えることができるであろう。

1　2つの「ホモ・エコノミクス批判」

　社会的経済と倫理的市場は，経済行為における倫理的・社会的な配慮を強調するという点において，ともに新古典派経済学に対して批判的まなざしを向けることをその理論的な出発点としている。むろん，「人間の行為はホモ・エコノミクスという枠組みでは必ずしもとらえられるものではない」という新古典派経済学批判は社会学においては基本的かつ自明的な命題である。それをわざわざ取り上げねばならないのは，この命題に含意される異なる 2 つの意味を区別する必要があるからである。この区別のもつ意味を明らかにすることを通じて社会的経済と倫理的市場の間の分水嶺をとらえることができるであろう。

　ところで，ここでいう新古典派経済学とは所与の均衡点（最適解）が存在することを前提とし，その均衡を達成する自然のメカニズムとして市場をとらえる経済分析の枠組みである。こうした出発点からの経済分析は静態均衡分析とよばれ，それは供給関数と需要関数によって構成される同時方程式の解法の表現として考えられた市場均衡の条件のもとに経済分析を置くということを意味する（Walras 1874=1983）。19 世紀後半にその基礎が形成された新古典派経済学は，20 世紀には完全情報・完全競争という前提条件のもとで効率性はいかに達成されうるのかを問題とする一般均衡分析へと発展していくことになる

(Arrow and Debreu 1954)。社会学や新古典派以外の経済学は，この静態均衡分析が人間の行為を効用概念のなかで一元的に把握するものでしかないと批判してきた。

　新古典派経済学の静態均衡理論の想定が，明らかに現実と乖離しているということは，19世紀後半には既に問題とされていた。T. ヴェブレンの批判は，初期の新古典派経済学の問題点を端的に示している。

　　汚染されていない「経済人」から成り立つこの完全競争の体制は，科学的な想像力がもたらした離れ業であり，事実を十分満足に叙述するものとして意図されたものではない。それは抽象的な推論の便宜であり，したがってそれが自ら認める妥当性は，その抽象が維持されている限りでのみ成り立っている抽象的な原理，すなわちこの科学の基本的な法則だけにしかあてはまらないものである。(Veblen [1899] 2004 : 422)

　19世紀末におけるヴェブレンの批判は当時においては周縁的なものに留まったが，20世紀に入るとこうした批判は経済学の内外から登場する。それは主に，新古典派経済学は経済的行為者が常に直面せざるをえない不確実性の問題を取り扱っていないという主張によってなされる。つまり，人間の経済活動は根本的には環境不確実性に由来しており，その環境不確実性を前提条件として取り除いてしまった人間行動のモデルは無意味だという批判である（Knight 1921=1959, Robbins 1932=1981, Morgenstern 1935=1976)[1]。

　経済分析における不確実性概念の重要性の認識の高まりのなかで，新古典派経済学の人間モデルにおいて想定されてきた「合理的」という概念それ自体がたちまち怪しげなものとなった。静態均衡分析で前提とされたのは，需要関数と供給関数，そしてその方程式の解法を知っている人間であったわけであるが，そのような人間は現実には存在しえないし，実際に人間はそのような知識に頼って行為しているわけではない。20世紀中頃以降の新古典派経済学批判は，

こうした合理的人間モデルに対する批判として展開されていく。

　ただし，重要なのは，こうした合理的人間モデル批判は必ずしも一枚岩ではなかったという点である。表面上，同じように「新古典派経済学の合理的人間モデルは誤っている」という主張を掲げながらも，そこでいわれていることは論者によって異なる含意があった。ここでは，差し当たり次の1点だけを押さえておきたい。それはすなわち，ある一部の論者は合理的という概念を新古典派経済学と同じ意味で用いながら経済行為が必ずしも合理的ではないことを訴えており，他方で別の一部の論者は新古典派による合理的という概念の使用法それ自体の誤りを訴えていた，ということである。前者は「非市場的経済活動の意義を強調する新古典派経済学批判」であり，後者は「市場的経済活動の社会的性格を強調する新古典派経済学批判」である。一見すると区別しづらい上記の相違をさらに分節化しよう。それぞれの新古典派経済学批判の主張は次の4点の含意をもつものと整理することができる[2]。

・「非市場経済の意義を強調する新古典派経済学批判」の含意
　(1) 人間の行為は社会関係や習慣に方向づけられるという非合理的な側面をもつ。
　(2) 新古典派経済学の人間モデルは行為の非合理的側面をとらえることはできない。
　(3) 市場のみが人間の経済活動のあり方ではない。
　(4) 市場概念では人間の経済活動の現実をとらえることはできない。

・「市場経済の社会的性格を強調する新古典派経済学批判」の含意
　(1) 合理性それ自体は客観的・先験的なものではなく社会的文脈に依存する。
　(2) 合理性とは，目的に対する手段選択の主観的な適切性のことである。
　(3) 市場における経済活動は社会的・文化的条件に左右される。
　(4) 新古典派経済学の市場観では，現実の市場をとらえることはできない。

それぞれの批判を市場経済に対する評価という側面からとらえてみるならば，ぼやけた両者の境界線はより鮮明になる。まず，前者の批判から導かれるのは「市場経済は社会的なものではない」という主張である。新古典派経済学は市場に固執することによって社会的行為としての経済活動をとらえ損ね，現実の経済現象と乖離してしまった，ということがこの主張に含意されている。他方で後者の批判から導かれるのは「市場経済は社会的なものである」という主張である。新古典派経済学は客観的・先験的な意味での合理的人間モデルに固執し，市場が人間の主観的な解釈という社会的プロセスによって作動しているという側面をとらえ損なってしまった，ということがこの主張に含意されている。

　さらに，それぞれの市場経済に対する評価から出発して，望ましい経済体制に対する構想へと議論が及んだとき，2つの新古典派経済学批判は多くの場合，明確な対立軸のもとに置かれる。前者の「市場経済は社会的なものではない」という主張が経済構想へと転じるとき，主として「市場を社会に埋め込まなければならない」という市場経済批判論へと発展する傾向をもつ。他方で，後者の「市場経済は社会的なものである」という主張が経済構想へと転じるとき，主として「市場は常に社会に埋め込まれている」という市場経済擁護論へと発展する傾向をもつ。なるほど，2つの新古典派経済学批判は「人間は効率性のみにしたがって行為しているわけではない」という表面上は同じような命題を掲げながらも，望ましい経済体制を論じるにあたっては明確な対称をなすことになるわけである。

　この2つの批判の間にある対称軸こそが，社会的経済と倫理的市場の間の相違に説明を与える重要な補助線となる。すなわち，市場の非社会性を強調しながら経済を倫理的なものへと変えていこうとする「社会的経済」と，市場の社会性を強調しながら経済を倫理的なものに変えていこうとする「倫理的市場」という対比的な見方ができるということである。そうであるとすれば，この2つの倫理的な経済の分水嶺を明らかにするということは，市場が社会的なものであるか否かをめぐって展開されてきた論争を構成する分水嶺を明らかにする

ということにほかならない。

　以下で焦点となるのは、ポランニーとハイエクの理論的相違である。ポランニーは、市場経済のみが唯一の経済体制ではないことを強調し、市場が社会に埋め込まれた「人間の経済」を構想する。他方でハイエクは、市場経済が人間の知識利用のための社会的プロセスであることを強調し、そのプロセスが損なわれることのない「開かれた社会」を構想する。この両者の社会観の相違を浮き彫りにするなかで、社会的経済と倫理的市場の分水嶺を明確にすることが本章の狙いである。

2　ポランニーによる新古典派経済学批判とその射程

1. 市場経済の特殊性

　ポランニーの理論において根本をなすのは、市場経済は唯一の経済ではないという考え方である。彼が市場経済の誕生とその性格をどのようなものとしてとらえていたかという点については、主に彼の主著『大転換』(Polanyi 1944=1975) と遺稿集『人間の経済』(Polanyi 1977=1980) において明らかとされている。

　ポランニーによれば、「経済」という語はそもそも人間の生活が自分を維持する環境に依存するという「実体的＝実在的な意味」をもっていたが、新古典派経済学においてはその意味は忘れられ、効用の最大化という「形式的な意味」に置き換えられてしまった (Polanyi 1977=1980：58-62)。実体的＝実在的な経済という広い視野から経済をとらえ返すならば、市場経済は特定の観点によって生み出された非常に特殊なタイプの経済に過ぎない。ポランニーにとって新古典派経済学の根本的な問題は、交換による利潤の獲得を唯一の経済とみなし、経済を市場と同一視してしまったという点にある。

　市場経済という経済体制は、19世紀において人為的に作り上げられた制度に過ぎないとポランニーは分析する。彼はこの制度を「自己調整的市場」とよ

び「市場価格によって統制される経済，そして市場価格以外には何ものによっても統制されない経済」(Polanyi 1944=1975：57) として定式化する。自己調整的市場よって支配される経済が登場したのは1815年から1845年にかけてであり，この30年間において経済と市場の一致が進んだと彼は分析している。さらに，この経済と市場の一致によって，社会は個人が利得のみを有効な動機とするような様式へと組織化されていった。つまり「三角形の辺が角を決定する」ように市場システムが諸制度を決定するような社会的な編成が生じてきた，と彼は論じる (Polanyi 1977=1980：47-48)。

この市場経済の成立の条件は労働・土地・貨幣の商品化という「擬制（フィクション）」にあるとされる (Polanyi 1944=1975：96-97)。これら市場経済の本源的な3つの要素はいずれも本来は商品ではないにもかかわらず，金融または政府財政のメカニズムを通じた商品擬制によって人為的に取引の対象とされたのだとポランニーは論じる。というのも，市場経済は擬制による労働・土地・貨幣の商品化を通じて人為的に形成されたものであり，それは本来的な経済のあり方ではないからである。ポランニーにとって本来的な経済とは，人間と人間の相互行為であり「市場が社会に埋め込まれた経済」である。しかし，自己調整的市場によって支配される19世紀以降の経済は，人間どうしの相互依存が市場価格への依存に置き換えられた「社会が市場に埋め込まれた経済」である。新古典派経済学は，「社会が市場に埋め込まれている経済」を前提としたモデルによって経済分析を行うものであり，その枠組みでは本来的な経済を取り扱うことはできないということになる。

ポランニーは市場経済が19世紀において登場した特殊な経済であるという点から，新古典派経済学の人間モデルが普遍的ではないと批判した。ただし，それは自己調整的市場が19世紀以降においては実体的に存在することを認めていることも意味する。ポランニーは，自己調整的市場による「三角形の辺が角を決定する」ような社会編成が存在することを前提として，そうした編成原理があくまで歴史的に特殊なものに過ぎないという点から，新古典派経済学の

モデルの普遍的適用を批判しているのである。

2．人間の経済

　ポランニーは社会的に埋め込まれた本来的な経済を「人間の経済」とよび，それを市場経済への対抗軸として打ち出している。彼は，この「人間の経済」の特徴を未開社会の分析を通じて導出している（Polanyi 1944=1975：57-73）。

　ポランニーは，未開の部族社会を引き合いに出しながら，その社会に「互恵」と「再分配」という行動原理を見出し，それぞれの行動原理によって支えられる制度的パターンを「対称性」と「中心性」とよび，利潤も市場も存在しない社会において経済活動を基礎づけている2つの特徴であるとしている[3]。対称性とは，財や食料を分け与える決まった相手をもっているということであり，それらのやり取りがいちじるしく人格化されていることを意味する。中心性とは，共同体の中心的人物が存在し，成員すべてがそのもとで効果的な分業を行うことを意味している。

　対称性と中心性は古代社会を経て16世紀の重商主義の出現まで，世界のいたるところで経済を統合していた制度的パターンであったとポランニーは論じる。彼が強調するのは，そうした経済において利得は重きをなしておらず，慣習や法，呪術や宗教が共に作用して，経済における各自の働きを究極的に保証する行動法則に個々人を従わせていたということである。そうした制度的パターンは市場よりも支配的であったのであり，その意味において経済は社会に埋め込まれたものだったとされる。

　しかし，市場経済から「人間の経済」への移行は必ずしも部族社会への単純な遡行を意味してはいない。では，その理想とされる「人間の経済」とは何か。この移行の具体像は彼の晩年の研究において明らかにされることはなかったが，ポランニーは既に1920年代，まだ「人間の経済」という言葉を使用する以前に「機能的社会主義」というモデルを描いており，これを彼の理想とする「人間の経済」のプロトタイプとみなすことができる。

3. 機能的社会主義

　機能的社会主義は，1920年代に『社会科学・社会政策雑誌』で展開されていたL. ミーゼスとの間の論争のなかでポランニーが提案した社会構想である[4]。ポランニーによれば，「機能的」とは，社会はそれぞれの目的に応じてその社会的機能を果たす種々の団体からなり，社会全体の機能はこれら個別的な機能の総体からなるという考え方を意味している。また「社会主義」とは，経済効率性と社会的公正の両方を実現することを意味している。そして「機能的社会主義」とは，諸団体の機能の総体によって成立する広義の共同経済によって経済効率性と社会的公正を達成することだとされる（Polanyi 1924=2003：142-143）。

　機能的社会を構成する組織は「生産団体」（生産機能をもつ諸組織）と「消費団体」（消費機能をもつ諸組織）という2つの主要な機能的組織から成り立つものとして構想される[5]。生産団体は生産支部の代表者からなる議会を有し，そこで生産計画を立てる。一方，消費団体は消費者の自治組織としての公共団体であり，人びとのニーズを把握する。この生産団体と消費団体の間には「協定」が設定され，この協定を通じた合意によって生産と消費の均衡が図られる。機能的社会主義においては，市場が存在しなくとも協定が存在すれば経済計算は可能であるし，また市場経済によってもたらされる弊害なしに，人びとの安定した生産活動や消費活動を保証することができるのだとポランニーは主張する（Polanyi 1922：397-402）。

　この機能的社会という図式に対して，ミーゼスは生産団体と消費団体のどちらが最終決定権をもつのかを問題にする（Mises 1924：491）。それは，いったい誰がどのようにして人びとの欲求や適切な生産費用を知りうるのかという問いかけにほかならない。だが，ポランニーはこの問いかけを，ミーゼスは市場経済の発想にとらわれ過ぎているのだとして退ける。機能的社会であれば，生産団体はその下位機能である団体の生産費用を，つまり生産支部はそれぞれの生産者の生産費用を把握できるし，同様に消費団体もその支部を通じて末端の

消費者の欲求を把握することができる。そして，この分業構造を通じて把握された費用や欲求に基づいて，生産団体と消費団体の間の協定で最終的に価格は決定される。このような協定価格は市場価格とは異なり，社会的公正と経済効率性をともに実現するのだとポランニーはいう。

　重要なのは，この生産団体と消費団体は最終決定権という権力関係だけではなく承認の関係をも含んでいるということである。機能的社会においては，根本的には「当事者たちは合意の義務を負わなければならないものと相互に承認し合っており，両者の間の闘争の解決も基本的に保障されている」ものとされる（Polanyi 1924=2003：147）。これに対してミーゼスは，生産団体が権力をもてば集産主義に，消費団体が権力をもてばサンディカリズムとなるのではないか——つまり結局は中央計画経済と同じではないか——と論じるが，ポランニーからすれば，ミーゼスは両者の間の権力関係にこだわるあまり承認関係をとらえていないのだということになろう。機能的社会主義は，中央計画経済のように諸機能が指令と服従によって統制される「トップダウン（集権）式」の系統ではなく，諸機能間の相互承認を通じて全体を決定していく「ボトムアップ（分権）式」の系統なのである。

　しかし，なぜ機能的社会においては生産団体と消費団体の相互承認が成立するのだろうか。ポランニーは人間の動機を生産動機と消費動機の二重性としてとらえ，この両者は原則として均衡しているのだとして説明する。生産団体と消費団体の関係を均衡としてとらえる彼は，次のようにいう。

　　一方の他方に対する優越をもたらすような変動は，個々人内部における作用と同様，やがてこの変動の不可避的な反作用がもうひとつの一時的に抑圧された要求に波及し，均衡は自動的に回復するに違いないのである。（Polanyi 1924=2003：149）

　　機能的組織が明白な状況では，諸個人の異なった利害間の闘争は，個人の

内部の種々の要求が実際にそうであるように，その均衡点を見出すに違いないからである。個人の要求の場合，個人は自分の種々の機能を代表することによって自分自身と対決するのである。この場合，諸要求の間の機能的均衡の必然性は個人の心的肉体的統一性にもとづいており，それは改めて証明するまでもないしまた証明は不可能である。(Polanyi 1924=2003：150)

　人間は自身のなかの異なる欲求に折り合いをつけることによって意思決定しているし，それは複数の人間の場合でも同じであるとポランニーは考える。機能的社会においてもそれは同様であるとすれば，生産団体と消費団体は意思疎通によって合意に至るということになろう。なるほど，ポランニーはこのように「社会の均衡」を「個人の均衡」を説明する図式を用いながら説明することによって，諸機能間の均衡がどのように達成されるのかを説明している。これは，ポランニーが，個人内部の均衡と諸個人間の均衡を連続的なものとして，つまり社会の均衡を個人の均衡状態の集積としてとらえているということを意味している。そして，この諸機能間の均衡を達成する位相こそが協定であり，それは市場経済における需要と供給による自己調整とも，中央計画経済とも異なる人間的な原理であると考えられたわけである。
　ポランニーによれば，こうした協定を通じた協同的な経済のあり方は，「内面的見通しの確実性」という点において新古典派経済学の自己調整的市場と決定的に異なる。「内面的見通し」とは「他者の心のなかにある欲求や苦労を知る」ことであり，それは「思考のなかで自分を彼の立場におき，彼の欲求，彼の苦労をともに体験し，共感すること，そしてこの欲求と苦労に内面的に入り込むこと」によって初めて可能となる (Polanyi 1925=2012：7)。経済における価格形成は本来，このような「内面的見通し」が存在しなければならないはずであるが，需要や供給に関する統計的データはけっしてそのような欲求や苦労を教えてくれることはない。そして，もっとも人間的な経済とは，組織の構成員の内面的見通しの確実性をもっとも高める経済であり，唯一それを可能とす

るのが機能的社会なのだとポランニーは結論づける。

　機能的社会主義は,「人間の経済」の重要なモデルであったと理解することができる。彼は，社会がかつて市場経済に支配される以前に人間の経済活動を司ってきた「互恵」と「再分配」という行動原理による新たな社会編成を，機能的社会における相互承認原理に基づく「内面的見通しの透明化」というモデルのなかで具体的に示した。そして，このモデルは20世紀における社会的経済を目指す運動に大きな影響を与えることになる。

　ポランニーにおいて明らかなのは，新古典派経済学への批判に市場経済それ自体への批判が賭けられているという点である。少なくとも，新古典派経済学の教義があたかも普遍的事実であるかのように誤認されることで，自己調整的市場が社会制度のすべてを包括するような社会編成が生じてきたのだ，と彼は考えている。この認識に支えられている限りにおいて，ポランニーのなかでは新古典派経済学を批判することと市場経済を批判することは同じことを意味している。

3　ハイエクによる新古典派経済学批判とその射程

1．均衡分析批判

　ポランニーとは異なる仕方で新古典派経済学を批判したのがハイエクである。彼は，新古典派経済学の描く市場像を徹底的に批判し，それとは異なる市場像を描く。市場は，諸個人による知識獲得の過程にほかならず，そうした過程こそが価格形成を可能にしているのだとハイエクは強調する。以下では彼のこうした主張に至る議論の筋を追っていこう。

　まず，ハイエクの理論的な立脚点を構成しているのは自然科学と社会科学の相違という観点である。19世紀には自然科学のアナロジーをもって社会的諸現象に説明を与える試みが展開されたが，19世紀後半から20世紀前半にかけて，自然科学と社会科学の対象の性質の相違という問題がひとつの大きな論争を形

成する。この論争はハイエクの出発点のひとつとなっている。

　この問題については，1943年の論文「社会科学にとっての事実」(Hayek 1943=2008) および1952年の著作『科学による反革命』(Hayek 1952=2011) において論じられている。ハイエクによれば，社会科学は人間の意識的行動や反省的行動に関わる科学であり，それは「意識的な決定において人が外部刺激を分類するのは，この種の分類を自ら主観的に経験することによってしかわからない方法によるものであること」(Hayek 1952=2011：26) が前提とされることを意味する。社会科学の対象とする事物とは，自然科学の対象とする事物それ自体から物理的特性の全体を抽象化したものである。つまり，社会科学にとっての事物とは，人びとがそれらについてもつ見解によって定義されるもの (Hayek 1943=2008：85, 1952=2011：27) だということになる。

　それゆえ，社会科学は自然科学とは異なり観念に対する厳密な2つの区別が必要となる。すなわち「人々の抱く見解（人々を動機づける構成的な意見）」と「観察者が抱く見解（人々が全体について形成した説明的な見解）」の区別である (Hayek 1952=2011：38)。自然科学の方法を社会科学に応用しようとする際に生じているのはこの2つの区別の捨象であり，事実とそれに対する理論的説明の混同であるといえるだろう。ハイエクはそうした見解を「社会的現象に対する科学主義的誤解」とよぶ。それは，総じて観察者によって構成された説明図式を現実の行為者にとっての事実としてあてはめるものである。新古典派経済学の土台を構成しているのもまた，こうした科学主義的誤解だといえる。

　ハイエクによれば，新古典派経済学の均衡分析は「ある個人の行為の分析」に関しては明瞭な意味をもつが，それをそのまま「社会の分析」に用いることはできない (Hayek 1937=2008)。なぜならば，行為から社会へと議論の水準が変わるとき，均衡という概念のもつ意味も変わってしまうからである。つまり，新古典派経済学においては，行為における均衡とは行為者の与件（データ）の不変性を意味し，社会の均衡とは諸個人間の与件の一致を意味するが，行為の分析から社会の分析に移行するにあたって，与件という概念が「人々の抱く見

解」(一次的構成概念) から「観察者が抱く見解」(二次的構成概念) へとその意味がすり替わっている, ということである。このすり替わりによって, 新古典派経済学の均衡分析が対象とする社会の「均衡状態」とは, 均衡が達成されるために必要な知識がすべての人に共有されている状態だということになってしまっている, というのがハイエクの指摘である[6]。

ハイエクによれば, 経済の分析は行為者本人に知られている主観的与件のみから出発し, どのような過程によってさまざまな行為者がそのために必要な知識を獲得するのかを説明しなければならない。なぜならば, ある個人が基礎とする与件のなかには他人が特定の仕方で行為するであろうという期待が含まれており, その期待に対する期待は知識の獲得を通じて変化するはずだからである。そうであるとすれば, 市場は均衡が達成された「知識共有の状態」のことではなくむしろ「知識獲得の過程」だということになる。それは, さまざまな人びとに与えられる異なった主観的与件がどのような過程によって客観的事実と一致する傾向 (均衡化) へ向かうのか, あるいは一致しなくなる傾向 (脱均衡化) へと向かうのかという問題の定式化を含むことになる。

主観的与件から出発するということが示唆する重要な点は, 市場過程において獲得される知識とはそれぞれ人によって異なる彼自身にとっての「関連ある知識」という形でしかありえないということである。人はそれぞれ異なる与件とそれに伴う異なる世界の解釈を有しているにもかかわらず, 諸行為が特定のパターンを形成する傾向があるということがハイエクの関心であった。

2. 市場と抽象的ルール

ハイエクの理論的関心は, 均衡状態に向かうための必要な知識のすべてを持ち合わせる人が存在しないにもかかわらず, また誰もそのような目的のために行動していないにもかかわらず, 結果として特定のパターンを形成する傾向へ向かうことがしばしばあるということである。その場合における, パターン形成の過程とそれを可能にしている条件を明らかにすることが彼の大きな問題関

心であった。たとえば，言語や市場，貨幣，道徳などは人間の意図的な創造の産物ではないとハイエクは考える。彼はそれを「どんな精神もそれらを設計したのではないのみならず，それらはまた，その存続を望む欲求に導かれているのではない人びとの行動によって維持されており，こうした行動にその働きは依拠しているのである」(Hayek 1952=2011 : 89) と命題化する。前章でも論じたように，この命題はC.メンガーの問題構成に対応しているわけだが，この問題に対するハイエクの端的な回答が「シンボルによる行為調整」であった。

　シンボルによる行為調整への問いは，その前提条件からして新古典派経済学のなかには存在しえない。ハイエクにおいては，このシンボルは暗黙的な行為の抽象的ルールを体現するものとされ，それが貨幣のような媒介を通じて人びとに認知されることによって，人びとに環境への適応可能性を与えるものとされる。人びとのこの適応過程は模倣と発見という概念で表現され，この2つの過程によって秩序形成の意図なしに人びとの公共福祉に資する秩序が形成されると考えられる。これが「自生的秩序」である (Hayek 1973=2007)。

　ハイエクにとって，市場とはそうした自生的秩序に属するタイプの秩序である。市場均衡にいたるために必要な知識は多数の成員に分散しているが，その分散された個々の知識に基づく行為が貨幣を指標とした市場価格に反映されることによって，人びとは他者の知識を有効利用することができる。それは，他者が何を考えているかは極めて不透明かつ不確実であるが，市場価格に対する解釈を通じて他者の予期を予期する可能性が与えられるということを意味する。この予期形成過程としての市場は，特定の意思によって設計されたものではなく，諸個人が自身の「関連ある知識」に基づくさまざまな諸行為の結果として形成されるのだとハイエクにおいては考えられている。

　特定の意思によって設計されたものではないにもかかわらず，人びとの予期が特定のパターンを形成することを可能にしているのが，人間が完全には理解しえない現実を処理可能としている精神の不可欠な手段としての「抽象」の存在である，とハイエクは論じる。「抽象」とは，人間の意識的思考に上ったり，

言語で表現されたりする以前から行為を決定する全過程がもっていた特徴である。

　情況のあるタイプが個人の内部にある一定の反応のパターンに向かう傾向性をよび起こすときには必ず「抽象」と表現されるあの基本的関係が存在する。特定の刺激が特定の反応を直接引き起こすのではなく，一定の組や群れをなす刺激が行為の組に向かう一定の傾向性を形成することを可能にし，そのような多くの傾向性の重ね合わせだけがその結果おきるであろう行為を特定化する。…（中略）…大量の経験を活用することが可能なのは，そうした経験をわれわれが所有しているためではなく，我々が意識しなくても指針となる思考の図式にそれが組み込まれているからである。(Hayek 1973=2007：42-43)

　ハイエクはこの抽象を人間が不完全にしかわかっていない世界のなかでうまく立ち回る能力の基礎であると考えており，人びとによる抽象の活用を可能にする機能を市場価格のなかに認めている。人びとによる抽象的ルールの活用の過程，および人びとの行為の結果を通じた抽象的ルールの維持・形成の過程として市場をとらえるならば，それはホモ・エコノミクスの支配する新古典派経済学的な市場概念とはまったく異なるものとなろう。

3．設計主義的合理主義批判

　ハイエクは，上述の市場観を「設計主義的合理主義」に対する批判に結び付ける。設計主義的合理主義とは，「全ての社会制度は意図的な設計の産物であり，そうあるべきだとする概念」であり，「大きな社会や文明を可能にした諸力を誤解している間違った考え方」である (Hayek 1973=2007：12 13)。ハイエクは，それが「関連事実の全てはあるひとつの精神に知られており，特定事項に関するこの知識からひとつの望ましい社会秩序を構築することができるとする虚構」(Hayek 1973=2007：23) に基礎づけられていると考える。

こうしたハイエクの設計主義批判の論点は，既に1930年代から1940年代にかけての社会主義経済計算に関する一連の分析（Hayek 1935=2008, 1940=2008）において提示されていた。この論争におけるハイエクの主張は，計画経済には情報伝達の条件としての価格メカニズムと市場調整過程が欠如しているという点にあった。市場均衡にいたるために必要な知識は，「統計的な形式ではどのような中央当局にももたらされえない知識」であり中央政府はそのような知識を扱いえない。なぜなら，中央当局が扱う知識は「事物間の比較的重要度の低い相違点を捨象し，場所，質，その他の特質に関して異なっている諸項目を，特定の決定にとって意義があるような方法で，ひとつの種類のものとして一括することによって得られる」知識に過ぎないからであるとされる（Hayek 1945=2008：117）。

　このように，ハイエクは分散した知識を集約的に取り扱うことはできないと考える。それはすなわち，諸個人の分散した知識の反射を通じたコミュニケーション過程それ自体は誰にも設計することはできないということである。ハイエクに従えば，設計主義的合理主義は，この設計されえないコミュニケーション過程こそが価格形成作用をもつということを見逃して，知識の集約を通じてもっとも望ましい価格を形成することができると誤解しているということになろう。

　ハイエクは後期の主著『法と立法と自由』（Hayek 1973=2007）のなかで，設計主義批判の土台として秩序の2分類を用意する。人為的に形成される秩序である「組織」（タクシス）と人為的に形成されえない秩序である「自生的秩序」（コスモス）の区別である。この2つの秩序それ自体は必ずしも対立概念ではなく，組織は自生的秩序を構成するひとつの要素である。彼が批判するのは，組織の秩序を社会の秩序に適用させる理論，すなわち組織を理解するようにして社会を理解する理論である。組織は社会の重要な構成要素であり，その存在自体は否定されてはいない。しかし，個々の要素の成り立ちをそのまま全体の成り立ちに置き換えてしまうと設計主義的誤謬に陥るのだとハイエクは論じる。

自生的秩序は，個々の行為者による各々の「関連ある知識」に基づく行為が他の行為者に情報を与え，またそれに基づく行為がさらに他の行為者に情報を与えていくという無数の複雑な連鎖によって形成される。このような連鎖によって形成される過程の全体は，諸要素の意図や目的に還元されえない。だとすれば，諸要素の成り立ちについて論じる場合と同様の仕方で全体の成り立ちを論じることはできないといえよう。

ハイエクからすれば，設計主義の誤謬は，個々の要素の成り立ちを論じる仕方をもって全体の成り立ちを説明するという点にある。そして，設計主義的に社会をとらえることから出発して社会を組織化しようとすると，実際に社会に成立可能性を与えているコミュニケーション過程に重大な弊害が生じるのだという。なぜならば，そのような計画的組織化においては分散された諸知識が反映されないので，諸個人による知識の獲得と利用，およびそれによって可能性が与えられるはずの環境適応が阻害されるからである[8]。

ハイエクは新古典派経済学批判から出発して，市場概念を再定式化することを試みた。彼においては，新古典派経済学を批判するということと市場経済それ自体を批判するということは区別される。この点において，ハイエクの考え方はポランニーとは大きく異なるといえよう。

4 2つの社会観の分水嶺

ここまで，ポランニーとハイエクそれぞれの新古典派経済学批判の論点と市場観を明らかにしてきた。興味深いのは，それぞれの市場観が明確になっていくなかで，その市場観を背後で支えている社会観が浮き彫りになってくるという点であろう。本節では，この2つの社会観の共通点を認めながらも，両者の間の根本的な相違点がいったいどこにあるのかを明らかにしていく。

1．共通点と相違点の整理

　まず，両者の基本的な共通点を確認しておこう。ポランニーとハイエクの議論はともに次の3つの特徴をもつ。

(1) 人間の経済活動の本来的なあり方を社会的なものとしてとらえ，新古典派経済学のホモ・エコノミクスのモデルではとらえきれない側面を経済の本質として重視する。
(2) 中央計画経済による価格決定の不可能性を受け入れ，分散的な知識がいかにして価格を形成しうるかを問題とする。
(3) 最終的に，望ましい経済制度のあり方に言及し，経済を人間・社会の本来的なあり方に適合させるべきだと主張する。

　こうした共通点は過小評価されてはならないだろう。両者の議論は，ともに19世紀の法則定立的な経済観・社会観に対する理論的オルタナティブを提示することを通じて，経済を分析するということが方程式の最適解を求めることとは異なるということを強調した。西部忠はこれらの共通点に着目しながら，両者が「社会的制度としての市場」という視座を備えていることを明らかにしている。すなわち「経済が希少性に基づく効率性概念を唯一の基準として組織されたものではないこと」（西部 1993：265）を示したという点では，ともに新古典派経済学的な経済観の乗り越えを図る試みだったということである。
　しかし，このような共通点がありながらも，ポランニーとハイエクの相違は大きい。本書にとって重要な問題はその相違点にある。上記の3点の共通点を分節化するなかで，相違点を明確にしていこう。

(1) 両者は新古典派経済学ではとらえきれない側面を経済の本質ととらえてはいたが，ポランニーにおいてそれは人と人との「直接的な相互行為」であり，ハイエクにとっては抽象的ルールを介した「間接的な相互行為」

であったという点で異なる。
(2) 両者は中央計画経済とは異なり分権的・分散的な知識を問題としていたが，ポランニーは諸機能の代表間の協定によってすべての知識が価格形成に組み込まれうるような「協定価格形成論」を提示し，ハイエクは諸個人の知識獲得の連鎖的過程によってすべての知識が価格に反映されうるような「市場価格形成論」を提示したという点で異なる。
(3) 両者は人間・社会の本来性を強調するが，ポランニーにとっての本来的な社会は「透明」であり，ハイエクにとっての本来的な社会は「不透明」であるという点で異なる。

さらにこれらの相違点に加えて次の4つの相違点が存在する。

(4) 市場と社会の関係についてのとらえ方の相違：ポランニーにとって市場はホモ・エコノミクスの行動原理が支配する「非社会的過程」であるが，ハイエクにとって市場はホモ・エコノミクスという図式で理解することのできない「社会的過程」であった。この相違は，ポランニーの市場観が新古典派経済学の市場観と同様である一方で，ハイエクの市場観は新古典派経済学の市場観とは異なるものであることを示している。
(5) 新古典派経済学の位置づけについての相違：ポランニーにとって新古典派経済学は市場経済の「設計図」であり，まさしく「三角形の辺が角を決定する」ような決定論的社会編成を生み出した根源であった。他方で，ハイエクにとって新古典派経済学は市場経済に対するひとつの「解釈図式」，しかも現実から乖離した解釈図式であり，それが意味するのは現実に「三角形の辺が角を決定する」ような社会編成などは存在しえないということである。ポランニーは経済を再び社会に埋め込まなくてはならないとして新古典派経済学を批判したが，ハイエクは常に経済は社会に埋め込まれているとして新古典派経済学を批判した。

(6) パターン形成の条件についての見解の相違：ポランニーは「交換」だけではなく「互恵」と「再分配」という規範的行動原理の内面化を通じて「対称性」と「中心性」という制度的パターンの維持・生成を説明する。他方でハイエクは諸個人の知識獲得の連鎖的過程から制度的パターンの維持・生成を説明する。この相違は，ポランニーが個人と社会の連続的関係によって社会の成り立ちをとらえているのに対し，ハイエクは諸個人の行為の「意図せざる結果」として社会の成り立ちをとらえていることを示している。

(7) 貨幣と市場価格についての見解の相違：ポランニーにとって貨幣は「擬制商品」であり，それゆえ市場価格はそれ以外のさまざまな側面を捨象して需要と供給の原理のもとで事物を一元化するものとしてとらえられる。他方で，ハイエクにおいて貨幣は「他者の予期の反映」であり，市場価格は諸個人の予期形成のための指標である。この相違は，両者がともに貨幣のフィクション性を認めながらも，ポランニーはフィクションを非本来的な支配原理ととらえ，ハイエクはフィクションを社会の産物であると同時に社会そのものを構成している原理としてとらえているということを示している。

表2-1 ポランニーとハイエクの相違点の整理

	ポランニー	ハイエク
(1) 経済活動の本質的側面	直接的相互行為	間接的なコミュニケーション
(2) 分散的知識による価格形成	協定価格形成論	市場価格形成論
(3) 社会の本来的な性質	透明性	不透明性
(4) 市場と社会の関係	市場の規制としての社会	市場の条件としての社会
(5) 新古典派経済学の位置づけ	市場経済の設計図	市場経済に対する解釈図式
(6) パターン形成の条件	規範的行動原理の内面化	知識獲得の連鎖的過程
(7) 貨幣・市場価格の位置づけ	商品擬制を通じた事物の一元化	他者の予期を反映する指標

表 2-1 は，以上の 7 つの相違点を整理したものである。この整理の狙いは，同じ言葉で表現されていた両者の概念が異なる意味をもっていたということを明らかにすることによって，両者の間にある根本的な境界線を混乱させていた一種の「ねじれ」を解消することであった。こうした「ねじれ」の解消を通じて鮮明となった境界線とは，まさしく「社会の成り立ちをめぐる根本的な前提」の相違であるといえるであろう。以下では，この前提がポランニーとハイエクの間の決定的な分水嶺を構成していることを明らかにするとともに，その分水嶺が新古典派経済学批判の 2 つのタイプの区別，および社会的経済と倫理的市場の根本的な社会認識の区別にとって非常に重要な意義をもつことを明確にしていく。

2．ツリー型社会とリゾーム型社会

概念の使用法の相違による混乱を紐解くことによって，ポランニーとハイエクの間の理論的分岐点が社会の成立可能性をめぐる前提の相違にあることが浮き彫りとなる。まずは，ポランニーの社会観を分析的にとらえていこう。

ポランニーは機能的社会の構造を論じるなかで「個人の内部の要求間の均衡」から「異なる諸個人の要求間の均衡」を説き，そこから最終的には「生産団体と消費団体の要求間の均衡」を導き出している。そこでは，個人のミクロな存立構造がマクロ社会の存立構造にもそのまま適用されるという，いわば「ツリー型」の社会観が採用されていることがわかる。このツリー型の社会観を想定することによって，個人のあり方から 2 者関係のあり方を，2 者関係のあり方から中間団体のあり方を，そして中間団体のあり方から社会のあり方を連続して説明することが可能となっているといえよう。このポランニーの社会観は，中央計画経済の「トップダウン式ツリー型社会」に対抗する「ボトムアップ式ツリー型社会」だといえよう。

ポランニーは，このボトムアップ式ツリー型社会が成立するための理論的前提条件を「承認」のなかに見出す。なぜならば，ツリー型の社会が成立するた

めには，それぞれの下位機能を構成する諸個人間ないしは諸集団間の均衡状態を前提としなければならず，その均衡状態が成立するためには諸個人間ないしは諸集団間の合意を前提としていなければならないからである。このように社会が存立するための根本原理として承認関係を設定するということは，構成員どうしの「内面的見通し」が一致するようなあり方のなかに社会を見出しているということを意味する。ポランニーが社会という言葉を理想的な意味において用いるとき，そこで意味されているのは「諸個人間の内面の透明性」である。「いかにして市場を社会に埋め込むことができるか」とポランニーが問うとき，そこに含意されていたのは「いかにして諸個人の間の内面を透明化できるか」という問題にほかならなかった（若森 2011：58）。

「内面が透明である」というときに意味されているのは，あるコミュニケーションに際して「自己の解釈」と「他者の解釈」が「一致」するということにほかならない。つまり，ポランニーの想定する透明な状態とは，ある誰かが思念した事柄が別のある誰かにおいても同じように思念されるような状態である。ポランニーは社会が成立しているときに生じているこの状態を「改めて証明するまでもないし，また，証明は不可能である」（Polanyi 1924=2003：150）として所与の前提に据える。

しかし，同じ対象に対してある誰かが思念した意味 S^1 と別の誰かがそれに対して思念した意味 S^2 は別のものである。ポランニーにおいて，「社会的過程」はこうした差異を最小化するもの，すなわち S^1 と S^2 が一致する方向へ向かう「解釈の共有過程」にほかならない[9]。それを可能にするのが「協定」の位相である。そして，協定という対話的次元を通じて差異が最小化され S=S となった状態，つまり添え字が取り外された状態が「合意」である。市場経済においては，このような合意にいたる「社会的過程」は存在せず，機能的社会のみがそれを実現する。「市場を社会に埋め込む」という主張に含意されているのは，価格という経済的指標がこのような「社会的過程」を経由して形成なされねばならないということにほかならない。

以上の整理と分析から，ポランニーの理論の核心となる「ツリー型」の社会観とその条件である「内面的見通しの透明化」についての基本的な考え方が抽出された。一方，ハイエクにおける社会の成立をめぐる前提はポランニーのそれとは真っ向から衝突することになる。

　ハイエクの均衡分析批判の中心的な論点は，行為の水準と社会の水準を（トップダウン式であれボトムアップ式であれ）「ツリー型」の関係としてとらえることはできないという点にあった。それを基礎づけているのが自然科学と社会科学の相違，すなわち社会科学が説明する「事実」とは常に人びとによって選定・解釈された事実であるという基本的な視座である。それは，社会の成り立ちが「解釈の一致」によっては基礎づけられないということを意味する（Hayek 1937=2008：57-58）。

　というのも，ある事実に対する2者間の解釈が「一致・近似」していることをいったい誰がどのようにして知ることができるのであろうか。ここまで本書で明らかにしてきたことのひとつは，社会科学における「事実」とは常に人びとに選定・解釈された事実だということであった。ということは，事実に対する「一致・近似」の確認それ自体も解釈上の問題だということになる。解釈とは常に事後的なものであるので，そのような「一致・近似」があったとしても，それは事後的に振り返って初めて判断されるものだということになろう。ところが，たとえ事後的に振り返って「一致・近似」が確認できたとしても，そこで確認されるのはもはや過去の出来事についての「一致・近似」であって，それは現在における「一致・近似」を保証するものではない。さらに，その現在における「一致・近似」は，また次の時間地点において確認されなければならない。このように異時間地点から振り返ることができるのはまさしくその人が観察者の立場にあるからである。そうであるとすれば解釈の「一致・近似」なるものは，取引が成立している状況のなかにいる当人たちにとって必要な前提条件ではなく，状況に対して観察者が事後的に構成した説明的概念にすぎないということになる。

2章 社会的経済と倫理的市場の分水嶺 89

　以上からわかるのは次のことである。すなわち，他者の内面の透明化という理論は，T.パーソンズがそうであったように，説明のために構築する仮構を仮構の構築の結果として事後的に獲得されるはずの説明図式を用いて構築しているということである。つまり，そのような理論は，解釈の「一致・近似」を理解の前提条件に据えることによって，気づかないうちに状況のなかにいる当人の内的思考過程を客観的知識で代替しているということである。

　ハイエクからすれば，社会を成り立たせているのは「自己の解釈」と「他者の解釈」が一致するような「正しい解釈」ではなく，解釈それ自体が連鎖的に展開されることによって生み出される次なるコミュニケーションのための固有の解釈である。彼が「抽象」として表現するのはそうした解釈可能性にほかならない。他者のパースペクティブを構成することができるのは，思念が共有されているからではなく，そうした解釈可能性を利用することができるからである。であるとすれば，異なる諸個人の間の行為が調整されるということが意味しているのは，思念されたそれぞれの意味が一致するということではなく，他者の思念に対する予期の仕方が一定のルールに従うようになるということである。

　こうしたルールはポランニーがいうような「協定」によって取り決めることはできない性質のものであり，コミュニケーションの接続の過程のなかで自生的に形成されていくものにほかならない。なぜならば，そのような抽象的ルールは特定の人間の意図を大きく超えたコントロール不可能なものだからである。自身が内的に思念した意味を他者の内面においても同様に思念させることはできないし，少なくともそれが成功しているかどうかは事後的な観察地点においてでしか確認することはできない。しかし，それでも人間が他者の内面を理解することができるのは，抽象的ルールを利用することによって，それを解釈することができるからである。

　ハイエクのように，抽象的ルールを利用した解釈可能性によってコミュニケーションに蓋然性が与えられているとみなすならば，社会の成立の前提条件を

「合意」のなかに認めることはできないし，同様に「ツリー型」の社会観を前提とすることはできないということになる。「透明性」を社会の条件とするポランニーとは異なり「不透明性」を架橋するシンボルを社会の条件とするハイエクにおいては，社会の諸機能はその構成要素である諸個人や諸集団の意図それ自体には還元することができないものであるということになる。その意味で，ハイエクの社会観は「リゾーム型」であるといえるだろう。リゾームはツリーとは異なり，諸部分が全体への貢献を指向するのではなく，諸部分が固有の目的を指向する結果として全体を形成するという秩序モデルである[10]。

ポランニーは「自己の解釈」と「他者の解釈」の一致のなかにコミュニケーションの成立を見出し，他方でハイエクは「自己の解釈」と「他者の解釈」の差異を架橋する抽象的ルールの利用可能性にコミュニケーションの成立を見出す，と区別することができよう[11]。この相違点は，両者を隔てている根本的な分水嶺であると考えられる。というのも，彼らの間にある貨幣，市場，価格，人間の本来性，そして資本主義に対する歴史的認識の相違の多くはこの前提の相違から派生しているからである。この分水嶺こそが，「社会的経済」と「倫理的市場」の相違を構成している分水嶺であると考えられる。

5 リゾームとしての倫理的市場

1．「社会正義」批判

ハイエクの理論がはたして倫理的市場に対する有効な説明図式となるかという点は，大きな論争の的である。というのも，通俗的にはハイエクは市場秩序を擁護したのであって，それは倫理的な経済の構築とは真逆の志向に基づいているとみなされているからである。しかし，本章の分析を通じて析出された「ツリー型／リゾーム型」という二項図式を経由することによって，ハイエクの理論をリゾーム型の倫理的経済の形成モデルの基礎としてみなすことが可能となる。

ハイエクが「社会正義」の概念を強く批判したことは広く知られている。「社会正義」は特定の目的に奉仕するイデオロギーであり，多数の諸個人の異なった目的によって構成される市場においてそれが持ち込まれるならば，分散された知識の有効利用が阻害されることになる。「社会正義」の名のもとで諸個人を強制することは，中央当局が諸個人を特定の目的に奉仕させるのと同様に，実際に社会に成立可能性を与えているコミュニケーション過程に重大な弊害をもたらす。これがハイエクの批判の概要である（Hayek 1979=2008）。

　こうした「社会正義」に対する批判を鑑みるならば，ハイエクの理論と倫理的市場は一見すると水と油である。ハイエクの理論においては，市場は正義や倫理といったものをその条件としていないし，そのようなものが入り込むことは危険であるとさえされる。その点においてハイエクの理論は，市場において正義や倫理を実現させようと試みる実践家や研究者から多くの非難を浴びてきた。

　ところが，よく検討してみればわかるように，ハイエクの批判の真の矛先は，当時において流布していた「社会正義」の言葉に含意されていた背後的前提に向けられている。すなわち，自然な秩序は人間によって統制されるべきであり，人間にとって好ましい仕方で意図的に社会秩序を決定すべきであるという考え方こそがハイエクの批判対象であった[12]。なるほど，すべての人間にとって好ましい状態を誰かが計画したとしても，それは特定の誰かのもちうる知識によってのみ考え出された理想的状態であって，ほかの一部の人にとって好ましいとは限らない。なぜなら，そこで想定される「全ての人間」とは，あくまで特定の誰かの内側だけで再構成された人間たちに過ぎないからである。そのような，「全ての人間」にとっての好ましさという考え方から出発する意図的な秩序の設計は概して，一部の特殊利益に奉仕するものとなりがちである。つまり，ハイエクが指摘したのは，「社会正義という言葉が恵まれない人びとに対する善意の無心な表現ではなくて，きちんとした理由付けを付与できない特殊利益の要求に合意すべきであるという不正直な制度になっている」（Hayek 1979=2008：

134)ということである。そして、ハイエクは正義の本来の意味への立ち返りを要求する。

　ハイエクにとって、正義とは「正しい行動ルール」ただそれだけである。つまり、慣習のなかで育まれ、人びとが暗黙裡に依拠し、人びとに行為のチャンスを与える抽象的なルールである。ハイエクにおいて市場秩序の条件は、人びとがこの「正しい行動ルール」に従うことである。「社会正義」は特定の目的に奉仕するものであるが、この「正しい行動ルール」は特定の目的に奉仕するものではなく、諸個人それぞれの多様な目的の達成に手段を与えるものである。そして、「正しい行動ルール」のなかには、当然ながら、人びとが慣習的に依拠してきた正義感覚も含まれる。

2．ハイエクにおける利他の位置

　ハイエクの理論は、正しい行動ルールとして慣習的に運用されている正義感覚それ自体を排除するものではない。むしろ、そのような正義感覚が人びとの判断基準となっているような社会においては、それは市場を構成する重要な要素でさえある。つまり、人びとがどのような正義感覚に従って行動しているかということは、市場における経済活動の遂行にあたってのひとつのデータとしての位置をもつことになるわけである。

　この点を明確に指摘しているのは楠茂樹（2010）である。楠は、ハイエクの理論において利他主義は経済活動の基盤たりえないことを強調するが、他方で利他主義的満足が市場のニーズとなる場合には、ハイエクの理論的枠組みが崩れることなく、利他主義が市場の要素となりうることを指摘している。すなわち「ひとびとが消費活動を通じて利他主義的満足を得ようとしているのなら、そのような市場ニーズが生まれるのであって、自由市場のメカニズムは何ら変わることはない」（楠 2010：126）のである。

　市場において企業は正しい行動ルールを身につけ、それに従うことによって環境に適応する。環境への適応が企業の行動原理であるというハイエクの考え

方に立脚すれば，消費者や投資家が自然環境保護や社会的公正を求めたり，あるいは環境破壊や不公正をリスクあるものとして避ける傾向があったりする市場においては，それに従うことは正しい行動ルールに従うことを意味する。このとき企業はけっして利他主義的行動を強制されているわけではないので，その適応は自生的秩序を破壊するものではない。楠が論じるように，ハイエクは「公益を実現する利他的行動を説くのではなく，利己的行動が公益の実現に導かれるようにするルールの仕組みを問題にしている」（楠 2010：123）のである[13]。

　そうしたルールの仕組みとして，ハイエクは第1に法に言及する。法は市場の枠組みであり，行政機能とは別個に存在する立法機能によって立てられることによって，万人に適用される行為の参照基準となる。ただし，何度もいうように，「立法の前に法がある」のであって，立法は正しい行動ルールに照らし合わせて立てられなければならない。

　また，第2に，ハイエクはルールの仕組みの形成を国家以外の機能にも認める。たとえば，環境配慮や社会的公正に関しては，「第三者機構による認証ルール」や「業界内基準」といったものが今日には存在する。ただ，ルールの仕組みの制定のなかにゲームのプレイヤー自身が含まれてはならないので，業界内基準といったものはハイエクの理論の射程には含まれないと考えてよいだろう。

　「第三者機構による認証ルール」について，ハイエク自身はその可能性を「政府その他による証明」として既に示唆している。つまり，安全や衛生に関する最低基準を満たした財貨・サービスを認証することによって市場の作用は改善されるということである（Hayek 1979=2008：90-91）。ただし，それには以下の2つの条件が付帯する。ひとつは，定められた基準を満たす人はすべて認証を請求する権利をもつということ，もうひとつは，認証を受け持つ当局の監督権が供給を規制するために使われてはならないということ，この2つである。さらに，付帯条件に次のことを加えておいてもよいだろう。すなわち，証明の発行の機能と認証ルールの策定の機能の分立である。これは，ハイエクの理論で

いうところの行政機構と立法機構の明確な分立という考え方に対応している。なお，この認証ルールも「正しい行動ルール」を源泉として策定されなければならないことはいうまでもない。

　利己的行動が公益の実現に導かれるようにするルールの仕組みについて，ハイエク自身はそれを示唆するにとどまり，具体的な制度のあり方には言及しなかった。ただ，ハイエクの基本的な考え方のなかに，そのような仕組みを根底で支えるであろう一般的原理を見て取ることはできる。倫理的市場がハイエクによって考案されたものだとまではいえなくとも——少なくとも，倫理的市場の本質を，利己的行動が公益の実現に導かれるようにするルールの仕組みとして理解するならば——ハイエクの理論をリゾーム型の倫理的経済の形成モデルの基礎としてみなすことができるだろう。

結　び

　本章では，ポランニーとハイエクの間の社会観の相違という観点から2つのホモ・エコノミクス批判の相違点について理解を与え，その観点から社会的経済と倫理的市場の間の分水嶺に対する理解を与えた。そのなかで明らかになったのは，ホモ・エコノミクスを批判することと市場経済を批判することは必ずしも同じことではないということである。ハイエクのように新古典派経済学の理論的前提条件それ自体が不可能であるという点から出発するならば，市場は客観的な合理性に支配されている機械的なメカニズムではなく，人びとの主観的な解釈によって形成される社会的産物にほかならない。その意味では，ポランニーのような「市場は社会的なものではない」という批判は一見すると新古典派経済学を批判しているかのように思われながらも実は新古典派経済学と同じ前提を共有しているともいえるだろう。

　このようなポランニーとハイエクの比較検討を通じて明らかとなった両者の根本的な分水嶺は社会の成立可能性の前提をめぐる問題であった。すなわち，

コミュニケーションの蓋然性は解釈の一致によって与えられるのか，それとも解釈の差異を架橋するルールによって与えられるのかという社会観の相違である。ここにおいて，「市場をいかに理解するか」という問題が，前章で与えた問題構成の転換の延長線上に存在しているということが明らかになる。つまり，市場を通じた倫理的な経済は可能か否かという問題は，他者の内面理解をめぐる問題と地続き的に結び付いているということ，そして前者の問題に対する解答の相違はこの後者の問題をめぐる解答を分水嶺としているということである。

　本章の分析は，結果として，ハイエクの視座からポランニーの議論を構成している理論的前提条件のもつ方法論的問題を指摘するものとなった。それは，前章で相対化した規範‒内面化論が前提としていた理論的前提条件の問題を，また別の角度から浮き彫りにすることによって問題の本質を提示しようとする試みであったともいえるだろう。ただ，ハイエクの理論は，社会的経済の問題点を指摘するものではあるかもしれないが，そのオルタナティブが具体的に明示されているわけではない。ハイエクの理論のなかで倫理的市場は可能性としてのみ示唆され，その制度化は彼の時代の後に持ち越されることになった。

Ⅰ部の結び

　Ⅰ部では，規範‒内面化論を相対化することによって，社会的経済の考え方のみが倫理的な経済の唯一の道ではないということを示し，それによって倫理的市場に理論的な位置を与えた。この一連の考察は，1章ではルールに従うということの再考を通じて，2章では市場概念の再考を通じて達成された。

　続くⅡ部では，Ⅰ部での理論的考察を土台として，倫理的な経済の転換をめぐる経験的分析を加えていく。その分析対象がフェアトレードである。フェアトレードは，生産者に対する公正な対価を支払う取引であるが，この取引のメカニズムは必ずしも歴史的に一貫したものではなく，試行錯誤を繰り返すなかでその仕組みを発展させてきた。その試行錯誤は，ある意味では取引における

「内面的見通し」の可能性の模索であったともいえる。

　フェアトレードは，不公正を生み出す自由主義的市場経済への抵抗の試みとして長らく展開されてきたが，1990年代以降においては市場経済それ自体を通じて公正な取引を生み出す試みとして展開される傾向がみられるようになってきた。そして，今日では，公正な取引のあり方をめぐるこの2つの試みの間でコンフリクトが生じてきている。II部で試みるのは，ポランニーとハイエクの間の分水嶺，すなわち社会的経済と倫理的市場の分水嶺を補助線とすることによって，このフェアトレードの転換とそのなかでみられるコンフリクトに対するひとつの一貫した理解を与えるということである。

注
1) たとえばF. ナイトは，完全市場という条件下から出発するならば，そこには経済活動における利潤が生じる余地がないことを明らかにした（Knight 1921：5）。また O. モルゲンシュテルンは，もし完全な予見が可能ならば，そもそも交換や競争は生じないということを明らかにした（Morgenstern 1935=1976：174）。
2) むろん，これら2つの主張は明確に切り分けられるものでもなく，論者によっては両方の含みをもつものもある。また，論者によっては，これらを特徴づけるそれぞれの4つの主張が必ずしも一貫していない場合もある。
3) 彼が言及しているのは西メラネシアの部族社会である。そこでは個人の経済的利益が至上とされることはなく社会的地位や社会的権利を守るために行動する。人を計る尺度は貨幣ではなく名声であって，利己心に基づいて行為するよりも共同体の習慣や法を守って寛容の態度を示したり食料を分け与えたりするような義務の遂行に名誉が与えられる。これが「互恵」の原理である。また，そこでは生産物のほとんどが村長に引き渡され貯蔵される。当該社会では貯蔵システムは重要性をもっており，誰も生産物を自らだけで所有しようとはしない。そして，この貯蔵された食料を村長は儀礼の際に，人びとに分配する。これが「再分配」の原理である。
4) 社会主義における経済計算の不可能性を主張するミーゼス（Mises 1920）に対し，ポランニーは中央計画経済の不可能性を認めつつも経済計算が可能な新たなタイプの社会主義を提案した（Polanyi 1922）。だが，ミーゼスはポランニーの提案する社会主義においても経済計算は不可能であると批判する（Mises 1924）。この批判に答える形で，ポランニーは自らの構想を機能的社会主義と名

付け，中央計画経済とは異なるものであると主張した（Polanyi 1924=2003）。
5) 若森みどりの詳細なポランニー研究によれば，後にポランニーはこの2項モデルを改定し，生産団体・消費団体・コミューンの3項モデルを定式化したとされる（若森 2011：59）。ただ，若森も認めているように，まだ1922年の論文では消費団体とコミューンは同一視されていた。また，本書では2項モデルと3項モデルでポランニーの理論的含意が大きく変わるものではないと考える。それゆえ，本書ではポランニーの図式を2項モデルとして取り扱っていく。
6) 行為における均衡とは，主観的与件をもとに立てられた計画と行為との間のある時点での関係である。主観的与件概念から出発して複数の個人の行為の間の均衡を論じようとすれば，ある個人の与件には他者の行為への期待が含まれているということ，そしてその他者の与件も他者への期待を含んでいることが明らかになる。だとすれば，均衡をめぐる問題は終わりなき循環という問題に辿り着くはずであるが，新古典派の均衡分析においては与件がすべての個人に同等に与えられているという想定によってその問題は避けられている。すべての人に同等に与えられる与件という想定を導入することによって，社会の均衡を論じるための与件は行為の均衡の場合とは異なり客観的与件概念を指すことになってしまう。
7) 社会主義経済計算論争におけるハイエクの主張についてはD. ラヴォア（Lavoie 1981=1998：175）の分析と，それに対する橋本努の解釈（橋本 1994）を参照。
8) ハイエクは人びとによる知識の利用可能性を守るために設計主義的合理主義に抵抗した。しかし，それはあらゆる社会政策を否定するものではない。彼の議論は，たとえ社会政策がなされる場合であったとしても，人びとによるこの知識獲得過程を妨げないようにしてそれがなされなければならない，ということを含意している（Hayek 1979=2008：70）。
9) ポランニーにおける他者理解の議論の支柱がC. O. バウアーとM. アドラーの理論であったことは，今日ではよく知られている。特に，アドラーの主張する社会の先見性をめぐる理論（Adler［1936］1975）は，ポランニーの社会観に大きな影響を与えていた（Polanyi-Levitt and Mendell 1987：24）。このバウアー，アドラー，ポランニーは，個人に先行する「われわれ的なもの」の存在を前提とする他者理解の理論をもってオーストリアの社会主義体制を理論的に下支えしようとした。その他方で，ミーゼス，H. ケルゼン，ハイエクらは，そうした他者理解論のもつ問題点を指摘することによって自由主義的経済体制を擁護しようとした。1920年代のウィーンにおける経済体制をめぐる論争の根底にあったのは他者理解をめぐる問題であったといえる。このことを鋭く指摘するものとして森元孝の研究（森 1995, 2006）があるが，本書におけるポランニーとハ

98　I部　倫理的市場の理論

　　イエクの比較の観点も，当研究から大きな影響をうけている。
10) リゾーム型のモデルは「複雑系」の研究領域において探究されてきた（吉永 1996）。1986年にクレイグ・レイノルズが発表した鳥の群れのシミュレーション「BOID」は，複雑系におけるこの種の秩序形成モデルの研究の代表である。BOIDは，個体が(1)引き離し，(2)整列，(3)結合という個体自身の関心にしたがって行動するだけで，この個体の行動には還元されない鳥の群れの動きが創発するというシミュレーション・モデルである。
11) 別の言い方をすれば，両者はともに「他者の内面を見通すことができる」ということを社会の条件として考えていたという点で共通するが，見通すことが「できる」という言葉の意味が異なっていたということである。ポランニーが，AがBの内面を理解することが「できる」という場合には，AとBの思念内容が一致することが「できる」ということを意味し，ハイエクがそういう場合には，AがBの思念内容をAの関心に基づいてそれを概念として構成することが「できる」ということを意味する。
12) こうした批判は法を立法者の意思の表れとみなす法実証主義に対する批判という形で展開される。
13) なお，ハイエクは利他的行動が市場においては存在しえないともいってはいないし，利他的行動が市場にとって問題あるものだともいっていない。この点には十分な注意が必要である。ハイエクが危険視するのは，利他的行動を強制することである。

II

フェアトレードの転換

3章　フェアトレードの市場志向的転換

——歴史的展開とその構造的背景

はじめに

　フェアトレードは，国際貿易において不利な立場に追いやられている発展途上国の生産者に公正な対価を支払うことを目的とした経済取引の枠組みであるとされるが，その枠組みの土台は必ずしも一貫したものではなかった。フェアトレードはときには途上国に対する救済援助手段として，ときには国際的な貿易体制の変革を目指す社会運動として，ときにはソーシャル・ビジネスという新たな経営モデルとして論じられてきた。フェアトレードは時代によって多様な意味が与えられてきたといえよう。

　この歴史的変遷を追うなかでみえてくるのは，フェアトレードの「市場志向的転換」という位相である。南北問題を背景に多国籍企業や資本主義体制を批判してきたこの運動は，1980年代以降には市場経済と親和性を強めその市場経済のなかで急速に普及していく。こうした過程を「転換」として示すということは，フェアトレードの歴史を，社会的経済から倫理的市場への移行過程として再解釈することを意味する。この再解釈を通じて，フェアトレードの普及と現状に対するひとつの理解を提示することが木章の試みである。

1　フェアトレードの多層性

　フェアトレードにおける「公正」という言葉の意味はきわめて多義的であり，実際に取引を行っている人びとの間でも，何をもって「フェア」な取引であるかというコンセンサスが成立しているわけではない。フェアトレードという枠組みに共通しているのは，ただ次のような考え方である。すなわち，一般的に行われている途上国の生産者と先進国の企業との間の取引には何らかの「不公正」が存在しており，その「不公正」は途上国の貧困の原因となっているがゆえに何らかの方法で是正されなければならない，という考えである[1]。ただし，何が不公正でそれをどのように是正するかについての見解はきわめて多様である。たとえば，ある人びとは，コーヒーや穀物などの巨大貿易商社が，自らに有利な安価な価格設定を途上国の生産者に強要している状態を「不公正」とみなす（Barratt-Brown 1993=1998：4-21）。また，ある人びとは，コヨーテあるいはハイエナとよばれる仲介業者による中間搾取や買い叩きのなかに「不公正」を見出す（Ransom 2001=2004：63-64）[2]。さらには，自由市場における価格変動によって途上国の生産者の生活が左右されるという状況のなかに「不公正」を見出す人びともいる。

　何を「不公正」とみなすかということはその「問題化の枠組み」によって異なるが，それは，フェアトレードの定義は共通したある特定の「公正」の内容からは導出されないということを意味する。「フェアトレードとは何か」を問うならば，まずは「公正／不公正」がどのような観点によって区別されてきたかについての歴史をみていく必要がある。

　フェアトレードの歴史的展開の過程をそうした問題化の枠組みの展開の過程として読み解くとき，この経済取引のあり方をめぐる多層性の構造をはじめて理解することができる。(1) 1940 年代から 1950 年代にかけては自然災害や社会的事情により貧困を余儀なくされた人びとの支援・救済という問題化によって，(2) 1960 年代には南北の不均衡的発展の解消，あるいは (3) 多国籍企業による新

植民地主義への抵抗という問題化によってフェアトレードは枠付けられる。そして、(4)1970年代から1980年代にかけては自由市場をモデルとするような社会編成への抵抗という問題化、(5)1980年代から1990年代には市場経済それ自体の倫理化およびフェアトレードの市場への内部化という問題化、さらに(6)1990年代から2000年代にはソーシャル・ビジネスやCSR・SRIの促進・発展という問題化がそれぞれ台頭し、各々の時代のフェアトレードのあり方を基礎づけていくことになる。

このような多層性をとらえようと、歴史的展開の再構成によって今日のフェアトレードの整理を試みたのが渡辺龍也の研究である（渡辺 2007, 2010）。渡辺はフェアトレードを「慈善貿易」「連帯貿易」「開発貿易」「市場・消費者志向のフェアトレード」「ビジネスの本格参入」という次元で区分することによって、その多層的状況に理解可能性を与えている。

渡辺の整理をもとに、今日にいたるフェアトレードのあり方の変遷を図式化したのが図3-1である。本章では、1980年代以降の「市場志向的転換」の位

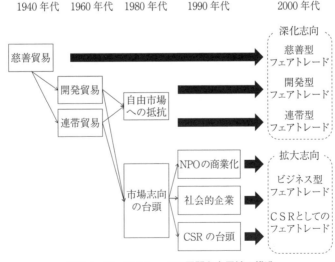

図3-1　フェアトレードの展開と多層性の構造

相を中心的な分析対象とするが,そのためにはその前後の文脈と当時の歴史的背景を押さえる必要がある。以下では,1940年代から2000年代までのフェアトレードの展開を明らかにし,そのなかでこの「転換」がどのように位置づけられるのかを問うていく。

2　フェアトレードのルーツ

　フェアトレードの基本的な枠組みが登場したのは第二次世界大戦中の英米圏であった。[3] 本節では,その1940年代当時から1970年代にかけて展開されたフェアトレードのルーツとなる3つの取引について考察する。M.コッケンは,1980年代よりも前に存在したフェアトレードのルーツを3つに分けて紹介している。ひとつ目は「慈善貿易」,2つ目は「開発貿易」,そして3つ目は「連帯貿易」である（Kocken 2006：2）。先にあげた渡辺の先行研究も,この議論に依拠しているところが大きい。以下では,この3つの取引が,それぞれどのような時代状況のなかで生じ,どのような問題化のなかで行われたのか考察していく。

1．慈善貿易

　「慈善貿易」とは,慈善団体などが貧しい地域の人びとが生産した商品を購入し,その買い取り価格と同価格で比較的豊かな地域の人びとに販売する取引である。そのルーツのひとつは,アメリカの「メノナイト派中央委員会」（MCC：Mennonite Central Committee）の活動であり,もうひとつはイギリスのオックスファムの活動である。

　アメリカにおけるメノナイト派中央委員会の活動は,1946年に当時の理事夫人であったエドゥナ・バイラーが,プエルトリコの貧しい女性たちが縫った「刺繍製品」を数十点ほど購入し持ち帰りアメリカで販売したことが起源とされる。[4] 1952年以降,この活動は世界の貧しい労働者を支援する活動として拡

大されていった。一方、イギリスで慈善貿易が始まったのは、オックスファムが、1951年にアジアやアフリカの飢餓救済運動を展開したことを起源としている（Black 1992）。この支援は主に食料や医療品を現地に送るというものであったが、1950年代の中頃からは、貧困層の自立を支援するため、彼らの仕事を作り出し、その商品を買い取るという活動を開始する。さらに、オックスファムは1953年のギリシャで大地震の被災者を救済するために物資を援助するとともに、その復興期には香港で行った取引プログラムを取り入れ、被災者の生活の復帰を手助けした（Black 1992 : 52）[5]。

アメリカとイギリスにおける慈善貿易は1950年代、他のさまざまな慈善団体にも広まり、貧困救済のひとつの手段となっていく[6]。その特徴は5つあげられる。(1)貧困層に対する救済・支援という目的、(2)短期的・一時的な救済・支援、(3)生産者の代わりに売る（代理販売）という機能、(4)手工業品の取引、(5)行政組織ではなく教会などの宗教組織を中心とした団体による活動、という特徴である。

このようにしてみると、慈善貿易には必ずしも「不公正」という問題化は存在していない。慈善貿易は貧困の原因を何らかの「不公正」に帰してはいないし、「公正な取引」を目的としていたわけではない。慈善貿易は、偶発的な不慮の事態に巻き込まれた恵まれない人びとに対する救済支援であり、その意味では、この貿易は「贈与」に近い性格を帯びたものであった。この慈善貿易は1960年代になると、2つの方向へと分岐していくことになる。その2つが開発貿易と連帯貿易である。南北問題という枠組みの登場によって、慈善貿易は新しい問題化の位相へと移行していく。

2．開発貿易

1960年代に入ると慈善貿易を行う多くの団体は、貧困地域の飢餓救援に終始するのではなく、人びとが自身で継続的に生計を立てられるような産業形成を志向するようになる。商品を継続的かつ効率的に生産できるような環境整備

を通して，生産者の自立を促す取引をコッケンは「開発貿易」とよぶ。

　渡辺によれば，1940年代から1950年代に台頭した慈善貿易は，「贈与」によって人びとを目の前の窮状から救う慈善的・刹那的な傾向があったが，それは結果として援助への依存を生み出した。1960年代には，慈善団体が「施し」をするのではなく，人びとが自らの能力を高め，自らの手で収入を創出することを支援する中長期的な活動が主流となる（渡辺2007：10）。

　こうした考え方は，1950年代後半から南北問題が国際的な問題とされた時期に登場した。南（途上国）は北（先進国）の産業発展のために資源を供給するが，南は自らの産業を発展させることはできず，産業発展を遂げた北は南からさらなる富を持ち去る。南北問題という枠組みが意味していたのは，そうした格差の循環構造であった（西川1979：32，斎藤1982：13）。この図式は，南の貧困を「格差・不均衡」として問題化する。慈善貿易では「貧困地域の恵まれない人々」としか認識されることのなかった人びとは，この「先進国／途上国」という新たな解釈図式のなかで理解されるようになった。

　南北問題は，当初，先進国の政府による資金援助という形で解決が試みられたが，援助資金は利権を求めて政府を取り巻く一部の人びとのみに恩恵を与える傾向にあり，また，東西冷戦という時代背景において資金援助は政治的道具として使用されることも多かった（川田1977：186）。1964年に発足した「国連貿易開発会議」（UNCTAD）のスローガンである「援助ではなく貿易を」は，資金援助ではなく民間取引の活性化による産業育成の必要を提起するという点で画期的であった。「贈与から交換へ」というこの転換は，慈善貿易から開発貿易への移行の背景を形成することになる。

　そのひとつの端緒として，オックスファムが活動を新しい位相に移したことがあげられる。1964年，オックスファムは取引活動を専門とする「オックスファム・トレーディング」を立ち上げることで取引事業を本格化させ，さらにその取引された製品を扱う「直営店」を開くことで生産から消費までを直結させた活動を開始する。この活動は，途上国の生産者とイギリスの消費者の橋渡

図3-2　ブリッジ・プログラムの構図

しとなるという意味で「ブリッジ・プログラム」と名付けられた。その特徴は，たんに途上国の生産者から製品を購入するというものではなく，大きく次のような特徴をもつ。第1に「組織化を通じた協業体制の構築」（生産者団体の組織化），第2に「取引ルートの一元化」（中間業者の排除），第3に「計画的な生産管理と生産教育の導入」（エンパワーメント）である（Oxfam 1985：194-199, Wilshaw 1994：23）。ブリッジ・プログラムのこの3つの柱は，その後のフェアトレードの仕組みの原型となった（Wilshaw 1994：23）。ブリッジ・プログラムの仕組みを図式化したものが図3-2である。開発貿易は，先進国の慈善団体が途上国の生産者と提携するだけでなく，組織化と効率化を進め，現地における収入創出能力を高めるという点で慈善貿易の枠組みとは根本的に異なる。

　以上のように，開発貿易は(1)「格差・不均衡」という問題化とその是正という目的の登場，(2)「贈与」から「交換」へという転換，(3)能力開発を通じた産業の形成，(4)取引過程における組織化と計画化，という特徴をもつ。これらが意味するのは，貧困を自然災害や社会的混乱といった偶発的な出来事に起因する一時的な事象として理解するのではなく，「格差・不均衡」という解釈図式のなかで理解するようになったということである。また，途上国における産業の形成を支援し，最終的には先進国と並ぶ経済力を身に付けうるような環境を整えることが開発貿易の目的とされた（喜多村 1982：301）。言い換えるならば，先進国の産業をモデルとして途上国の生産者の能力を向上させるとい

う点がその活動の狙いだったということである。さらに注目したいのは、生産から消費にいたるまでの過程の組織化という特徴である。この組織化は、産品が最終的に消費されるまでのプロセスの間に仲介業者が入ることを防ぎ、中間搾取を排除することを目的としていた[7]。生産者から消費者にいたる人びととの結束と連帯を通じた流通の統合という考え方は、この時期からフェアトレードの中心を構成していくことになる（Wilshaw 1994：23）。

3. 連帯貿易

1960年代から1980年代前半にかけて、慈善貿易から発展したもうひとつのタイプの取引が「連帯貿易」である（Kocken 2006：3）。前述のように、1960年代には、南北問題の登場に伴って「格差・不均衡」という問題化の枠組みによって貧困は理解され始めた。それに伴い、格差と不均衡の原因を多国籍企業による途上国の資源の独占と経済的支配のなかに見出す傾向も高まった。すなわち、南北問題の根幹は、先進国の政府の貿易政策のあり方というよりも、むしろ実際に貿易に従事する巨大資本による独占にあるという見方である（西川 1979：93）。貧困の原因は先進国の貿易政策のみではなく、それを含めた独占資本主義体制それ自体に帰せられる。独占経済による支配は1960年代には「新植民地主義」とよばれ、それに抵抗し資本主義経済の外部における対抗的経済圏を創出することを目的として、途上国の生産者と提携する取引が連帯貿易である（Kocken 2006：2）。

1960年代、途上国においては民族解放運動や独立運動が広く展開され、それらは先進国では既存の体制に対する抵抗として受け取られた[8]。連帯貿易は、こうした解放・独立運動のなかで政治的抑圧と闘う途上国の人びととの連帯を図り、彼らを後方で支援するひとつの方法として開始された。

たとえば、オランダの「第三世界グループ」（Third World Group）は、新植民地主義への対抗を掲げ、途上国から砂糖を買い取ってオランダ国内の「第三世界ショップ」で販売するという試みを展開した。もっとも有名なのは「イコ

ール・エクスチェンジ」(Equal Exchange) の活動である (Renard 2003)。1979年, ニカラグアではサンディニスタ解放戦線が政権を握り社会主義の路線を歩み始めたが, これに対してアメリカ政府は反政府勢力を支援し, ニカラグアの左派政権への経済制裁に踏み切った。イコール・エクスチェンジは, ニカラグアを支援するため, コーヒーを買い取り, それをアメリカ国内に輸入しようと試みた (Renard 2003, 渡辺 2010 : 34-35)[9]。これらの連帯貿易は, 1970 年代後半以降, その過激さ, たとえば途上国の反政府ゲリラの支援という性格などを次第に減じていく。政治的変革志向から, 生産者組合と中間団体を設立することを通して, 主流の貿易ルートとは異なる独自の貿易ルートを維持するという社会的経済の枠組みへと多くがシフトしていくことになった。

連帯貿易の特徴は, (1)途上国の貧困を巨大資本による独占という観点で問題化するという点, (2)資本主義経済の外部としての対抗的経済圏の創出を目的とするという点, (3)多くの場合, 取引対象は農産物などの一次産品であったという点, そして(4)先進国の人びとと途上国の生産者の連帯が強調されるという点である。

連帯貿易は, 途上国の貧困を格差と不均衡という図式によって理解するという点で, 問題化の出発点は開発貿易と同じである。しかし, 開発貿易が生産者の能力開発を通じて, 途上国を資本主義というより高度な発展段階へと導くことによって貧困問題の解決を試みる一方で, 連帯貿易は開発貿易とは異なり, 南北問題を資本主義経済という既存の体制が抱える根本的な問題として解釈する。連帯貿易は, 貧困の問題化の枠組みという点で, 開発貿易とは決定的に異なっている。

また, 先進国の人びとと途上国の生産者との「連帯」という言葉で意味される先進国の「人びと」とは既存の体制に抵抗する「民衆」であり, 途上国の生産者もまた, 資本主義的経済体制のもとでの「被抑圧者」であるとされる。ともに, 既存の体制の支配に抵抗する者どうしであり, そうした人びとが国境を越えて結びつくことが, この「連帯」という言葉において意味されていたと考

表3-1　フェアトレードの起源となる3つの取引の特徴

貿易のタイプ	① 慈善貿易	② 開発貿易	③ 連帯貿易
貧困の問題化	災害・社会的混乱	不均衡的経済発展	新植民地主義
目　的	短期的な救済・支援	自助・収入創出の支援	対抗的経済圏の創出
手　段	代理販売	能力開発・組織化	連帯・独自流通
主な取引商品	手工業品	手工業品	農産物
事　例	MCC, オックスファム	ブリッジ・プログラム	イコール・エクスチェンジ

えられよう。

　本節では慈善貿易，開発貿易，連帯貿易をそれぞれみてきた。表3-1はそれぞれの取引の特徴をまとめたものである。1960年代，南北問題の登場によって，「貧困」は新しい枠組みで問題化され，慈善貿易は開発貿易あるいは連帯貿易へとシフトしていった。この両者は必ずしも同じ枠組みで貧困を問題化していたわけではなかったが，次節で考察するように，1980年代には「自由市場への抵抗」という文脈の共有，および国際協会の設立によって「フェアトレード」としてのまとまりを獲得していくことになる。

3　市場経済に対する抵抗運動への発展

　1980年代に入ると，貧困に関する問題化は新しい位相へと移行する。ひとつは1970年代後半から1980年代前半にかけて行われたIMFの「構造調整プログラム」が貧困を生みだす新たな問題とされたということ，もうひとつは1980年代における一次産品価格の暴落によって「市場価格」に対する問題化が生じたということがその要因である。こうした背景のなかで，フェアトレードは「自由市場への抵抗」という新たな文脈のなかに位置づけられ，国際的な制度化を進めていくことになる。

1. 自由市場への抵抗

「構造調整プログラム」(Structural Adjustment Program) とは，1979年から開始された「国際通貨基金」(IMF : International Monetary Fund) による途上国の財政立て直しのための改革である。1970年代までに途上国が先進国に対して抱えている債務は増大し，多くの途上国は債務返済がほぼ不可能な状態に陥っていたが，途上国はその債務返済のためにさらに先進国から借款しなければならないという状況であった。IMFは「政策担保借款」を考案し，「IMFが国内政策に干渉することを許す」という融資条件を受け入れる場合においてのみ世界銀行から借款が可能となる制度を創設した。IMFが指示する条件は，緊縮財政の実施，一部関税の撤廃と規制緩和による市場開放，通貨切り下げ，国営企業の民営化などであり，これらによって財政破綻を立て直すことが指示された (Chossudovsky 1997=1999 : 43-97)。[10]

1980年代，多くの途上国ではIMFの指導のもとで構造調整とそれに伴う市場開放を実施したわけであるが，その結果，途上国では賃金の低下，失業者の増加，零細企業の破綻がもたらされた。なかでも，打撃をうけたのは市場開放によって競争原理にさらされた農民たちであった。途上国の政府もまた，財政圧縮のために彼らを支援することはできず，途上国では貧困がさらに増大する結果となった。

構造調整による貧困の増大に並行して，かつてから生じていた一次産品の価格低下が輪をかけて進行した。なかでも1980年代後半の「コーヒー危機」は多くのコーヒー農家の生活を脅かした。「コーヒー危機」のひとつの原因は1980年代に「国際コーヒー協定」が機能しなくなったことにある。[11] 国際コーヒー協定は，各輸出国に輸出量の上限を定めて世界のコーヒー輸出のバランスを維持していたが，その執行が停止してコーヒー輸出が自由化されるとコーヒー全体の価格が大幅に下落した。1987年から1992年にかけて，アラビカ種は約45％下落し，ロブスタ種にいたっては約58％も下落するにいたった (妹尾 2009 : 206)。その結果，ペルー，グアテマラ，コロンビア，メキシコなどの中

南米の国々のコーヒー農家は大打撃を被ることになった。

1980年代には，この構造調整に伴う途上国への圧力と一次産品輸出の自由化こそが「貧困」を問題化する枠組みとなった。この時期には，この新しく問題化された「不公正」に対抗する「公正」が開発貿易や連帯貿易において同時に重要な問題として取り上げられることになる。すなわち，「市場とは異なる経済取引はいかにして可能か」という問題が「公正」のための実践的な課題となったのであった。この新しい問題化の枠組みの共有によって，途上国の生産者を支えようとするさまざまな貿易はまとまりを獲得していく。

イギリスのTWIN（第三世界情報ネットワーク）を創始したM.バラット＝ブラウンは1985年に「公正な取引（フェアトレード：Fair Trade）」という言葉を用いて，この新しく問題化された「不公正」に対抗する取引を表現した。フェアトレードという言葉は急速に広まり，開発貿易と連帯貿易の両方を包括する新しいビジョンとして人びとに受け入れられていくことになる。

ここで留意すべきなのは，1970年代までの開発貿易や連帯貿易において「不公正」として問題化されていたのが巨大資本による「独占価格」であったのに対し，1980年代以降のフェアトレードにおいて「不公正」として問題化されるのは自由市場における「競争価格」だという点である。「独占」と「競争」が対義の関係にあるという観点からみれば，これは興味深い変化である。ただ，この当時においては，フェアトレード運動のなかで「独占」と「競争」が明確に区別されているとは言い難い。途上国の生産者を貧困から救済するという意味では，「巨大資本の独占に対して抵抗すること」と「自由市場の競争に対して抵抗すること」は同じこととして認識されていたといえる。そして，1980年代におけるこの混同が，後にフェアトレードを大きく分かつことになる論争の伏線となっているようにも思われる。

2. 国際協会の設立

フェアトレードという言葉が，認知されていく大きな契機は，国際協会の設

立にあった。1987年には，欧州各国の11の団体から構成される「欧州フェアトレード協会」(EFTA：European Fair Trade Association) が設立された。これまで，貿易を通じて途上国支援を試みる諸団体が加盟するような大規模な組織は存在していなかった。EFTA は1989年に「国際オルタナティブ・トレード連盟」(IFAT：International Federation for Alternative Trade) へと改組され，欧州に限らず世界各国にネットワークが広がる。[12]

1980年代後半には，フェアトレードという概念の下，それまで開発貿易や連帯貿易を行っていたさまざまな団体が結びつきを強める。しかし当時，先進国におけるフェアトレード団体は50以上存在し，途上国の生産者団体は150以上存在していたとされる。それらの団体は，それまで積み上げてきたそれぞれの方法で活動を展開していくことになる。たとえば，開発貿易の伝統を引くオックスファムであれば，従来のように，途上国の生産者に対するエンパワーメントを重視し，生産者から消費者に至るまでの過程をすべて組織の内部で行う。フェアトレードとしてまとまりをえたといっても，1970年代以前から独自の活動を展開していた団体の取引の仕組み自体が大きく変わったわけではなかった。

とはいえ，EFTA および IFAT の設立は，フェアトレードの制度化という点おいて大きな意義をもっていた。国際協会の設立は，「公正な対価」という争点の共有，対外的な認知の獲得，そして取引の枠組みの統合化・規格化を進める大きな契機となった。また，この時期に取り上げられた争点や実践的・理念的枠組みが今日のフェアトレードの土台を形成していることを考えれば，実質的なフェアトレードの誕生はこの時期にあるとみることもできる。

4　市場志向的転換とメインストリーム化

1980年代には「自由市場への抵抗」という新たな問題化によって，慈善貿易，開発貿易，連帯貿易は「公正な対価」という争点を獲得・共有する。その一方，

同時進行していた新たな事態が「フェアトレードのメインストリーム化」である。これはいうなれば，フェアトレードの自由市場への内部化という動きである。1980年代後半以降，フェアトレードは自由市場への抵抗を掲げるとともに，その自由市場のなかに積極的に自らの位置を獲得しようとするダブル・バインドな状況へと入り込んでいくことになる。

1．市場志向の台頭

　1980年代前半，開発貿易や連帯貿易を行う団体は，商品販売の伸び悩みという問題，すなわち理念のみによる訴えかけのもつ限界という問題に直面していた。途上国の生産者を貧困から救うというスローガンを掲げるだけでは，一部の消費者のみの賛同しかえられず，また賛同する人びとでも品質が低ければ必ずしも購入するとは限らなかった。このような事情から，1980年代には開発貿易における商品も連帯貿易における商品も売り上げが伸び悩むことになった（Zadek and Tiffen 1996：48-53, Raynolds 2000：297）。そして，商品の品質の向上と消費者のニーズへの対応という形でこの問題を乗り越えようとする試みがみられるようになる。S. ザデクとP. ティフェンはこのようなフェアトレードの志向を「市場志向」とよぶ（Zadek and Tiffen 1996）。この市場志向は，1980年代におけるフェアトレードの登場とともに普及していく。

　従来のフェアトレードは生産者への配慮のみを問題とし，その商品の売り上げを伸ばそうとする志向，そして消費者のニーズに対応しようとする志向はほとんどなかった。しかし，生産者の利益を維持し向上させるためには，現実に商品が売れる必要性が認識されてくる。1980年代前半まで，フェアトレード商品の品質は食品，手工業品を問わず劣悪なものであったといわれる（Raynolds 2000：297）。消費者に見限られれば，途上国の貧しい生産者と公正に取引するという経済活動自体が成り立たない。1980年代の中頃に登場したこうした考え方が，消費者のニーズへの適応によって，商品の生産量，ラインナップ，デザイン，品質を決定していくという傾向をもたらすことになった。より多くの

消費者に認知，購入されることによって，途上国の生産者の利益を実質的に増大させることができる。この考え方こそ，1980年代後半以降のフェアトレードの非常に重要な要素となる。

この消費者への適応という新しい問題のもとで，従来のフェアトレードは市場志向を強めていく。従来，フェアトレード商品が販売されたのはそれぞれの団体の専門店（一般的に「世界ショップ」とよばれる店舗）であったが，1990年代からはスーパーマーケットなどのより大衆的なチャンネルへの販売も行われるようになり販売経路は拡大へと向かう。W. ロウとE. ダヴェンポートは，市場志向に基づいたフェアトレードの拡大の趨勢を「フェアトレードのメインストリーム化」とよぶ（Low and Davenport 2006：495）。

このメインストリーム化は，1980年代後半から徐々に進行していく漸進的な過程であった。1990年代以降，新たなタイプのフェアトレード団体を中心としてこのメインストリーム化は積極的に展開されていく。1991年に設立された「カフェダイレクト」（Cafédirect）と1992年に設立された「デイ・チョコレート」（Day Chocolate）はその典型である。近年ではカフェダイレクトの研究（Davies, Doherty and Knox 2010），そしてデイ・チョコレートの研究（Doherty and Sophi 2007）などを通して，1980年代から1990年代におけるメインストリーム化の過程において社会的企業が果たした役割が明らかになってきている。以下では，カフェダイレクトの事例から，この新しいタイプの社会的企業の性格を考察することによって，このメインストリーム化という位相を明らかにしていく。

2．カフェダイレクトの革新

カフェダイレクトは1991年に設立されたフェアトレード・コーヒー専門の株式会社である。カフェダイレクトは，図3-3で示されるように，さまざまな団体や一般企業によって構成されるサプライチェーンのなかにおいてマーケティングと販売を行う会社である。従来の協同組合のように流通ラインを統合す

るのではなく，サプライチェーンのなかで特定の位置を占めることによって販売に特化する点がこの企業の特徴であり，流通ラインを外部から閉鎖したオックスファムのブリッジ・プログラムとは異なる。協同組合組織を通じたフェアトレードから市場取引を通じたフェアトレードへという革新をここに見て取ることができる。

　カフェダイレクトは焙煎業者や卸業者からコーヒーを買い取って製品化し，小売業者に販売する。カフェダイレクトは，自らの販売するコーヒーに「倫理的コンセプト」を付与し，それにGold Standardというブランド名を付けて一般市場向けに販売を開始した。商品の倫理的な性格それ自体を付加価値化するというブランディングはカフェダイレクトが初めて行った試みであった。当時のイギリスは，大手コーヒー商社であるネスレを筆頭としてそのシェアの大部分を巨大商業資本が握っており，その市場に参入するためカフェダイレクトは，(1)生産管理の徹底化によるコーヒーの品質の向上，(2)ブランド名を付けることによる差異化（プレミアム化），(3)マス・メディアを通じた宣伝，(4)新しい

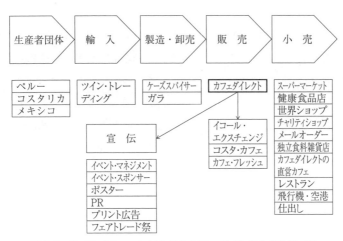

図3-3　サプライチェーンにおけるカフェダイレクトの位置づけ
出所）Davies, Doherty and Knox（2010：139）の図を筆者訳

ライフスタイルの提案，といった戦略でニッチ市場を開拓しようとした（Davies, Doherty and Knox 2010：129-131）。

　カフェダイレクトの広報担当は，より多くの消費者を魅了することでしか，ネスレのような大手の会社に立ち向かうことはできないのだと述べている（Davies, Doherty and Knox 2010：129）。消費者がカフェダイレクトのコーヒーの魅力に惹きつけられれば，その分だけ生産者が手にする利益は増大する。逆にいえば，途上国の貧しいコーヒー生産者を救うためには，宣伝や広告への積極的な投資によって影響力を強め，顧客を獲得し，売り上げを伸ばさなければならないということである。この広報担当の考え方においては，公正な対価の支払いというフェアトレードの目的と商業主義的なマーケティングという手段の間に対立軸が想定されていない。今日までにカフェダイレクトは急速な成長を遂げ，2007年には焙煎コーヒーの販売全体においてイギリス国内で5番目のシェアを獲得している（Davies, Doherty and Knox 2010：140）。こうした市場志向的フェアトレードは1990年代から2000年代にかけて，顕著な拡大をみせることになる。

　ただし，カフェダイレクトのような社会的企業の台頭は必ずしもすべてのフェアトレード関係者に好意的に受け入れられたわけではなかった。連帯貿易の思想的伝統を引くタイプの団体は，こうした市場志向に対して懐疑的であり，市場志向的な意味合いが強くなりつつあった「フェアトレード」という表現を用いずに「オルタナティブ・トレード」という表現を使用することもあった。というのも，連帯貿易が批判してきたのは，そうした商業主義的な資本主義経済それ自体だからである。フェアトレードの名付け親であるバラット＝ブラウンがいうように，フェアトレードが市場志向に向かうということは，結局は途上国の貧困の根源である巨大資本と同じ土俵に上がることを意味し，それは資本主義経済の外部としての対抗的経済圏の不可能性を自ら認めることになってしまう（Barratt-Brown 1993=1998：294）[13]。

　しかし，こうした批判がありながらも，フェアトレードは全体としては市場

志向を強めメインストリーム化は加速していく。というのも，フェアトレードのメインストリーム化は，1980年代後半から1990年代にかけての制度的環境に大きく関連していたからである。この当時，フェアトレードを取り巻く環境には大きな変化が生じ，それに伴ってフェアトレードの全体的なメインストリーム化が急速に促進された。次節では，そうしたメインストリーム化の促進の背景について検討を加えていく。

5 転換の社会的背景

1980年代後半から2000年代にかけてのフェアトレードのメインストリーム化は，フェアトレードを取り巻く制度的変容と軸を共にしている。それは当時のイギリスとアメリカを中心とした社会政策をめぐる大きな枠組みの再編であり，この再編に伴う「NPOの経営論的転回」，「社会的企業の登場」そして「企業の社会的責任（CSR）の台頭」といった新しい状況の到来であった。このようなマクロな構造変動という背景をとらえることで，1980年代後半以降のフェアトレードの転換にひとつの理解が与えられる。

1．ポスト福祉国家的社会編成とNPOの経営論的転回

フェアトレードにおける市場志向の台頭とそれに伴うメインストリーム化の促進は，社会政策をめぐる世界的な枠組みの転換という当時の時代状況を背景としていた。1980年代は，英米圏で政府の公共部門の非効率性を改善するために民間的手法と市場原理を取り入れると同時に，民営化を通じて国家規模の縮小を志向するNPM（新公共経営）が進められた時期であった[14]。公共的な目標の達成が民間によって行われることが推奨され，大きな政府を主軸とする従来型の福祉国家的政策から小さな政府を主軸としたいわゆるポスト福祉国家的政策への転換が目指された。

イギリスでは，1990年代のブレア労働党政権にもその基本的な方針が引き

継がれた。社会福祉，社会的公正，環境保護，コミュニティ活性化に関する決定権限が民間企業や市民セクターへと委譲され，このいわゆる「新しい公共」のなかで社会民主主義的価値を実現するというプロジェクトが展開された。この「社会民主主義のポスト福祉国家的転換」（畑山 2016b）は，諸個人のライフ・チャンスの拡大と行政サービスの当事者ニーズへの適応によって，社会民主主義的な価値理念を貫徹させる「アクティブな市民社会」を構想するものであった（Giddens1998=1999, Driver and Martell 2002）。それは同時に，市民サービスや非営利活動の分野に市場原理を導入することで競争化が促進されるということ，つまり非営利組織にも自助努力が求められるということを意味する。[15]

　フェアトレードもまた，こうしたポスト福祉国家的社会編成の影響下にあった。たとえばイギリスではチャリティ法の改正により，オックスファムなどの非営利組織は補助金が削減され，商品販売を通じた自己資金調達を余儀なくされることになる。1980年代のイギリスでは，国家財政の再建のために構造改革が行われた結果，NPO（非営利組織）が従来の政府の機能の一部を担う小さな政府への移行に伴って，これまで行政が担ってきた福祉などの公共サービスが民営化された（Anheier 2005：31）。また，それと同時に，従来から活動していたNPOに対する補助金は削減され，活動の資金を自らの収益と一般の人びとや民間団体からの基金に頼らねばならない状況となった（Salamon 1997=1999）。アメリカでも同様に，政府がNPOに公共サービスを委任すると同時に「事業収入」を中心とした運営を促すような法制化が進んだ（谷本 2000：21）。[16]

　こうした状況のなかでは，フェアトレードにおいても事業収入の獲得が大きな課題となる。たとえば，これまでフェアトレードを積極的に支持していたのは「経済的に豊かで，教育水準が高く，都会に住む左派の中年層」という傾向をもつ全人口の5％ほどの人びと（渡辺 2010）に限られていたが，補助金が削減された状況においては，その層を超えてより多くの人びとに受容可能性のある活動を行わなければならない。従来から非営利組織として展開されてきた多

くのフェアトレード団体は,「セルフ・ガバナンスによる自己資金調達」(Anheier 2005：48) が課題となったのである。

セルフ・ガバナンスとは,NPO 組織内部のマネジメントを通じて組織外部の環境に適応し,ステークホルダーからの支持を集めることを意味する。たとえば,フェアトレードの場合であれば,たんにその慈善的な性格を強調するだけではなく,「消費者の期待」を解釈し,商品や販売手段をそれにあわせて再設計していくことが必要となる。従来であれば非営利組織の課題ではないと考えられてきた消費者の欲求というより高度な環境複雑性に対処することが求められるといってもいいだろう (Scott and Meyer 1983：142-143, DiMaggio and Anheier 1990：151-152)。[17] P. コトラーは,NPO がそのような社会的・文化的価値を解釈し,かつ,その解釈された価値を説得的に提示する技術を「ソーシャル・マーケティング」とよぶ (Kotler and Andreasen 1996=2005)。

NPO がこうしたセルフ・ガバナンスの技術によって,財やサービスを戦略的に販売していくような変化が「NPO の経営論的転回」である。谷本寛治はこのような転回を「NPO の商業化」として位置づけ,その形態を4つの次元に分類している (谷本 2000：22-23)。すなわち,(1)社会的サービスの有償化,(2)企業とのコラボレーション,(3)事業部門の営利法人化,(4)非営利法人から営利法人への転換,の4つである。この4つの次元はフェアトレードのメインストリーム化の過程のなかにも見て取ることができる。

2. 社会的企業と企業の社会的責任の台頭

谷本は,「NPO の商業化」と区別される 1980 年代以降のもうひとつの変化を「NPO 的な志向をもった社会志向の企業」の登場であるとしている (谷本 2000：24)。G. J. ディーズ (Dees 1998：56) によって,こうした企業は 1990 年代に「社会的企業(社会的起業)」(social enterprise) と名付けられる (藤井 2007：94)。[18] 社会的企業は,ポスト福祉国家的な構造的再編のなかにニッチ市場を発見し(アメリカ型社会的企業),あるいはその再編過程のなかで切り捨

られた社会的領域を拾い出し（イギリス型社会的企業），そうした公共的分野に参入していく。

　1990年代にはフェアトレードもひとつのニッチ領域として認知されるようになる。前述のカフェダイレクトをはじめ，イギリスの「トロピカル・ホールフーズ」(1992) や「デイ・チョコレート」(1992)，あるいはフランスの「アルテルエコ」(1999) など，多くの団体が株式会社として設立される。渡辺はそのような団体を「フェアトレード企業」とよぶ（渡辺 2010：51）。

　フェアトレード企業の特徴のひとつは，自社商品のブランディングにある。カフェダイレクトと同様に，多くのフェアトレード企業では，消費者の期待をリサーチし，その期待を取り込んで商品デザインや商品を特徴づけるコンセプトを消費者に提示する（Davies, Doherty and Knox 2010）。こうしたブランディング戦略は，ある意味では，フェアトレードが従来から批判してきた商業主義的手法であるともいえるかもしれない。しかし，興味深いのは，経済効率性と社会的公正が相反するものではないという前提が社会的企業の経営活動のなかにはみられるという点である。

　一方，こうした社会的企業の登場とともに，「企業の社会的責任」(CSR：Corporate Social Responsibility) の台頭がフェアトレードの展開においても大きな契機となる。谷本は企業が社会に働きかける活動レベルを次の4つの次元に分類している。(1)経営活動のプロセスへの社会的公正性・倫理性の組み入れ，(2)社会的商品・社会的事業の開発，(3)寄付を中心とする社会貢献，(4)企業の経営資源を活用した地域への支援活動やボランティアである（谷本 2000：24）。一般企業によるフェアトレードへの参入は(1)の次元に該当するといえるだろう。

　こうしたCSRの普及に関しては，経営学において広く研究が進められている。谷本によれば，欧米では古くから企業による慈善事業や寄付活動は盛んであったものの，今日のCSRの直接の源流を形作っているのは「ステークホルダー」概念の浸透に伴う「経営戦略の一環としての社会活動」という考え方である（谷本 2004：35）。ステークホルダーの概念は，株主や従業員，顧客といった企業

の支援者だけではなく，地域社会や市民団体といった企業を取り巻く環境を含んでいる（Freeman 1984）。ステークホルダーは企業の利害関心を形づくる環境であり，それゆえ合理的に利益を追求する企業は積極的にステークホルダーに配慮する必要があることになる。こうした経営戦略としてのCSRは，1980年代から1990年代にかけて企業に浸透していく[19]。

2000年代以降，CSRはマーケティングとしての色彩を帯びるようになる（Vogel 2005=2007）。コトラーは，今日における企業のCSRの導入の動機づけとして「売上や市場シェアの増加」「ブランド・ポジショニングの強化」「企業イメージや評判の向上」「従業員の満足度と離職率の低下」「コストの削減」「投資家や金融アナリストに対するアピール力の強化」をあげている（Kotler and Lee 2005=2007：13）。

イギリスの最大手スーパーチェーンであるテスコによるフェアトレードのプラベート・ブランドへの組み込みは，そうしたマーケティングの典型である。テスコは2001年にフェアトレード商品の取り扱いを開始したが，その狙いは(1)顧客需要，(2)ビジネス・チャンス，(3)ブランド価値にあった（Nicholls and Opal 2005=2009：206）。フェアトレード商品を導入してわずか3年で，テスコはイギリスのフェアトレード商品販売総額の約32％を担う国内最大のフェアトレード小売業者となった。

以上の「NPOの商業化」と「社会的企業の登場」そして「CSRへの認識の高まり」という3つの契機は，フェアトレードがメインストリーム化していく大きな背景であった。表3-2は，1980年代以降におけるフェアトレードのメインストリーム化における位相を，谷本の区分をもとに分類したものである。全体的な傾向としては，表の左へ向かうほどフェアトレードの非商業的側面を重視するような穏やかなメインストリーム化であり，右へ向かうほどビジネス的な要素の強いメインストリーム化となる。

1980年代後半においては少数であった社会的企業としてのフェアトレードや企業がCSRとして行うフェアトレードは，1990年代後半から2000年代に

122　Ⅱ部　フェアトレードの転換

表3-2　メインストリーム化の諸水準

	(1) NPOの商業化	(2) 社会的企業		(3) 企業の社会的責任
組織形態	非営利組織	非営利組織を母体とするフェアトレード企業	新規に参入したフェアトレード企業	一般企業
市場化の位相	・フェアトレード部門の独立・営利法人化（フェアトレード企業化） ・生協を通じた販売網拡大	・非営利組織の営利部門としての店舗経営 ・商品の開発やブランディング	・社会的企業としてのフェアトレード専門会社 ・ブランド化・マーケティングを通した競争力強化	・CSRとしてフェアトレード商品を一部，あるいは全面的に導入 ・フェアトレード企業の株式買収
契機	補助金の削減	NPOの一部営利法人化	ニッチ市場の開拓	消費市場への適応，認証ラベルの登場
本格的な開始時期	1980年代後半〜	1980年代後半〜	1990年代前半〜	1990年代後半〜
代表的な団体・企業	オックスファム（英） テンサウザンドビレッジ（米：旧MCC）	アグロフェア（蘭） トレード・クラフト（英）	カフェダイレクト（英） デイ・チョコレート（英）	スターバックス・コーヒー（米） ネスレ（スイス） テスコ（英）

かけて一躍，フェアトレードの中心となる。ポスト福祉国家的な社会編成は，フェアトレード団体に自己資金調達を余儀なくさせたという側面はあるものの，見方を変えれば，フェアトレードの拡大に関する新たなチャンスをもたらすものであったともいえるだろう。

　このようなフェアトレードのメインストリーム化にとってもっとも決定的であったのは，認証ラベル制度の登場であるように思われる。次節では，FLOの認証ラベル制度を中心に，フェアトレードの転換におけるもっとも重要な側面について検討を加えていく。

6 認証ラベル制度とその影響

　認証ラベル制度とは，生産や取引に関するルールを定め，そのルールに従った商品に認証を付与する制度である。この認証ラベル制度の普及に伴って，フェアトレード商品の流通は急速に加速し，2000年代におけるフェアトレードの普及を支えることになった。

1．認証ラベル制度の登場とその拡大

　フェアトレードにおいて消費者ニーズへの適応がひとつの問題として認識されはじめた1980年代後半，オランダで世界初のフェアトレードの認証の枠組みとラベルが考案された。それが1989年から開始された「マックスハベラー(Max Havelaar)」認証である。この当時は国際協会が設立され，フェアトレードの概念が関係者にも共有されはじめた時期であったが，その一方で一般の消費者にはまだほとんど浸透しておらず，フェアトレード団体もそれぞれ異なる基準で取引を展開していた。フェアトレードのより広い認知の獲得，そしてオランダ国内のフェアトレードの基準の統一を目的として，このマックスハベラー認証は創設された[20]。この国内統一ラベルの登場によって，消費者はどの商品がフェアトレードで取引されたものかを判別することができるようになり，なによりも商社や加工業者，そしてスーパーなどの量販店がフェアトレードをより容易に取り扱うことが可能となった。

　オランダで開始された国内統一認証ラベル制度のモデルは，アメリカ，イギリス，ドイツなど欧米先進諸国に広まり，1990年代前半には各国で独自の認証基準とラベルが創設された。こうしたラベル制度の普及によって，先進諸国ではフェアトレードへの参入が以前よりも容易なものとなり，多様な経済主体がフェアトレードとの関わりをもつようになる。しかし，各国における基準の違いがフェアトレード商品の国際取引を困難にしていたという事情により，しだいに国際的な統一ラベルの必要性が認識されるようになる。

こうした事情から，1997年には国際的な認証機構としてFLO（フェアトレード・ラベル機構：Fairtrade Label Organization）が設立され，フェアトレードのグローバル基準が作成される。FLOは，生産と取引の基準を定め，その定められた基準を遵守する生産者や取引従事者に認証を与え登録する第三者機構である。2003年までに，乱立していた各国の国内認証ラベルの多くは，このFLO認証のもとに集約していくことになる。

　FLOに登録された団体・業者の間でのみFLO認証ラベル商品の取引は許可され，またそうした団体・業者の商品のみにラベルの貼付は許可される。この具体的なルール作成や認証のメカニズムについての考察は次章で詳細に論じる。差し当たり重要なのは，こうしたFLO認証ラベル制度のもとで，ひとつの市場の形成が試みられたということである。つまり，FLOの認証をうけた生産者と取引従事者の間でのみ取引可能な「フェアトレード市場」が生み出されたのであった。

　こうした市場は，新興の社会的企業やCSRを実践しようとする大企業にとって魅力的なものであった。倫理的市場への参入それ自体が倫理的な配慮となるからである。テスコによるフェアトレード市場への参入はその例であろう。FLO認証の取得にはある程度コストがかかるし，フェアトレード商品の販売それ自体が利益を生み出すとは限らないが，この市場参入によってえられるメリットを考えるならば，そのようなコストはブランディング戦略のための支出であり一種の広告・宣伝費のようなものであったと考えられる。また，後に論じるように，認証がトレーサビリティを保証することによって，結果的に自らのサプライチェーンを管理する一種のリスク・マネジメントの機能も果たすことになる。

　フェアトレード認証ラベルが果たした役割の重要な点は，「証明」を与えることによって人びとに安心感を与えるという点だけではなく，その証明によって市場を形成し，あらゆる経済主体にその参入の門戸を開いたという点にある。これはフェアトレードの転換において決定的であった。従来であれば，市場経

済から相対的に区別された協同組合の内部においてのみ商品を流通させることによって「公正な取引」という倫理的性格を担保してきたフェアトレードは，ルール作成と認証付与という制度的枠組みを通じて誰でも参入可能な市場を形成し，そのなかで「公正な取引」がなされるという新たな次元へと入り込んでいったのである[21]。

2．2000年代におけるフェアトレードの普及

FLO認証ラベルの登場を経て，フェアトレードは2000年代に急速に拡大していくことになる。図3-4は，2000年代におけるFLO認証ラベル商品の世界販売総額の推移である。2000年には約3億3,500万ユーロだった販売額は，2010年にはその10倍以上の約43億6,100万ユーロ（約4,928億円[22]）を記録することになる[23]。

さらに重要なのは，2007年の時点で既に認証ラベル商品の販売額はフェアトレード全体の販売のうちの実に9割を占めているということである（FINE and DAWS 2008[25]）。2000年代後半において，フェアトレードとよばれるものは，もはや基本的には認証ラベル商品の取引のことであるとさえいえるであろう。認証ラベル商品と非認証ラベル商品それぞれを取り扱う店舗の普及を比較する

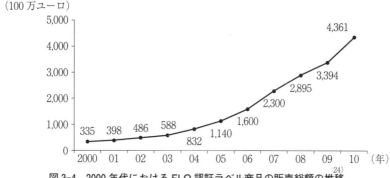

図3-4 2000年代におけるFLO認証ラベル商品の販売総額の推移[24]

ことによって，その点はよりはっきりする。表3-3は，EFTAが公表しているフェアトレード商品を扱う店舗数と輸入団体数の推移である。「世界ショップ」で販売されるのは主に非認証商品，「スーパーマーケット」で販売されるのは主に認証商品と考えてよいだろう。表からわかるのは，1994年から2007年の間に，フェアトレード商品を扱う世界ショップの数にはほとんど変化がない一方で，それを取り扱うスーパーマーケットの数は5倍以上に増加しているということである。認証ラベルが，2000年代におけるフェアトレードの販売額の拡大における中心的な役割を果たしたことがここからも読み取ることができる。[26]

このような認証ラベルの普及の背景にあったのは，前述のように，それまでフェアトレードに関わってこなかった一般企業の参入であった。フェアトレード商品の最大の消費国であるイギリスでは，2000年に「スターバックス・コーヒー」がライセンスを取得し店舗での一部販売を開始した。そして，2001年に業界最大手のテスコがFLO認証のチョコレートの販売を開始し，それに続いて大手スーパーが次々とライセンスを取得するようになる（渡辺 2010：136）。2005年には，イギリスにおける大手スーパーのほぼすべてが，何らかのフェアトレード商品を店頭に置いている状態となった（Nicholls and Opal 2005＝2009：196）。

2000年代に入ってのフェアトレード商品の販売額の急速な増加は，一般企業によるCSRとしてのフェアトレードの導入によるところが非常に大きいと

表3-3 フェアトレード商品を扱う店舗数と輸入団体数

	1994	1997	2000	2004	2007(年)
世界ショップ	3,000	3,000	2,740	2,854	3,168
スーパーマーケット	13,000	33,000	43,100	56,700	67,460
輸入団体	65	70	97	200	246

出所）渡辺（2010：113）

考えられる。もちろん，従来からフェアトレードを行ってきたボランティア団体や協同組合によって販売される非ラベル商品も販売額を伸ばしてはいるものの，販売数量や販売規模またはその伸び率という点からみれば，その影響力は大企業には及ばない。その意味で，2000年代以降の総販売額の増大を基礎づけているのは，実質的には「認証ラベルの発展」であると理解することができる。

　さらにいえば，その大きな原動力は「CSRにおけるフェアトレードの需要」であるといえる。たとえば，前節でも論じたようにイギリスのフェアトレード商品全体の実に32％がテスコによって取り扱われており，おそらく大企業によってCSRという形で導入された商品はフェアトレード全体のなかで相当な比重を占めていると考えられる。したがって，2000年代におけるフェアトレードの普及とは，フェアトレード認証ラベルの普及であり，そしてそれはCSRとしてのフェアトレードの導入の普及だといえるだろう。

　大規模な一般企業がCSR戦略の一環としてFLO認証・ライセンスを取得しフェアトレード商品を取り扱うことに関しては，フェアトレード関係者のなかでも賛否両論である。特に，2005年にネスレがイギリスで認証を取得した際には，フェアトレード内外に大きな波紋をおこした。イギリスにおける最大のコーヒー輸入業者であるネスレは，フェアトレード運動においては搾取の象徴として用いられており，フェアトレードにとってまさしく「宿敵」であった。その宿敵がFLOの認証を取得するということは，非倫理的な企業に「免罪符」を与えることを意味していた（長坂 2006：84）。[27]

　こうした大企業の参入に対して異を唱えるフェアトレード団体のなかには，FLOから距離を取り始めるものもあり，ときには認証ラベルに対する痛烈な批判も展開されることになる。2000年代においてフェアトレードは，販売額を急速に増大させると同時にその内側に大きな複雑性を抱えることになったのである。

3. 日本のフェアトレード事情

　以上のような世界におけるフェアトレードの展開のなかで，日本は独特の事情をもつ。日本では1970年代頃からフェアトレードの枠組みをもつ取引がおこなわれるようになっていたが，本格的に開始されたのは1980年代以降の協同組合による活動においてである。日本ではこの時期以来，生活協同組合を中心とした産直運動の枠組みのなかでフェアトレードが展開されてきた。こうした運動は基本的に1960年代の体制変革運動に根をもっていたということもあり，フェアトレードはあくまで自由市場への対抗軸として位置づけられる傾向がきわめて強かった。

　日本でも，1993年に「トランスフェア・ジャパン」という認証ラベル制度が設立されたが，国内ではほとんど普及しなかった。ポスト福祉国家的な社会編成が進んでいなかった日本ではNPOや社会的企業，そして企業の社会的責任といった重要な要素はこの頃まだ台頭しておらず，倫理的な消費選択も日常的な行動であるというよりも，むしろ一種の社会運動としての性格を強く帯びていた。1990年代に日本で認証ラベルが普及しなかったひとつの要因としては，フェアトレードが社会運動の一種としてしか認識されなかったことによって，企業にとってそれが自らの経済活動とはほぼ無縁のものと考えられたという点にもあるだろう。倫理的配慮が企業の経済活動と結びついていないところでは，認証ラベルはほとんど意味をもつことはない。

　日本では2004年にFLO認証ラベルの統一ラベルの導入に伴いFLJ（フェアトレード・ラベル・ジャパン）が誕生し，フェアトレードも少しずつ普及する。2008年のFLO認証商品の販売額は約14億円となっており，先進諸国のなかで17位となっている。世界的なフェアトレードの普及のなかで，日本の普及は遅れているといわれているが，これは日本と欧米諸国が必ずしも同じような文化的文脈をもってはいないからだとされることが多い。

　しかし，日本のフェアトレード商品の販売額のうちの実に8割を非認証商品が占めているという傾向がみられる。認証商品と非認証商品の比率が世界では

「9対1」である一方で，日本では「2対8」となっているわけである。渡辺によれば，日本での非認証商品の販売額は少なくとも2008年の時点では67億円であり，認証商品と合わせるなら80億円を超えている（渡辺 2010：115）。表3-4は，各国のフェアトレード商品販売額を高い順に並べた一覧表である。日本以外の国での非認証商品の販売額は必ずしも明確ではないが，FINEとDAWSの報告をもとに各国での認証商品と非認証商品の比率を一律に「9対1」として考えるならば，各国の非認証商品販売額を期待値として出すことが可能である。また，この期待値をもとに，認証商品販売額に非認証商品販売額を加

表3-4 先進諸国のフェアトレード商品の販売額

(2008年：億円)[29]

国 名	認証商品	非認証商品 (期待値)	全 体 (推測)
イギリス	1,420	156	1,576
アメリカ合衆国	1,222	134	1,356
フランス	412	45	457
ドイツ	343	38	381
スイス	272	30	302
カナダ	207	23	230
スウェーデン	117	13	130
オーストリア	105	12	117
オランダ	98	11	109
フィンランド	88	10	98
デンマーク	83	9	92
ベルギー	74	8	82
イタリア	66	7	73
ノルウェー	50	6	56
アイルランド	49	5	54
オーストラリア	22	2	24
日 本	14	67	81

えたフェアトレード全体の販売額を推測することもできる。表では参考として、「非認証商品（期待値）」と「全体（推測）」の販売額も記載している。[28]

　この表をみると、たしかに日本での認証商品の普及は遅れているが、ただ非認証商品の販売額を考慮に入れるならばまた見方が少し変わってくるだろう。日本でのフェアトレード全体の販売額順位は17位から13位と浮上することになるし、なにより非認証商品の販売額だけをみれば、他の先進諸国に劣っているわけではないことがうかがえる。この結果は、日本ではFLO認証制度に依拠しない団体の活動が盛んであることを意味すると同時に、FLO認証ラベルの普及が進んでいないことを意味する。日本で遅れているのはフェアトレードそのものの普及ではなくFLO認証ラベルの普及だということになろう。

　そうであるとすれば、これまでの考察を踏まえて次のような仮説が成り立つ可能性がある。日本でのフェアトレード商品の販売額が相対的に低いのは、フェアトレードが消費者に受け入れられにくいからではなく、フェアトレードの市場化が進んでいないからだということ、すなわち本章で明らかにしたフェアトレードの「転換」が生じていない、あるいはまだ進行中だからだということである。これが欧米諸国でのフェアトレードの普及と決定的な違いなのではないだろうか。フェアトレードの歴史的展開のなかにおける社会的経済から倫理的市場への転換に目を向けたときにはじめて、日本のフェアトレードの現状をめぐるこのような解釈に至ることができるであろう。[30] むろん、これはあくまでひとつの解釈に過ぎないわけではあるが、日本におけるフェアトレードを展望するにあたって重要な論点を与えることになるに違いない。

結　び

　本章で示したのは、1940年代から2000年代にかけてのフェアトレードの歴史的展開のなかにおける問題化の枠組みの変容とそれに伴うフェアトレードの多層的な構造である。そして、その分析からこの多層的展開過程におけるフェ

アトレードの「転換」とその転換を可能とした社会的背景を浮き彫りにした。さらには，1980年代におけるフェアトレードの社会的経済から倫理的市場への転換という視点からフェアトレードの歴史を読み解くことによって，日本におけるフェアトレードの普及をめぐるひとつの重要な論点をも明らかにしてきた。

こうした転換を実践的な水準で支えたのは，カフェダイレクトの広報担当者が強調する発想の転換，すなわち公正な対価の支払いという目的と商業主義的なマーケティングは必ずしも対立するものではないという新たな考え方である。バラット=ブラウンが論じるように，自由市場への抵抗が問題とされた1980年代中頃においては，商業主義的なマーケティングや企業の営利活動は明らかにフェアトレードの対極に置かれていたが，1980年代後半から1990年代にかけて，フェアトレードの主流を構成する考え方は大きく変容していったと理解することができる。

さて，そのようなフェアトレードの転換の鍵となったのが認証ラベル制度，とりわけ1997年以降にフェアトレードの国際規格となっていくFLO認証ラベル制度である。次章では，この制度がいったいどのようにしてフェアトレードの急速な普及を実現したのかを明らかにすることで，倫理的市場の形成についてのひとつの理解を提示していく。

注
1) 途上国の生産者と途上国の企業の間の「一般的な取引」を明確に定義することはできないが，渡辺龍也が論じるには，少なくともフェアトレードの対極にあるものとして次のような特徴をもつ取引が想定されているという。①個々の生産者が輸出業者（ないしは仲買人）と取引する，②買い手側が価格設定の決定権をもつ，③生産者に不利な契約を強制する，という特徴をもつ取引である。
2) D.ランサムはコーヒー1瓶における最終価格の利益配分を明らかにしている。その割合は，小売業者が25％，荷主および焙煎業者が55％，輸出業者が10％，そして生産者が10％である（Ransom 2001=2004：63）。
3)「フェアトレード」という言葉それ自体が登場するのは1985年であり，それ以

前の歴史は，正確にいうなら「フェアトレード前史」あるいはその「ルーツについての歴史」だということになるだろう。ここでは，そうしたルーツとなる取引も含めてフェアトレードとよんでいくこととする。
4) バイラーはアメリカに帰国した後，それら刺繍製品を友人や近所の人びとに，購入したときと同じ価格で販売したとされる。バイラーを中心としたMCCの活動は現在，テンサウザンド・ビレッジ（Ten Thouthand Villages）としておこなわれている
5) その後，1950年代後半には，より広い範囲で，インドやアフリカ諸国でも同様の活動が展開される。オックスファムにおいては，産品を買い取ってイギリスで販売するという救援方法は中心的な活動となっていくが，しかしそれはあくまで活動の一部であり，食料支援，医療支援，教育支援などが同時並行しておこなわれた（Oxfam 1985：35）。
6) また，慈善貿易が拡大するなかで，生産者から購入された産品を専門に販売するチャリティー・ショップも1950年代後半から登場する。特にイギリスのオックスファムの直営店は，1960年代にはイギリス国内の各地に設立されることになる。
7) 後にこれは「直接取引」とよばれ，1980年代以降のフェアトレードにおいても重要な要素のひとつとなる。フェアトレードにおいては，この直接取引は先進国の団体と途上国の生産者の「パートナーシップ」という側面が強調されがちであるが，この当時はそのような意味合いよりも仲介業者が介入する可能性を排除するという意味合いが強かった（Wilshaw 1994）。
8) 1960年にはニカラグアの抵抗運動，1964年にはパレスチナの抵抗運動，1970年代に入るとローデシアの解放闘争などが展開されていく。
9) しかし，その動きを阻止しようとするアメリカ政府によって，輸入の水際でコーヒーは没収されてしまう。そこでイコール・エクスチェンジは，「産地はどこであれ，オランダで焙煎されたコーヒーはオランダ産として扱う」というオランダの法律を巧みに利用して，ニカラグアからアメリカへ間接的にコーヒーを持ち込むことに成功したとされる。
10) 多くの途上国は融資をうけざるをえない状況にあったので，このプログラムを受け入れないという選択は実質的にはなかったといわれる。その意味で，この構造調整プログラムは「債務条件を通した国家政策の支配」とよばれることもあった（Chossudovsky 1997=1999：43）。
11) 2000年代前半にはそれ以上のコーヒー価格の暴落が生じ，そちらを「コーヒー危機」とよぶ場合もある。ここで論じているのは，1980年代の「第1次コーヒー危機」である。

12) なお IFAT は 2003 年に「国際フェアトレード連盟」(IFTA : International Fair Trade Association) に名称を変更することになる。さらに 2008 年には「世界フェアトレード機構」(WFTO : World Fair Trade Organization) に名称を変更する。
13) 実際に，バラット＝ブラウンのような考え方をもつ団体は，1980 年代から 1990 年代かけては多かった。多くの団体は 1960 年代から活動を展開しているいわゆる「老舗」であり，その根本的思想を転換するのは容易ではなかったと考えられる。後述するように，1989 年に設立されたフェアトレード協会である IFTA も，そうした老舗が加盟団体に多かったために，基本的には市場志向に対して消極的な姿勢をもつことになった。
14) 1978 年，イギリスではウォルフェンデン報告『ボランタリー組織の未来』(Wolfenden Committee 1978) のなかで，多様なセクターが福祉供給を担う「福祉多元主義」が提起されたことをきっかけとして，1980 年代から 90 年代にかけての福祉国家の再編がスタートした。この再編は，(1) 行政コストの削減を主眼とする能率の向上，(2) 民営化や外部委託の推進，(3) 競争原理の導入によるインセンティブの供与，(4) 結果によるコントロールを通じた公共サービスの質の向上，(5) 顧客もしくは消費者としての市民の位置づけと選択の自由の拡大，(6) 階統制組織にかわる柔軟で分権的な管理組織制度への転換，(7) アカウンタビリティ（説明責任）の明確化と確保，を目指すものとされる（今村 2005：14-15）。
15) ブレアの「第三の道」は，労働党が掲げてきた福祉国家戦略の放棄を意味するものであり，それゆえ社会民主主義と福祉国家を同一視する立場から強烈な批判に晒された（Hay 1997, Callinicos 2001=2003）。しかし，労働党のこの転換は，福祉国家の限界を乗り越えて社会民主主義的理念の実現を目指す「左派の挑戦」であったともいえる（近藤 2001：183-191）。社会民主主義のポスト福祉国家的転換をめぐる論争布置の分析に関しては畑山（2016b）を参照。
16) イギリスで 1990 年に成立した「国民健康サービス及びコミュニティ・ケア法」は代表的なものである。本法律によって，NPO の市場化志向を強めると同時に，政府との連携が深まることになる。このように，NPM の影響は，特に福祉の分野のなかで顕著に認められるものである。
17) W. R. スコットと J. W. マイヤーは，教育や医療といった公共サービス部門においても，顧客ニーズへの適応が組織において重要な位置を占めることを論じている（Scott and Meyer 1983）。P. J. ディマジオと H. K. アンハイアも同様に，NPO における意思決定がけっして制度的環境から切り離されたものではないことを論じている（DiMaggio and Anheier 1990）。これら新制度派組織論の研究が提示するのは，たとえ NPO であっても社会的環境条件に埋め込まれており，

それゆえ文化的価値の取り込みを通じた正当化という過程が不可欠であるという視座である。
18) 谷本は社会的企業を「これまでNPOが市場を支配してきたソーシャル・サービスの領域に新しいビジネス・チャンスを開拓して参入してきた企業」と定式化する（谷本 2000：24）。しかし、アメリカとイギリスでは社会的企業という言葉のもつ含意は必ずしも同じではない。アメリカにおいては、社会的企業という言葉は「ベンチャー精神」あるいは「アントレプレナー的精神」にもとづいた「市場の開拓地」を発見し、そこにコミットする企業という意味合いが強い（Dees 1998：57）。一方、イギリスでは、むしろ社会的企業という言葉は社会民主主義的な伝統と結び付けられ、公共的利益を志向し、社会的に排除された人びとを包摂するような中間団体として存在するミッション志向の企業という意味合いが強い（藤井 2007：90、塚本 2008：34）。フェアトレードにおける社会的企業にもその間にはグラデーションがあり、企業によって異なる傾向性をもっているのが実際である。
19) 特に1990年代以降における企業の公正や倫理へのコミットメントは、制度的環境の圧力への対処のために、文化的に影響力ある価値を戦略的に取り込むマネジメントだといえるだろう。社会学の新制度派組織論では、模倣的同型化（DiMaggio and Powell 1983：150）の文脈においてとらえられる。模倣的同型化とは、因果関係の有無にかかわらず影響力のある戦略を積極的に導入することによって、組織フィールド内に類似性が生じてくる変化のことを意味する（佐藤・山田 2004：232）。
20) 渡辺によれば、ラベル付きのコーヒーは通常のものより15～20%高い値付けとなった。それでもラベル付きコーヒーは、1年の間にオランダのコーヒー市場の3%のシェアを獲得するまでにいたったとされる（渡辺 2007：16）。
21) ただし、すべてのフェアトレード関係者が認証ラベルを受け入れたわけではなかった。特に、連帯貿易の伝統を継ぐ協同組合などはこの「倫理的市場」に懐疑的であり、認証を取得せずに独自の流通ルートでフェアトレードをおこない続けた。ここにおいて、フェアトレードは認証ラベル商品を取引する「認証型」と非認証商品を取引する「提携型」に大きく分岐することになり、2000年代にはこの両者の間で論争が巻き起こることになった。この論争については5章においてさらに掘り下げて議論する。
22) 2010年における平均レート、「1ユーロ＝約113円」にて計算。
23) 世界販売総額に占める日本国内の販売額の割合は1.7%（2008年）であり、先進工業諸国のなかでは比較的市場規模は小さいが、2007年以降は毎年10ポイント以上の増加率を示している（長坂 2009：46）。

24) FLO が毎年公表している年次報告書をもとに作成。公表は FLO のホームページにて行われている。http://www.fairtrade.net/（2012年2月20日閲覧）を参照。
25) FLO のラベル商品はライセンス料が一元化されており販売額を容易に把握することができるが，非ラベル商品の場合は必ずしもすべての団体が明らかにされているとは限らない（特に小規模な団体）。また国によっては会計月が異なる場合などもあるため，非ラベル商品のすべての販売額が反映されているわけではないという点には注意が必要である。
26) 認証ラベルを媒介とした一般企業のフェアトレード参入は，消費者のアクセス可能性を高め，多くの人びとがフェアトレードを認知するきっかけをつくったといえよう。イギリス国際開発庁（DFID）の国内調査によれば，2007年までにフェアトレード商品の購入経験のある人は全体の約72％であり，一人あたりの一年の平均購入回数は約12.8回である（DFID 2009）。
27) しかし，一方で，ネスレはイギリスでコーヒーの最大シェアを誇る企業でもある。フェアトレードが普及するためには，ネスレがフェアトレード商品を販売することは絶対条件であるという見方も存在する。もちろん，ネスレがフェアトレード商品を導入したのは自社全体のコーヒーのうちのほんのわずかな部分に過ぎなかった。しかし，それでもネスレの FLO 認証取得はフェアトレードの成功のための重要な一歩であったと考える見解は少なくない。
28) 各国の「非認証商品（期待値）」と「全体（推測）」は，非認証商品を含めた場合の日本のフェアトレードの相対的な位置づけを表すことを目的としており，あくまでも疑似的な数値である。
29) 認証商品販売額の円への換算は渡辺（2010：115）を参考にした。
30) なお，日本における2007年から2008年にかけての認証商品の伸び率は44％である一方で非認証商品の伸び率は6％となっている（渡辺 2010：117）。次第に認証商品のシェアが増加しつつあることがうかがえる。

4章　認証ラベルの機能

——経済と社会の構造的カップリング

はじめに

　1980年代後半から2000年代にかけて，フェアトレードのメインストリーム化が加速したもっとも大きな要因はフェアトレード認証ラベルの登場にあった。特に，1997年に創設され，統一ラベルとして世界中に広まっていくFLO認証ラベルは，食品産業を中心として多くの販売業者や小売業者に受容されていく。この認証ラベルの登場によって，従来フェアトレードの外部に位置していた一般企業が，途上国の生産者と直接的な提携を結ぶことなしに，認証料ないしはライセンス料を払うだけでフェアトレードに参入することが可能となった。これは，CSRとして何らかの倫理的な要素を事業のなかに取り込みたいと考える多くの企業が，より容易にフェアトレードへアクセスすることを許容することを意味する。

　本章では，2003年以降に主要な国際基準となったFLO認証ラベルの仕組みと機能を明らかにすることによって，フェアトレードが入り込むことになった新たな次元について検討を加える。FLO認証は，商品の生産と取引におけるルールの策定，認証，監査を通じて，市場のなかで「公正な取引」を実現させようとするものである。FLOの規格に沿った生産・流通の過程を経た商品は出荷段階において認証ラベルが付与され，それがスーパーマーケットなどの店頭に並べられることによって幅広い消費者層に購入されることになる。それは，

開発貿易や連帯貿易がおこなってきた直接取引とは多くの点で異なる。本章では，経済と社会の構造的カップリングという観点から認証制度の仕組みと意義を明らかにすることによって，倫理的市場という今日的な枠組みの特徴を浮き彫りにしていく。

1 フェアトレード市場の形成

1990年代にはフェアトレードの流通形態は大きく変化したわけであるが，その変化はそれぞれの団体・企業の間における流通の分業の進行という点によって特徴づけられる。3章で取り上げたカフェダイレクトを取り巻くフェアトレード商品の流通の構図はそうした変化を如実に示している。旧来のように生産から消費までの流通ラインを組織的に統合した形態とは異なり，製品加工，輸出業者，輸入業者，製造，卸業者，販売業者と，それぞれ異なる団体がサプライチェーンを構成するのがその特徴である。前者を「組織内取引としてのフ

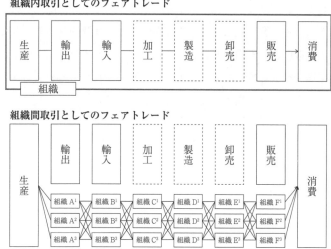

図4-1　組織内取引と組織間取引

ェアトレード」とよぶことができるとすれば，後者を「組織間取引としてのフェアトレード」とよぶことができる（図4-1）。

「組織内取引としてのフェアトレード」には，オックスファムのブリッジ・プログラムなどの協同組合型のフェアトレードが該当し，生産者団体から消費者団体まで単一のルートで流通する。一方，「組織間取引としてのフェアトレード」においては，商品は機能分化した複数の団体・企業の間の取引を経由することになる。これは，取引相手の選択という市場過程のなかでフェアトレード商品の取引がなされるということを意味する。1990年代にフェアトレードのあり方が後者へとシフトしていく背景には，小規模な社会的企業や必ずしもフェアトレードを本業とはしていない大企業の間にフェアトレードが普及していったという事情がある。そもそも，一部門に特化した企業は，オックスファムや生活協同組合のように生産から消費までの流通ラインを組織内部に保有しているわけではなく，他社から原料を購入し，他社に生産品を販売している。こうした，企業が参入するということは，必然的にフェアトレードも組織間取引という形態において行われるということになる。

複数の取引主体が流通過程に参加する組織間取引においては，その取引対象が生産者から公正に買い取られたものであることの「証明」が不可欠であった。他の組織との取引という過程を経由する以上，サプライチェーンの上流において，自然環境や社会環境に配慮されて生産・取引されたものであるかどうかということが，自らが自然環境や社会環境に配慮しているかどうかということと同様に重要となってくるのである。認証ラベルは，まさしくこの「証明」の機能を果たすことによって，組織間取引としてのフェアトレードを可能にした。たとえ自身の原材料の供給先が，どのようにその財を生産・取引していたかを自身では知りえなかったとしても，その証明の存在によってフェアな基準で生産・取引された原材料であると判断することができる。後に詳細に分析するように，この取引コストの縮減の機能こそが，認証ラベルが広く受容されていく大きな契機のひとつであった。

組織内取引であれば，途上国の生産者団体と先進国の消費者団体を直接結び付けるので，そもそも認証ラベルのような「証明」は必要ない。認証ラベルを必要としたのは組織間取引としてのフェアトレードに従事する団体・企業であり，そうしたタイプの取引主体によるフェアトレードの取り扱いを普及・拡大させたのがFLO認証制度の存在であった。逆にいえば，この認証制度の存在が，組織内取引のみをフェアトレードの唯一の形態であるとする従来的な前提を変えたともいえるだろう。

2006年までに，途上国の生産者を含めて569の団体・企業がFLO認証を取得しており，その後も増加し続けている（渡辺 2007：23-24）。世界のフェアトレードの取引のうち9割がこの認証ラベルを取得した団体・企業によっておこなわれていることを考えれば，FLO認証ラベルがその登場から十数年経たずのうちに，いかにフェアトレードを急速に普及させたかがわかる。認証ラベルの普及が組織間取引としてのフェアトレードの普及を意味するのであれば，1990年代後半以降のフェアトレードの急速な普及は組織間取引としてのフェアトレードの拡大であったと理解することができる。

ところで，組織間取引としてフェアトレードが行われるということは，市場過程のなかでフェアな取引がなされるということでもある。組織間取引としてのフェアトレードの普及が意味していたのは，「フェアトレード市場」の形成にほかならない。では，認証制度はいかにしてフェアトレード市場の形成に寄与したのか。つまり，なぜフェアトレードに対する認証制度が普及することによってフェアトレードが市場化されうるのか，という問いが生じてくる。ここには，FLO認証によるフェアトレードの希少化という問題が含まれる。まずは，この認証制度がどのような仕組みと基準を有しているのかを以下ではみていきたい。

2　FLO認証の仕組み

　FLO（Fairtrade Label Organization）は1997年に設立されたフェアトレードの国際的な認証機構である。FLOの目的は，第1にフェアトレード・ラベルと認証過程の信頼性を保証すること，第2に，需要と供給のバランスを支え，フェアトレードを促進すること，第3に，生産者の事業戦略を向上させるために支援とコンサルティングを提供することであるとされる（Nicholls and Opal 2005=2009：11）。FLOは，生産者が民主的な組織かどうか，会計に透明性があるか，適正な労働条件か，また社会や地域の開発目標への実績をあげているかなど，生産の過程がFLOの定める基準に則っていることを認証するための監査を行う。そして，FLO（FLO-CERT）はフェアトレード基準を満たす団体・企業に対して，それを証明する認証を与えている（FLO 2012）[1]。

　FLOの「認証」には二重の意味がある。ひとつは「ある商品がFLOの基準によって生産された」ことを証明するということ，もうひとつは「その商品が適正な流通過程を経由していること」を証明することである。前者は，生産者に対する認証によって，後者は取引過程に携わる団体・企業に対する認証によって証明される。フェアトレード商品とは「フェアトレード基準を満たした生産者によって生産されると同時に，フェアトレード基準で輸入，卸売，加工，販売された商品」のことである。以下ではその具体的な仕組みをみていこう。

　流通プロセスにおいて最初に認証をうけるのは生産者である。FLOは生産者団体を3つに区分している。第1に「小規模生産者団体」であり，これは自力では商品出荷することのできない小規模な農家が集まる生産者団体である[2]。第2に「雇用労働者団体」であり，これは賃金労働者を雇うことによって単体として成立しているプランテーションである。第3に「契約生産者」であり，これは法人格をもたないが仲介者との契約によってフェアトレード商品の生産を依頼された農家である。これら3つにそれぞれの基準が存在し，その基準を満たすことで生産者は認証を取得することができる[3]。この認証を取得するため

には，まず生産者がFLOに申請し，基準を満たしていると判断される必要がある。認証を取得してはじめて，フェアトレード商品を生産することができる。だが，定期的に監査がおこなわれ，基準を維持していないと判断されると認証は取り消されることになる。

さらに，FLO認証において特徴的であるのは，その商品を取り扱うサプライチェーン上の企業や団体に対しても認証を行うという点である。組織間取引の場合，ある商品が異なる団体・企業の手へと渡っていくので，ある商品をフェアトレードとして保証するためには，その商品が基準を満たした団体・企業を経由して販売されていることをも証明のうちに含まなくてはならないのである。それゆえ，「追跡可能性（トレーサビリティ）」の基準が，それ自体は公正を担保するものではないにもかかわらず，結果として公正な取引を保証することになる。

FLOは，具体的にその介在する団体・企業に「取引従事者（オペレーター）」という名称をつけ，それを役割別に6つにカテゴリ化している。その6つが，(1)「生産者」，(2)「現地加工業者」，(3)「輸出業者」，(4)「輸入業者」，(5)「製造業者」，(6)「卸業者」である。認証を申請する団体はそれぞれのカテゴリ別に申請し，FLOの基準を満たしていれば，この6つのうちのいずれかの（あるいは複数の）役割を担う資格をえることができる[4]。一方，実際に商品を消費者に販売する販売業者（小売業者）の資格は認証という形をとらず「ライセンス契約」という形をとる。販売業者の場合には基準はほとんど存在せず，いかなる販売業であれ，ライセンス料をFLOに支払えば，フェアトレード商品を販売することができる[5]。このように，認証料・ライセンス料を支払っていない団体・企業はフェアトレード認証商品を一切扱うことはできない仕組みとなっている。

このような認証とライセンス契約は，FLOの認証機構であるFLO-CERTと各国のFLO傘下のラベル団体が行う。たとえば，日本の場合であれば，「生産者」「現地加工業者」「輸出業者」「輸入業者」を認証するのはFLO-CERTであり，国内の「製造業者」「卸業者」を認証し，「販売者」にライセンスを与

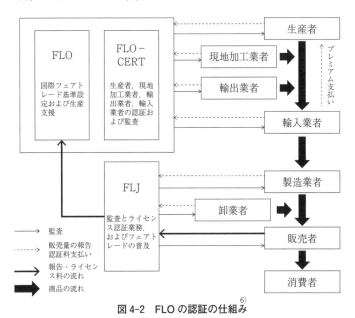

図 4-2　FLO の認証の仕組み[6]

出所）FLJ ホームページを参照（2012 年 5 月 7 日アクセス）

えるのが日本のフェアトレード・ラベル・ジャパン（FLJ）である。この仕組みは図 4-2 に示される通りである。

　図 4-2 に示されるように，フェアトレードの流通過程に参加する団体・企業は，認証を取得し認証料・ライセンス料を支払うことによって取引に従事することができる。支払われた認証料とライセンス料は，FLO の運営や認証・監査のための費用，そしてフェアトレードの普及活動のために使用される。支払われた認証料やライセンス料が直接生産者に支払われるわけではないという点には注意が必要である[7]。つまり，FLO は再分配機構として存在しているわけではなく，あくまで基準を作成し認証を付与し，監査を実施する機構として存在しているわけである。こうした認証の仕組みの登場がもつ意義は大きく 2 点ある。

　第 1 に，フェアトレードの偽物の出現を防ぎ，ラベルによって示される「正

統なフェアトレード」の存在を認知させるという点である。このラベル認証商品の流通に関わることができるのはFLOによって認証をうけた取引従事者のみであり，それによって，たとえ組織内取引でなくとも，仲介業者の中間搾取を排除することができる。

第2に，たとえフェアトレードを専門に取り扱っていない業者であっても，条件を満たし認証を取得することによってフェアトレード認証商品を取り扱うことができるという点である。たとえば，2012年の時点で，日本国内でFLO-CERTから「輸入業者」の資格で認証をうけている団体は「双日株式会社」「住友商事株式会社」「三菱商事株式会社」「伊藤忠商事株式会社」をはじめとした10の企業である[8]。これらの企業はいずれもフェアトレード商品以外の商品も輸入において扱っているが，フェアトレード商品を扱う上での条件を満たしているので認証をうけている。認証基準は，その企業（団体）が扱うすべての取引において適用されるわけではなく，あくまでその企業における「フェアトレード商品の扱い」に関する基準なのである。この認証ラベルの登場によって，純粋にフェアトレードのみを行う団体・企業以外がフェアトレードの流通過程に参入することが可能となった。販売者も，認証商品の販売の仕方に関する規約さえ遵守し販売量を報告さえすれば，ライセンス料を払うだけで商品を販売することができる。その販売者がどのような企業であるべきかという基準は存在しない。このライセンス契約制度によって，スーパーマーケットなどへと販路を広く拡大することが可能となった。

3　FLO認証の基準

前節では，FLOの認証の仕組みについてみてきた。本節では，その仕組みのなかで遵守されることになる具体的なフェアトレードの基準についてみていきたい。FLOの定める基準は，大きく2つに分類される。ひとつはフェアトレードの生産や取引の仕方を詳細に定めた「一般基準」であり，もうひとつは

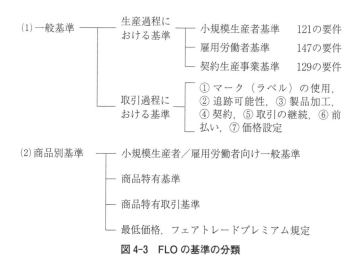

図4-3　FLOの基準の分類

それぞれの商品をどのように生産，取引すべきかを定めた「商品別基準」である（図4-3）[9]。本節では，2011年に更新された基準をみていく。

1．一般基準

「一般基準」は「生産過程における基準」（生産基準）と「取引過程における基準」（取引基準）からなる。前者は途上国の生産者が遵守する基準であり，後者はその商品を流通過程で扱う各々の取引従事者が遵守する基準である。

生産基準は，労働形態別に「小規模生産者基準」「雇用労働者基準」「契約生産者基準」という区分が設けられている。生産基準のなかでは，それぞれの生産形態において，それがフェアトレードの生産であるための必須要件と派生要件をそれぞれ定めている（FLO 2011a, 2011b, 2011c）。そのなかで，生産者が守るべき項目がそれぞれ100以上定められているが，その項目は主に組織や農園の責任者に向けられている。そのなかでは，労働者の権利から環境条件まで詳細に基準化されている。

「小規模生産者基準」を例にこれらの基準をみてみよう。表4-1は基準のな

表 4-1 生産過程における基準（小規模生産者基準）

大項目	項目	必須要件	派生要件	主な基準内容
1. 全般	1.1 認証	2	0	会計報告書の提出
	1.2 小規模生産者の構成員	2	0	団体の構成員の半分以上が小規模生産者
2. 取引	2.1 追跡可能性	8	0	フェアトレード商品の区別／記録の提出
	2.2 資源	1	0	フェアトレード基準で生産される1年以上前のものの取り扱い
	2.3 契約	3	0	規則に違反した際の認証取り消し／基準の遵守
	2.4 マークの使用	1	0	フェアトレード・ラベルを使用する際のFLOへの許可申請
3. 生産	3.1 生産の管理	2	2	責任者による生産者・生産組織の管理／説明責任・報告責任
	3.2 環境保護			
	環境管理	1	0	環境に配慮した生産
	農薬管理	11	7	使用可能・不可能な農薬の区別／使用可能な量と期間
	土と水	0	9	農作業における土と水の条件
	廃棄物	1	2	廃棄物の処理と環境負荷の低減
	遺伝子組み換え	1	0	遺伝子組み換え農産物の禁止／原料における使用の禁止
	生物多様性	2	4	生物多様性を破壊するような生産方法・生産物の禁止
	エネルギーと地球温暖化	0	2	消費エネルギーの記録／CO_2排出の削減
	3.3 労働条件			
	差別からの自由	4	0	ILO基準の遵守／性別・人種による待遇差別の禁止
	労働の自由	2	0	強制労働の禁止
	児童労働と児童保護	4	1	15歳以下の労働禁止／児童の手伝いの条件
	結社の自由と集団交渉	3	2	構成員による団体交渉権の保障
	雇用条件	3	6	最低賃金の保障／産休の保障／ILOへの準拠
	職業上の健康と安全	8	2	労働環境における衛生管理の条件／安全性の向上
4. 開発	4.1 開発能力	6	4	開発の計画と報告の提出／会計システムの構築
	4.2 民主主義,参加,透明性	10	1	総会の実施／民主的な理事会の設立
	4.3 非差別	2	2	性別・年齢・障害・人種等に関する差別の禁止
	合計	77	44	

出所）FLO (2011a) より作成

かの項目の構成である (FLO 2011a)。基準は (1)「全般」, (2)「取引」, (3)「生産」, (4)「開発」の4つの大項目から構成されており, それぞれの項目のなかで必須要件（遵守しなければならない要件）と派生要件（漸進的に改善・達成されなければならない要件）が定められている。もっとも要件が多いのは「生産」の項目であり, そのほとんどが環境保護と労働条件に関する基準に割り当てられている。環境保護に関しては,「農薬使用の制限」や「遺伝子組み換え農産物の禁止」「生物多様性の維持」, そして「二酸化炭素の排出量の削減」などに関しての詳細な規定が盛り込まれている。また, 労働条件に関しては, 主にILO（国際労働機関）の基準への遵守が定められ, 国内法と基準が異なる場合は, 労働者に有利な基準が適用されることが示されている。「児童労働や強制労働の禁止」「最低賃金の保障」「団体交渉権の保障」などがここに盛り込まれている。

また「取引」に関しては, フェアトレード基準で生産された商品の保管と輸送の方法が定められており, この基準以外で生産された商品との徹底的な区別が求められている。トレーサビリティ（追跡可能性）の保護とは, フェアトレード基準で購入された商品が次の取引相手に渡ったとしても, 商品の倫理的性格が損なわれないよう保護することを意味する。このトレーサビリティは, 後に論じるように当該商品がフェアトレード基準のもとで生産されたことを保証するためにもっとも重要な要件となる。

以上は「小規模生産者基準」の概要であるが, 同様の形で「雇用労働者基準」(FLO 2011b),「契約生産者基準」(FLO 2011c) が存在しており, それぞれの生産者団体の規模や形態によって3つのうちのいずれかが適用される。

次に, 生産基準と並ぶもうひとつの基準である取引基準についてみていこう。取引基準は販売者を除くすべての取引従事者（生産者, 加工業者, 輸出業者, 輸入業者, 製造業者, 卸業者）に適用される基準である。この基準は大きく, (1)「全般」, (2)「取引」, (3)「製品」, (4)「開発」に関するセクションの全49の要件から成り立っている (FLO 2011d)。これらはすべて必須要件から成り立って

おり，サプライチェーン上の取引従事者はこれらを遵守する必要がある。表4-2 はその基準をまとめたものである。

「全般」においては，認証の手続きと FLO 認証ラベルの使用の仕方が定められている。「取引」に関する項目はもっとも基準が多く，ここでもトレーサビリティは重要な位置を占めている。認証商品以外の基準でつくられたものを流通の過程で混合することは禁止され，認証用の商品は他の商品と異なる場所に保管しなくてはならない。この混合の禁止も一見すると公正な取引と無関係のようにも思われるが，フェアトレードの価値を維持するための重要な基準である。また契約に関しても，買い手による権力行使を禁止し，法的拘束力を伴った契約のもとで相互が了解した取引を行うことが定められている。「ビジネ

表 4-2 取引過程における基準

大項目	項　目	要　件	主な基準内容
1. 全般	1.1 認　証	5	会計の透明性／認証料の支払い
	1.2 マークの使用	3	最終商品のみへの付与
2. 取引	2.1 追跡可能性	13	取引記録の提出／物理的な区別（商品保管方法）／認められた商品以外は非フェアトレード商品の混合禁止／購入した商品と販売する商品の量的・質的な同一性の保持
	2.2 製品複合	4	複合製品は最低でも20％の含有率／含有率の明示／例外規定
	2.3 契　約	7	取引契約の法的拘束力／買い手の権力行使禁止／契約の透明性
3. 生産		—	生産過程に準ずる
4. 開発	4.1 持続的取引	3	契約の継続性／買い手による購入計画の提示
	4.2 前払い	7	最大60％まで前払い可能／売り手に決定権
	4.3 価格設定	7	最低価格とプレミアム支払いの義務／売り手と買い手の同意した支払方法／30日以内の支払い
合　計		49	

出所）FLO（2011d）より作成

スと開発」の項目においては，売り手が一方的に不利な状態に陥らないように，取引の持続性と前払いが保障されている。特に重要なのは，最低価格以上の保障とプレミアム料金の支払いに関する規定である。これはFLO認証の大きな特徴であるが詳細については後述することとしたい。

FLO（正確には認証機関であるFLO-CERT）は，これらの生産基準と取引基準のもとで適正な商品の取り扱いがなされているかを監査する。この監査過程によって，認証制度の円滑な作動が管理される[10]。さらに，その監査それ自体が公正に行われていることを保証する必要があるため，2007年にはISO（国際標準化機構）の定める「ISO65」を取得した。ISO65は，製品認証業務を行う第三者機構が適格性と信頼性があると認められるために遵守しなければならない一般要求事項である。FLO認証は，2007年以降はISO65によって，客観性，透明性，非差別性が保証されることになる[11]。

2．商品別基準

次に「商品別基準」をみていきたい。この基準は，大きく(1)「小規模生産者／雇用労働者向け一般基準」，(2)「商品特有基準」，(3)「商品特有取引基準」，(4)「最低価格基準」の4つに分かれており，特に(2)と(3)では，それぞれの品目における取引の仕方を定めている。取引の仕方に関しては，前項の一般基準で定められているが，一部の商品においては固有の事情が存在するため，すべての商品を一般基準でカバーすることはできない。そのため，その商品独自の観点から基準化したものが「商品特有基準」と「商品特有取引基準」である。たとえば，綿花などのように工業製品の原材料となる商品は，通常の農産物とは異なるサプライチェーンのもとで流通するので，商品特有基準によって追加的に規格を与える必要がある。

商品別基準でもっとも重要なのは，「最低価格基準」とそのなかで示される「フェアトレード・プレミアム基準」である。このなかでは，品目別，栽培方法別，生産国別に詳細に決められている。たとえば，表4-3で示すコーヒーの

表 4-3 コーヒーの価格基準

(1pound あたり：単位 US ドル)

品　種	状　態	栽培方法	最低価格	プレミアム
アラビカ種	洗浄済み	—	1.4	0.2
		有機栽培	1.7	—
	未洗浄	—	1.35	0.2
		有機栽培	1.65	—
ロブスタ種	洗浄済み	—	1.05	0.2
		有機栽培	1.35	—
	未洗浄	—	1.01	0.2
		有機栽培	1.31	—

出所) FLO (2012)

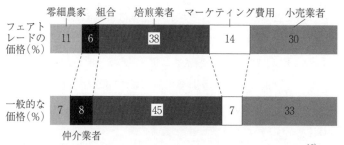

図 4-4　一般的なコーヒー価格との利益配分の比較（アラビカ種）[12]

　価格基準に示されるように，FLO は各品目（1,000 品目以上）の最低価格基準を一覧表の形で公表している（FLO 2012）。この一覧表によって，途上国の生産者の生活水準は保障され，商品に対する安定した支払いが約束される。図 4-4 は，FLO 価格と一般的なコーヒー価格を，各々の業者への利益配分という観点から比較したものである。こうした最低価格基準の設定によって，少なくとも一般的な取引よりも生産者が最終的に受け取る利益配分の割合は高いものとなる。

　フェアトレード・プレミアムとは，最低価格に加えて支払われる金額のこと

であり，生産者個人にではなく生産者団体に支払われるのが通例となっている。プレミアムには「開発協力費」の意味が含まれおり，生産者団体が積み立てることによって，それを地域の社会的，経済的，環境的発展のために運用することを目的としている（渡辺 2010：83）。このプレミアムが支払われるのは，商品の市場価格がFLOの最低基準を上回っている場合に限られる。つまり，「最低価格＜市場価格」という状況においては，市場価格で取引され，なおかつプレミアムが支払われる。また「最低価格＞市場価格」という状況においては，最低価格のみが支払われる。いずれの場合においても，市場価格のみに準拠する取引よりもフェアトレードの条件下における取引の方が，生産者にとっては利益が大きいことになる。

　このような商品別基準の策定によって，「公正な価格」は一覧表のなかに具体的に示されることになった。さまざまな団体によって異なる価格が付けられていたフェアトレード価格が2003年以降に統一されていくことになる。

　以上のようにFLOの基準（一般基準と商品別基準）を概観することによって，これらの基準が倫理的な生産・取引を可能にしているという認証制度の大きな特徴が明らかになる。それはまた，基準がフェアトレードを定義するということも意味している。フェアトレードを行うということは，FLOの基準に従うということ，すなわち特定の手続きのもとで生産・取引をすることだということになる。「公正に取引すること」が「公正な取引に関する手続きを遵守すること」によって達成されるのである。

4　認証制度による経済システムの自己規制

　ここまで，FLO認証ラベルの仕組みとその基準について詳細にみてきた。そして，このラベルの登場こそが，フェアトレードにさまざまな形態の企業や団体が参入する可能性を広げ，2000年代における市場形成の土台を形成する重要な背景となった。以下では，こうした仕組みが企業にとってどのような意

味をもつのかという点から出発して、この認証ラベルが経済システムにおいてどのような機能をはたしているかを検討していく。この検討を通じて、認証制度が「経済システム自身による経済システムの自己規制」を可能にしているという視点を与えていく。

1．企業の合理的選択としての認証取得

今日では、フェアトレード認証以外にも、自然や社会に配慮した生産と取引の基準を設けたさまざまな第三者認証ラベルが存在しており、経営学では重要な研究対象となっている[13]。これらの認証制度は、生産・取引の過程を保証するという「トレーサビリティ認証」であるという点で、商品の性能そのものを表示するラベルとは異なる。この種の認証が普及したのは1990年代以降であったが、この普及のなかで、認証取得が企業にとってどのような意味をもっているかが問題とされてきた。というのも、この普及の過程にみられたのは、トレーサビリティの保証それ自体は法的強制力をもたないにもかかわらず、営利企業が積極的に認証・監査というコストを負担するという事態だったからである。

経営学では、主に3つの効果が企業の認証取得の誘因となってきたと考えられている。第1に、エシカル・ブランディングによって倫理的消費市場の需要を促進する効果である（Kotler and Lee 2005=2007）。認証ラベルは、商品や企業を倫理的なものとしてコンセプト化し、消費者に魅力をアピールするための付加価値となる。特に、グリーンコンシュマリズムの流れのなかでは、認証ラベルは消費者の重要な判断材料のひとつと考えられてきた。第2に、CSRを可視化することで企業の社会的信頼＝正当性を調達する効果である（Vogel 2005=2007）。認証は、社会や自然に配慮していることを制度的に保証してくれるものであり、それゆえステークホルダーからの社会的正当性を獲得するためのツールとなる。第3に、商品供給に伴う取引・管理コストを削減する効果である（Zadek, Lingayah, and Forstater 1998）。取引先が非倫理的な生産を行っていれば自社にもその矛先が向けられかねない[14]。また、食料品の場合には長期的

に安定した供給の確保が重要な課題となる。認証は，サプライチェーンの管理に際して，そうしたリスクの処理のコストを縮減してくれる。

　以上のように，認証制度をめぐる経営学的研究では，主に「需要促進」「正当性調達」「取引コストの縮減」という3つの効果が論じられてきた。企業の認証取得が，こうした効果に動機づけられていると考えるならば，1990年代以降における認証制度の拡大を，企業の合理的選択という観点から説明することが可能になる。

　この説明は，一見すると逆説的である。というのも，そもそも認証や監査は企業にとって煩わしいものであり，できることならそうした制約を免れたいと考えることが「合理的」であるように思われるからである。しかし，既に検討してきたように合理性が社会的文脈に依存していると考えるならば，合理的な経営活動とは自身の環境に適応することにほかならない[15]。したがって，ステークホルダーからの評価が需要と供給の管理戦略と結びつくという認識のもとでは，コストを払ってでも認証や監査をうけることが合理的な「投資」となる。

　認証制度の経営学的な意義を理解することで，認証取得が，企業自らの利害関心の追求のために積極的に自らの利害関心を制御する行動だという社会学的視点が与えられる。認証を媒介として，自然環境や社会環境の保護が，経済取引の利害関心それ自体のなかに織り込まれているわけである。環境経済学では，こうした織り込みの位相は「外部性の内部化」とよばれてきた。これは，市場の外部性が市場取引の対象となることで，コスト負担それ自体が合理的になるということを意味する。

　外部性の内部化に関してもっとも本質的な議論を展開しているのがM. ロスバードである。彼は「外部費用とは自由市場の欠陥ではなく，むしろ自由市場が十全に働いていないことである」（Rothbard 1962：944）と論じた。それは，ある財が市場に組み込まれていないことこそが諸々の負の外部性の原因であるということを指摘するものである。公害は，綺麗な空気や水の財産権が尊重されないことによって生じる。ロスバードはその対策として，それらを市場取引

の対象とする必要があると論じる。

　外部性が経済に内部化されることによって，企業が自然環境や社会環境に配慮することは，もはや経済活動に付随する「社会活動」ではなく「経済活動」そのものとなる。したがって，この外部性の内部化の結果として生じているのは，企業が経済的論理ではなく社会的論理に従うようになるという事態ではない。企業は付加価値の獲得やリスク管理のコスト縮減という経済的論理に従いながら，あたかも社会的論理に従っているかのように観察されうるというだけである。すなわち，ここで生じているのは，社会的論理が経済活動の構造的条件を構成しているということである。

2．経済と社会の構造的カップリング

　社会システム理論において，経済の社会的制御というこの種の問題は，経済と社会の「構造的カップリング」の問題として扱われうる。構造的カップリングとは，自律的なシステムがお互いを環境的条件として依存しあう関係である（Maturana and Varela 1984=1997, Luhmann 1990=2009）。自律的なシステムは「作動上の閉鎖」，つまりシステムの作動が環境に対して閉じられているので環境と直接コミュニケートすることはできない。にもかかわらず，自律的なシステムは環境との差異を前提とすることでしか自己再生産することができないという意味では環境に開かれている（Luhmann 1988=1991：39）。構造的カップリングはこの開放，すなわち環境との差異においてシステムが自己再生産するプロセスの契機にほかならない。[16]

　経済システムと社会システムは互いに自律したシステムでありながらも，相互に自己再生産の構造的条件を構成し合っている。これは K. ポランニーがいう「経済の社会への埋め込み」とは必ずしも同じことを意味しない。経済システムはあくまで経済システムの内的論理に従って作動しているのであって，社会システムのために自己を制御しているわけではないからである。経済システムの内的論理のみに従うにもかかわらず，それが社会システムの論理にも合致

しているようにみえるのは，ある意味「偶然」にすぎない。認証制度は，この偶然を予期として制度化することで，倫理的配慮を経済的利害関心のなかに織り込んでいるわけである。

構造的カップリングという偶然が予期として制度化されるためには，経済システムがその内的論理によって社会システムという自らの環境を取り扱うことができなければならない。だが，自律的システムは作動上閉鎖しているので，経済システムが環境に直接アクセスすることはできない。そこで，経済システムは自らの内側に「内的環境」として社会を構成する。この内的環境は環境のコピーではなく，あくまで「経済システムによって解釈された環境」でありそれ自体は経済システムの構成物である。経済システムは，環境を直接には使用できないので，その代わりに，自らが生み出したこの内的環境を使用して自己再生産を行うことになる。

以上の社会システム理論に基づく考察によって，経済システムにとっての認証制度の意義が明らかとなる。認証制度は，社会的評判という経済システムの環境を「ステークホルダー」という構成概念によって内的環境へと分出し，経済システム自身が取り扱い可能な形に構成している，ということである。ステークホルダーの概念を経営戦略の核として据えた M. E. フリーマンは，この概念が「外部変化を内部変化に変換する」ものであると論じる (Freeman 1983)。社会システム理論的にいえば，ステークホルダーとは経済システムが自らの内側に作り出した社会にほかならない。認証制度は，この経済システムの「内なる社会」の構成によって，自然環境や社会環境を保護することそれ自体を利害関心に織り込むという「外部性の内部化」機能を果たしている。

外部性の内部化は，これまで取引の対象ではなかったものを取引可能にするという意味で市場を開いている。だが，それは同時に環境保護や社会的公正のような生産・取引の基準化によって市場を規制している。この規制は，国家が経済を制御するのではなく，経済が自らの原理によって経済を制御するという意味での自己規制であり，社会システム理論的にいえば一種の「オートポイエ

ーシス」である。企業の認証取得は，国家や政府によって義務付けられているわけではなく，あくまで企業の経済活動の一環として能動的に行われている。企業行動の水準であれば，企業自身の利害関心による企業自身の利害関心の自己規制が働いているといえる。経済システムの水準であれば，経済システム自身の作動による経済システムの作動の自己規制が働いているといえる。国家や政府の指示による規制ではなく，経済システムが社会システムと構造的にカップリングすることによる規制，これを以下では「市民規制」という文脈から検討していきたい。

5　市民規制の原理

1．規制のプライバタイゼーション

　D.ヴォーゲルは，企業への評価とそれに対する企業の適応行動からなるような倫理的な経済の規制原理を「市民規制」とよぶ（Vogel 2005=2007）。市民規制は，「自主的な行動規範，社会監査，株主提案，社会投資ファンド，企業の社会・環境業績の評価と格付けによる企業行動の規制原理であり…（中略）…法律と市場の間にある統治の空隙を埋める過程」（Vogel 2005=2007：9-15）である。この市民規制は，今日におけるCSRの中心的原理をなしている。

　谷本寛治によれば，1990年代以降のCSRの動きは，市場のルールが政府だけでなく，投資家や消費者，さらには市民団体やNPOを含めた「マルチ・ステークホルダー」的状況のなかで形成されるようになってきたことと関連している（谷本 2013：47）。なかでも企業に対する「CSR事業評価」の制度化はCSRの拡大を加速させた。CSR事業評価にはコンサルタント会社や非営利組織など多様な主体によって実施されているが，それらは共通して企業のCSRに関する取り組みを得点に換算してランキング化する[17]。このランキングを構成する得点には基準があり，自然環境や社会環境に配慮された認証を導入しているという場合にも特定の得点が加算される。

また，社会的責任投資（SRI）の拡大も企業の積極的な CSR 活動の展開の要因となった。SRI は，企業活動を財務面のみならず，社会・環境・ガバナンスの面からも評価し投融資本を決定する投資である（谷本 2013：68）。SRI は自然や社会への配慮を慈善事業としてではなくイノベーションとしてとらえる。そこでは，企業自身の情報開示だけではなく外部の CSR 事業評価が重要な指標となっており，スクリーニング（社会・環境的観点からの選別）の基準を形作っている。

　こうしたマルチ・ステークホルダー的状況の形成のなかで，市民社会の価値や規範が市場を構成する重要な要素となり，結果として企業活動の合理性の構造的条件そのものが再編成されつつある。かつて M. フリードマンは徹底した市場主義の立場から，企業の目的を利益追求であるとして社会的配慮の必要性を否定したが（Friedman 1962=2008），もしフリードマンが今日に生きていれば，彼は先頭に立って企業の社会的配慮を称揚するに違いないだろう。自然や社会への配慮がもはや市場における経済的価値であるならば，それを追求しない経営活動はフリードマンが論じる企業の本質からずれてしまうことになる。

　このような合理性の構造的条件の再編のなかで，企業が自らの利害関心によって自らの利害関心を制御するという「市民規制」が社会編成的な原理として成立する。これを「規制」（regulation）の名でよぶべきかどうかは異論も多いだろう。なぜならば，極論をいってしまえば，このモデルでは合理性の構造的条件が再編されたというだけで，企業の内的論理という点からみれば，それはたんに市場で利益を追求する行動に過ぎないからである。この新たな経済制御の原理を「規制」とよびうるのかそうでないのかは，それ自体興味深い問題ではあるが，ただここで重要なのは，少なくとも政府による規制がもはや唯一の経済制御の原理ではなくなっているということ，つまり経済制御のメカニズムが公的セクターから私的セクターへと委譲されているということである。

　市民規制は，利害関心を追求する企業の経営活動それ自体を規制の原動力としているという意味で，「権限の根拠が国家や政府に依拠するのではなく，市

場ベースの戦略に依拠する規制メカニズム」(Lipschutz and Fogel 2002：129)だといえる。ヴォーゲルは前者から後者への移行過程を「規制のプライバタイゼーション」と位置づける（Vogel 2005=2007：15）。それは，自然や社会に配慮された経済が，政府による規制という形から，民間企業の経営戦略を原動力とする規制へと軸足を移していく過程である。

　M.パワーは，ヴォーゲルとは異なる角度から，経済規制のメカニズムの変化を「監視から監査へ」の移行として論じる（Power 1997=2003：177）。監視は「統制」と「予防」を本質とし，集中化された統治機構による個々の主体への規律訓練によって行動を制御する規制原理であった。一方，監査は「評価」と「学習」を本質とし，分散化された個々の主体それ自身の合理的な自己マネジメントによって行動を自主的に制御する規制原理である。

　パワーの視点から規制のプライバタイゼーションの過程を説明するならば，それは他者からの監視を通じた「規律訓練」による行動制御モデルから，他者のまなざしを戦略的に利用する「自己マネジメント」による行動制御モデルへの移行であるともいえる。行動制御のモデルをめぐるこの種の議論を統治性の問題として展開したM.フーコーによれば，それは「ゲームのプレーヤーに対して作用するのではなく，ゲームの規則に対して作用するような社会」(Foucault 2004=2008：319) への変化として位置づけられる。であるとすれば，市場ベースの戦略に依拠する市民規制は，「プレーヤーのメンタリティに変更を加えるのではなくゲームのやり方に変更を加える」(Foucault 2004=2008：321) ようなタイプの規制だといえよう。

　この種の規制原理の移行を，経済制御モデルの2つのモデルの区別という観点から図式化することが可能である。次節では，経済の「外部制御モデル」と「内部制御モデル」という区別について考察を展開し，その図式のなかで認証制度の意義を検討する。

2. 外部制御から内部制御へ

　経済の「外部制御モデル」とは，経済システムを政治や社会に埋め込むことによって経済システムを制御するモデルである。経済システムが経済の論理だけで自己回転をはじめると，際限ない利益追求の欲望によって社会を破壊する一種の暴走状態に陥ってしまう。経済システムの暴走を食い止めるためには，経済に社会道徳を埋め込まなければならないが，しかし経済システム自体は効率性にしか関心をもたないとすれば，その内側の論理だけに任せることはできない。そうすると，国家が経済を外側から管理しなければならないので，法律で義務づけ企業行動を拘束する必要がある。あるいは，協定によって個々の企業の利益追求を差し押さえる必要がある。このように，外部制御モデルは，「経済システムは経済システム自身の構成要素以外によって制御されうる」という前提に基づいている。

　一方，経済の「内部制御モデル」とは，経済システムが経済システム自身の内的論理によって自らを制御するモデルである。経済システムは，利益追求を利害関心とするがゆえに，利益追求と結びつきさえすれば自らを制御する。際限ない利益追求がリスキーであればそれを控えるし，自然や社会に配慮することが「啓発された自己利益」であればそれを追求する。既に論じたように，そのためには外部性が内部化される必要がある。企業は認証や事業評価制度によって自身にとってのステークホルダーを自らの内部に描き，自らの経済活動の一環としてそれに適応しようとするのである。このように，内部制御モデルは「経済システムは経済システム自身の構成要素のみによって制御されうる」という前提に基づいている。

　外部制御モデルが開放システム理論の理論的前提に立っているとすれば，内部制御モデルは閉鎖システム理論の理論的前提に立っている。前者のモデルは，経済システムが政治システムや社会システムからの「インプット」によって制御されることが想定される。このインプットが適切になされるためには，システムは環境に開かれつつ環境に埋め込まれてなくてはならない（Parsons and

Smelser 1956=1958)。しかし，経済システムがオートポイエティック・システムであるとすれば，制御とは自己再生産のことにほかならず，その自己再生産の要素として使用するための内的環境を構築するため，システムは環境に対して作動上閉鎖されつつ環境と構造的にカップリングする必要がある（Luhmann 1988=1991）。

　外部制御モデルと内部制御モデルの理論的な相違は，社会道徳と経済秩序の関係をめぐって大きな論争点を形成することになる。というのも，前者のモデルでは，企業が道徳規範を内面化し，利害関心がその規範によって抑制されることで経済システムは初めて制御されることになるが，後者のモデルでは，道徳規範が利害関心に織り込まれることで希少化ないしはリスク化され，企業がその希少化・リスク化された利害関心を追求することによって経済システムは制御されることになる。

　外部制御と内部制御という区別を用いることで，規制のプライバタイゼーションに対するひとつの理解がえられる。政府規制から市民規制への移行は，行動制御モデルの変容という観点からみれば「規律訓練」から「自己マネジメント」への移行として理解され，他方で経済制御モデルの変容という観点からみれば，それは「道徳規範による経済システムの外部制御」から「希少性・リスクによる経済システムの内部制御」への移行として理解されるということである。さらに，政府規制を福祉国家的な規制モデル，市民規制をポスト福祉国家的な規制モデルと理解するならば，2つの経済制御モデルの区別という観点から社会編成原理の転換そのものを説明する切り口が与えられるかもしれない。

　表4-4は，経済の社会的制御をめぐる2つのモデルを外部制御／内部制御という軸で整理したものである。ただし，制御モデルの「区別」という理論的問題と，社会編成原理の「移行」という経験的問題は必ずしも直接的に関係しているわけではない。表4-4で意味されているのは，外部制御／内部制御という理論的区別によって，ポスト福祉国家的な社会編成を説明する視角を与えることができるということであって，内部制御モデルがポスト福祉国家的な発想に基

表 4-4　外部制御モデルと内部制御モデル

	外部制御モデル	内部制御モデル
規制のタイプ	政府規制	市民規制
テクノロジー	監視	監査
行動制御	規律訓練	自己マネジメント
動機づけ	道徳規範	希少性（リスク）
経済と社会の関係	埋め込み	構造的カップリング
社会編成	福祉国家的社会編成	ポスト福祉国家的社会編成

づいているということを意味しているわけではない。

　ここで，前章で考察したフェアトレードの市場志向的転換も，「希少性・リスクによる経済システムの内部制御」という制御モデルの台頭の一局面であったという理解が与えられることになる。市場志向的転換を支えたのは，認証制度による倫理的配慮の利害関心への織り込み，つまり「外部性の内部化」機能であったわけであるが，まさにこの機能によって，経済システムは経済システム自身を規制する内部制御の可能性を獲得した。「外部性の内部化」が内部制御のための条件であるとするならば，認証制度は倫理的市場という市民規制のプラットフォームであるといえるだろう。

　ところで，認証制度によって経済システムが内部的に制御されているということは，第三者機構それ自体も経済システムの外部ではないということを意味している。それはつまり，認証機構もまた市場におけるプレーヤーであるということになるが，であるとすれば，ルールそれ自体が倫理的市場というゲームに内在的だということになる。これは，まさに H. L. A. ハートが「ルールが社会の目に由来する」と論じるようなルールのあり方であろう。

　では，この市民規制という内部制御モデルのなかで「ルールを定める」とはいかなることを意味しているのか。本章の最後では，複数の認証機構の間の競争のなかにおいて倫理的配慮をめぐるルールがつくられていくという事態を分

析する。そして，この競争過程それ自体が経済システムの内部制御のための重要な位相だということが明らかになる。

6 認証ラベル間競争とその意味

　1990年代後半から2000年代にかけて，フェアトレードだけではなくさまざまな認証機構が設立された。持続可能な森林資源の利用を目的とする「森林管理協議会認証」(FSC)や持続可能な水産資源の利用を目的とする「海洋管理協議会認証」(MSC)などはその代表である。後述するように，農産物に対する認証では，「レインフォレスト・アライアンス」(Rainforest Alliance)が今日では広く普及している。

　2000年代に入ると，フェアトレードはこうした他の認証ラベルと競争していくことになる。この時期に生じたのは「認証ラベル市場」とよぶことができるひとつの市場の形成であった。企業間の正当性獲得競争に伴ってその手段選択それ自体の正当性獲得競争が生じ，競合する認証機構どうしが競争するという事態が生じたのであった。

　この市場においては，各々の認証機構は，自らの認証を取得するメリットを企業にアピールするとともに，その社会的認知を促すためにさまざまな取り組みを行う必要に迫られた。それによって認証機構間の相互観察という新たな位相が立ち現れる。というのも，認証は実質的に企業向けの商品となるわけだが，企業やそのステークホルダーのニーズは不透明であり，他の認証機構がどのようなルールを策定しているかを手掛かりにしてルールを策定しなければならない。H.ホワイトが論じるように市場は「鏡」であり，供給者は競争相手に対する観察を通じて需要に対する見通しを構成するのである(White 1981)。

　本節ではFLOの競争相手のひとつである「レインフォレスト・アライアンス」（以下RAと表記する）を取り上げ，それらの競争過程の分析を通じて，倫理的配慮をめぐるルールの形成について分析を加えていく。

1．レインフォレスト・アライアンス認証

レインフォレスト・アライアンス（RA）は1987年に設立されたアメリカの環境NPOであり，森林保護を中心とした自然環境保全を目的とする団体である。RAは1989年に，森林管理の基準を設けて「スマートウッド」という認証を開始し，1993年には持続的な森林管理を認証する大規模な民間組織である「森林管理協議会（FSC）」の設立において中心的な役割を果たした。

1990年代以降，RAは環境保全に関する基準を満たした農家に認証を与えるという形で農産物認証システムの構築を開始する。1998年には「サステナブル・アグリカルチャー・ネットワーク（SAN：Sustainable Agriculture Network）」に参加し，それ以降はSANにおいて定められた基準を用いて認証をおこなっている。2012年の時点では40万件の農家に認証を与えており，100万ヘクタールの森林保全に貢献しているとされている（Sustainable Agriculture Network and Rainforest Alliance 2012：4）。2008年にはRA認証のコーヒーの販売量は6万2,000トンを超え，いまや農産物市場においてもっとも主要な認証のひとつとなっている。

RAの基準を作成しているSANは農産物生産における10の原則を設定し，それぞれの原則における遵守事項を定めている（Sustainable Agriculture Network 2010）。表4-5はその原則と主要項目を示した一覧である。RA基準は，森林保全に加え，生態系保護や野生生物保護，そして環境に配慮した農作物栽培を中心的な遵守事項として設定している。それに加えて，2005年には労働条件やコミュニティ配慮に関する社会的条件も項目に加えており，さらに2010年の基準改定においては労働者の団結権，および団体交渉権の保障といった社会的配慮に関する項目が重点的に強化されている。

RA認証は，FLO認証とは異なる歴史をもち，異なる目的のもと策定されたものである。だが，2000年代後半には，2つの認証基準は次第に近似したものになってきている。当初，RAは自然環境保護を，FLO認証は社会環境保護をそれぞれ謳っていたが，前者は社会環境保護に関する項目を強化し，後者

表 4-5　RA 認証基準

原　則	項目数	主要項目
(1) 社会・環境管理システム	11	管理の記録の報告／認証商品と非認証商品の区別／農園の労働者への説明責任／基準遵守のため継続的努力
(2) 生態系保護	9	国立公園，野生生物避難所等への影響を制限／生態系の変化を引き起こすような農業の禁止／植物の自生サイクルの保護
(3) 野生生物保護	6	野生動物の狩猟・取引の禁止／農場で観察可能な野生動物の目録の作成・報告／絶滅危惧種に対する積極的な保護努力
(4) 水質保全	9	水資源の再利用／生態系に影響を与えるような排水の禁止／自然水系の維持
(5) 労働者の公正な待遇と良好な労働環境	19	ILO 基準の遵守／法定最低賃金の支払い／15 歳未満の児童労働の禁止／失業手当の保障／衛生設備の整備／団体交渉権の保障／強制労働・暴力の禁止
(6) 職業上の健康と安全	20	農薬の制限と労働者への身体的影響の管理／健康を損なうような労働の禁止／災害時における労働者保護のプログラムの作成／
(7) コミュニティにおける関係	6	地域住民に配慮した農作／地域経済の発展への貢献／地域の環境教育への携わり
(8) 統合的農産物管理	9	ペストへの対処／化学物質使用の制限／火器の使用の制限
(9) 土壌の管理・保全	5	土壌浸食の防止／定期的な地質検査の実施／土地の長期的生産力を超える作物栽培のための森林伐採の禁止
(10) 統合的廃棄物管理	6	廃棄物管理プログラムの作成／廃棄物の屋外焼却の制限／クリーン技術の使用・エネルギー効率の改善

出所）Sustainable Agriculture Network (2010)

は自然環境保護に関する項目を強化している。

　フェアトレードとRAは，ともに農産物を中心的な認証の対象としているという点で競争相手である。その意味では，表4-1（FLO認証の生産基準）と表4-5（RA認証の生産基準）に示される両者の規準は，ラベルが企業の社会的正当性獲得のためのツールとしての機能するためのそれぞれの「商品スペック」であるともいえる。両者は，それぞれの基準を意識しながら相互に観察しあい，自らの基準を変更しそのスペックを強化している[18]。将来的には両者の基準は同型化が進み，ほとんど差異のないものとなっていく可能性がある。

　基準が同型化していくという状況を想定した場合，競争の焦点はラベルの信頼をめぐる競争へと移ることになる。FLOが2007年にISO65を取得し，生産基準の信頼性を強化したのは，こうした競争的状況が背景にあると考えることができるであろう。他方，RAの方も規準を強化するため，2012年にフェアトレードと同じくマルチ・ステークホルダー方式を採用した。マルチ・ステークホルダー方式とは，生産者のみではなく，出荷された認証商品を取り扱うサプライチェーン上の団体・企業も取引従事者として認証の対象とする方式である。RAは自らの新しい認証の仕組みを「チェーン・オブ・カスタディ」（CoC：Chain of Custody）とよぶが，このCoCはFLOの取引基準とほとんど同じような仕組みであると理解していいだろう（SAN and RA 2012）。

　CoCの導入の目的は，認証商品のトレーサビリティを保証することによって商品の信頼性を高めることだとされている。2012年以前，RAは生産農家のみを認証の対象としており，そのためフェアトレードよりもトレーサビリティという点における信頼性は低いものであった。だが，RAがマルチ・ステークホルダー方式を導入したことによって，手続きに関しても両者の同型化は進みつつある[19]。さらに，マルチ・ステークホルダー方式の導入に伴って，RAはFLOに5年遅れてISO65を取得した。RAによる規準の強化によって，フェアトレードとRAはほぼ同じ条件下で競争を展開しつつあるといえる。さらに，RAはFLOより認証ラベル市場での競争に対して積極的である。RAの日本

法人のホームページには次のように記述されている.

　レインフォレスト・アライアンスは，森林伐採や環境破壊の主な要因となる材木生産，農地拡大，牧場運営，観光業などに歯止めをかけるため，市場原理を利用しています．数十万ヘクタールに上る産業森林，農園，牧場，ホテルなどが，持続可能性の厳しい基準に則って運営されていることを確認するために活動しています．さらに，レインフォレスト・アライアンス認証マークやレインフォレスト・アライアンス検証マークをみて商品やサービスを選んでいる良識ある消費者を，これらの事業者と結び付けることにより，持続可能な事業運営のあり方が今日の経済において成長力となり得ることを証明しています[20]．

　RA は「市場原理の利用」という認証制度の暗黙かつ本質的な点を明示し，企業の事業運営における成長戦略のためのツールとなることを公に宣言している．企業にとっての自らの位置づけに対して非常に自覚的な RA は，より企業が採用しやすいように取引基準を緩和するなどの差異化を図っている．たとえば，FLO 基準ではコーヒーや紅茶などは非認証商品に混合することを禁止し 100％の含有率を求めているが，RA では認証された素材を 30％含んでいればラベルを付与することができる．このように，基準の調整によって，より企業に採用されやすい認証とすることができる[21]．こうした戦略によって，2000 年代後半に RA は普及を促進していくことになる．

2．競争を通じたルールの形成

　RA は他の認証を意識した差異化戦略によって拡大を続けている．こうした戦略は程度の差はあれども，その他のさまざまな認証機構にも共通しており，これら全体の成長の結果として市場全体の規模は増大している．その過程で，それぞれの認証基準のスペックにも磨きがかかり，ひとつの認証をとっても自然環境配慮や社会的公正に関するほとんどの基準が盛り込まれるにいたってい

る。これは前述のように，競争者間の観察を通じてそれぞれの認証機構がより優れた生産基準と取引基準を備えるよう自らの認証をアップグレードし続けているからだと考えられる。

　多様な認証制度の台頭とそれらの間の競争状態という新たな次元は，フェアトレードにとっても，また途上国の生産者にとってもメリットがあったといえよう。ただ，そうした認証機構間の競合状態は，いわゆる「シェアの食い合い」という事態をもたらし，フェアトレードにとってはその普及を楽観視することはもはやできない状況となる。実際に，イギリスの大手カフェチェーンである「コスタ・カフェ」のように，認証をFLO認証からRA認証に切り替える業者も登場した。フェアトレードはいまや，RAのような環境認証ラベルと正面から競争せざるをえなくなっている。

　この市場では，認証機構はたんに自らの倫理的性格を主張するだけではなく，環境に適応するために自らの認証基準を調整する必要が生じる。認証基準を調整するということは，生産基準を厳しくすることで認証の付加価値を高めたり，あるいは取引基準を緩めて企業が認証を取得しやすくしたりするということを意味する。前述のように，RAはこの種の調整によって認証ラベル市場で優位に立ってきたという一面があるが，この競争のなかでは，フェアトレードも生産基準を厳しくしたり，取引基準を緩めたりしていく必要があるのかもしれない。

　しかし，認証が市場競争に晒されることで「生産者に厳しく，企業に甘く」という状況が生じかねない。FLO認証が市場で優位に立つために基準を調整することで，フェアトレードが逆説的にも途上国の生産者を苦しめることになるという事態も生じうる。たとえば，生産基準を厳しくして認証のスペックを向上しようとすれば，認証の付加価値は高まり企業に導入されやすくなるが，他方でそれに対応できない生産者が増加する。また，最終生産物における認証商品の含有率を引き下げるなどして取引基準を緩めれば，企業の認証商品の取り扱いコストが下がり積極的に導入されるようになるが，それは実質的に値下げを意味するので，途上国の生産者の利益は減少する。つまり，フェアトレー

ドの普及のためには，より多くの企業に認証ラベルが採用される必要があるが，そのためには RA よりも市場競争力を高めねばならず，その競争力強化のための戦略を取ろうとすると，それは途上国の生産者に対して不利に作用してしまうという矛盾が生じるということである。

　たとえば，FLO が 2007 年に ISO65 の取得を通じて認証のスペック強化を図ったところ，認証基準が厳格となり，認証を取り消される生産者団体が増加した。生産者団体にとって FLO 基準は非常に厳しいものであり，限られた一部の農民組合でなければその基準を維持することができない。生産基準を強化しようとすれば，その基準に到達できない生産者はフェアトレードから排除されることになる。だからといって，生産基準を緩めれば，認証のスペックが低下することで市場競争において不利となり，結果としてフェアトレード認証が企業に取得されなくなるという事態も起こりうる。こうしたある種の「市場の失敗」は，次節で詳細に分析するように，認証ラベルをめぐる論争の中心的な論点を構成することになる。

　この種の問題は，希少性に基づく消費者選択に支えられた市場原理の限界を浮き彫りにしているともいえる。ところが，希少性なるものはそもそも社会的文脈に依存するという観点から考察を展開するならば，むしろ市場原理が徹底されることでこの種の問題それ自体に対する市民規制が働くということも考えられる。どういうことかといえば，この競争のなかで各々の認証機構は，どの基準を引き上げてどの基準を引き下げるのかという一種の「駆け引き」を展開することになり，この駆け引きのなかで社会の目が参照されることで「生産者に厳しく，企業に甘く」という態度自体が規制の対象となるということである。生産基準を厳しくして認証の付加価値を高めたり，取引基準を緩めて企業が導入しやすくしたりすれば，一時的な「企業ウケ」はするかもしれないが，それによって生じる矛盾それ自体が消費者や投資家からの批判によって逆にその認証の価値を減じるものになりかねない。そうなれば，企業にとっての認証取得の意味も失われてしまうので，結果的に極端な生産基準の強化や取引基準の緩

和が規制される,ということである。この規制の原理もまた「希少性による経済システムの内部制御」にほかならない。

以上の認証ラベル間競争の分析で明らかになるのは,FLOやRAといった第三者機構それ自体が市場のプレーヤーとして経済システムの構成要素とみなされうるということ,そして,そのプレーヤー間の競争によって規制の強化ないしは緩和が生じうるということである。これは興味深いことに,自然環境保護や社会的公正といった倫理的配慮についてのルールが「社会の目」の審判によって形成され更新されるということを意味している。

認証ラベル間競争の意味は,まさしくこのルール形成という点にある。これは普遍的価値の存在を措定する外部制御モデルにおいてはパラドクスでしかないだろう。しかし,内部制御モデルにおいては,経済システムを規制するルールは,経済システムの外部から持ち込まれるものではなく,この経済システムそれ自体の産物なのである。

結　び

かつてF.ハイエクは,公益を実現しようとする利他的行動ではなく,利己的行動が公益の実現に導かれるような制度的仕組みを重視した。ハイエクの自生的秩序論に賭けられていたのは,まさにC.メンガーが問うた「その創設を目論む共同意志なしに発生する共同福祉に役立つ制度」にほかならない。

本章で示したのは,認証制度が「経済システム自身による経済システムの規制」という自生的秩序のためのプラットフォームとして機能しているということであった。経済システムは,「外部性の内部化」によって,つまり自らの環境である社会をステークホルダーとして内的環境化することによって,自然環境保護や社会的公正を経済システム自身の重要な関心事とするわけである。企業は利益追求のための「投資」として認証を取得し,自らの利益追求を積極的に制御する。そして,この認証のルールそのものが,認証ラベル間の競争とい

う経済システム内部の論理のなかで策定されていく。

このような規制原理を,「道徳規範による経済システムの外部制御」ではなく「希少性による経済システムの内部制御」というモデルで説明したのが本章であった。パワーに従うならば,前者は監視を原理とする福祉国家的規制において特徴的な経済制御モデルであり,後者は監査を原理とするポスト福祉国家的規制において特徴的な経済制御モデルであるといえるだろう。社会的公正への配慮が国家によって規律訓練的に指示されるのではなく,経済システム自身の合理性に基づいて自律的に展開されるという点こそが,認証制度を通じたこの倫理的市場の特徴である。

ところで,社会的公正がこのような倫理的市場のもとで達成されるということは,途上国の生産者の生活がステークホルダーという不確実性・不透明性のなかに置かれるということ,つまり生産者を市場のリスク・テイカーとして再構成することを意味している。だが,そもそもフェアトレードはそのような市場の不確実性・不透明性への抵抗として運動を展開してきたという側面がある。非市場的な取引形態としてフェアトレードを確立しようと試みていたいわゆる「提携型フェアトレード」の立場からは,こうした倫理的市場に対して懐疑的なまなざしが向けられる。「市場」や「競争」ではけっして社会的公正を実現することはできないのだと主張する者は,フェアトレードの関係者のなかでもけっして少なくはない。

そこで次章では,提携型フェアトレードからの認証型フェアトレードに対する批判を取り上げ,そのなかで認証ラベル制度が現在抱えている課題を明らかにしていきたい。2000年代に展開される「認証ラベル論争」のなかにおいては,倫理的市場として展開されるフェアトレードに対する批判も繰り広げられる。そうした批判のなかには市場に対する誤解に基づくような種類の批判もあるが,一方で認証型フェアトレードが受け止めなければいけない認証制度の課題もこの論争のなかで明らかにされてきたのも事実である。認証制度の課題がどこにあるのか,そしてそれはいかにして乗り越えられるのか,次章ではこうした問

題について検討を加えていく。

注

1) 実際には，現在は FLO のなかでも基準作成機関とは区別された認証組織である FLO-CERT が団体・企業に認証やライセンスを与えている。同一の機関が基準作成と認証を行うのは客観性に欠けるという指摘が強まったため，2004 年に監査・認証部門を独立させたためである。本書では，必要のない限り両者を区別することなく，FLO として以下では記述していく。
2) 小規模生産者とは，⑴生産者とその家族の労働が自らの農場で行われる農業労働全体のかなりの部分を占め，⑵生産者の労働時間の大部分が自らの農場での農業労働にあてられ，⑶農業活動からえる収入が収入全体の大部分を占め，⑷農業に必要な資本・インフラの状態が共同出荷を必要とするもの，である。小規模生産者団体とは，このような小規模生産者が集まる組合を指しており，FLO の基準はこの団体（組合）に対して適用される。
3) 認証団体となるためには，申請料と認証料の 2 つを支払う必要がある。申請料は初年のみ必要であり，各団体は一律 500 ユーロ支払うことになる。また申請料とは別に毎年認証料を支払う必要があり，それは生産者団体，取引従事団体ともにその団体の規模によって変化する。途上国の生産者団体であれば，もっとも費用のかからないケースでも 1 年目には 1,900 ユーロ（約 20 万円）が必要であり，生産従事者が 1,000 人を超える大規模農園であれば 1 年目には 4,300 ユーロ（約 43 万円）必要である。
4) 取引従事団体も申請料に加えて年間認証料はカテゴリによって 400〜2,600 ユーロ（約 5 万〜26 万円）かかることになる。
5) ライセンス料は販売額に応じた従価制となっており，年間販売額の 1％をそれぞれの国内ラベル認証団体に支払うことになる。また，一部の商品では従量制が適用され，バナナは 1kg あたり 4 円，焙煎コーヒー豆は 1kg あたり 35 円のライセンス料を支払う（渡辺 2010：88）。
6) FLJ のホームページを参照。http://www.fairtrade-jp.org/about_fairtrade/000014.html（2012 年 5 月 7 日閲覧）
7) また，後述するように，FLO の基準を市場価格が上回った場合には，市場価格で取引が行われ，それに加えて生産者団体にプレミアムが支払われる。
8) FLJ ホームページ内において認証取得団体を公開している。日本では合計 89 件の認証，ライセンス登録がなされている。http://www.fairtrade-jp.org/license/registered_org.pdf（2012 年 5 月 7 日閲覧）
9) FLO は「国際社会環境認定表示連合」（ISEAL Alliance）の方針に基づいてそ

れらの基準を策定している。ISEAL は FLO をはじめ FSC (「森林管理協議会マーク」) やレインフォレスト・アライアンスなどの社会環境分野の基準をつくる8つの国際組織が 2000 年に共同で設立した国際民間組織である。
10) 監査は1年から3年ごとに,すべての認証取得団体に対して定期的に行われる。FLJ のホームページにおいて,監査に関する主要項目が公表されている。http://www.fairtrade-jp.org/license/5point/pdf/audit_item.pdf (2012 年 7 月 24 日閲覧)
11) ISO65 に準拠することによって仲間内の不透明な認証ではないことが証明されることになるが,しかし,一方で客観性と非差別が原則である以上,たとえ非倫理的な企業であっても認証料を払えばフェアトレードを扱うことを許容せざるをえなくなった (渡辺 2010:90)。
12) A. ニコルスと C. オパルの記述を参照 (Nicholls and Opal 2005=2009:96) に作成した。ニコルスとオパルは 2011 年以前の FLO の価格 (最低価格:1.21 ドル/ポンド,プレミアム:0.05 ドル) と一般的な市場価格で比較しているので,図 4-4 による結果とは若干異なる。一般的な価格は主にネスレにおける利益配分を参考としている。
13) 持続可能な森林資源の利用を目的とする「森林管理協議会認証」(FSC) や持続可能な水産資源の利用を目的とする「海洋管理協議会認証」(MSC),さらには熱帯雨林の保護を目的とする「レインフォレスト・アライアンス」(Rainforest Alliance) が今日では広く普及している。
14) 1990 年代後半のナイキがそうであり,また最近ではアップル社に対する批判もそれに該当する。両者の場合とも問題として取りざたされたのは,自社内の労働条件ではなく,取引先 (供給元) の企業の工場における労働条件であった。取引先の事情であっても,自社のスキャンダルとして問題化されるケースが多く,特に途上国の取引先にはそうしたリスクが付きまとう。認証ラベルが可能としたのは,そうしたリスク処理のコストの削減であるともいえる。
15) 佐藤郁哉と山田真茂留は,国際規格について分析するなかで,効率性や合理性をはかる尺度それ自体が社会的な約束事としての性格を帯びていることを指摘している (佐藤・山田 2004:217)。これはまさしく,経済活動における合理的選択が社会によって条件づけられているということを示している。
16) 詳細は1章を参照。
17) たとえばコンサルト会社や経済誌上のものでは『フォーチューン』や『ビジネス・エシックス』などのランキングが,第三者評価機構としては「エコノミック・プライオリティ委員会」や「グローバル・レポーティング・イニシアティブ」や「グローバル・サリバン・プリンシプル」などがある。

18) 前述のように，両者はともに ISEAL という社会・環境分野の基準をつくる際の適正実施規範を定める国際民間組織に加盟している。このように，参照している大枠の規範が共通であるという点も，同型化が促進した背景にある。
19) ただし，取引従事者の区分は FLO の場合とは多少異なる。RA の場合，RA 認証ラベル商品を利用する下請け（受注委託企業）は CoC 認証をうける必要はない (Sustainable Agriculture Network and Rainforest Alliance 2012)。FLO の場合は下請け企業も認証料ないしライセンス料を支払う必要があった。RA の区分は，製造過程における流通の実情に合わせたものであり。たとえば，飲料などは販売会社とそれ請け負う製造・包装会社が異なる場合が多い。RA であれば，販売会社のみが認証と監査をうけることになり，企業にとってはフェアトレードよりも認証取得が容易となる。
20) RA のホームページを参照。http://www.rainforest-alliance.org/ja/about/approach （2012 年 7 月 1 日閲覧）
21) 前述のように，認証対象の取引従事者のなかに下請企業・受注委託企業を含めなかったという点も，企業に導入してもらいやすくするためのルールの調整であるとみなせるであろう。

5章　認証ラベル論争の分析と解釈

——提携型フェアトレードと認証型フェアトレード

はじめに

　認証制度を通じた「フェアトレード市場の形成」という過程がもたらしたのは，フェアトレードの急速な普及と同時に，フェアトレード自体が自由市場の成長の手段として機能するという状況でもあった。自由主義的市場経済への抵抗という思想を背負っていたフェアトレードは，いまやその市場経済それ自体を維持，形成，再生産するよう機能しつつあるといえる。

　むろん，対抗的経済圏の形成としてフェアトレードをとらえる立場からは，1990年代以降の転換は「逆説」としてみなされることになる（Renard 2003：94, Raynolds 2008：1087）。認証制度の導入は，フェアトレードがその形成期から重視してきた「顔と顔の見える関係」を，認証と監査という次元に置き換えることを意味する。また，それによって大企業の利潤追求重視の経営活動に対するオルタナティブとしてのフェアトレードの意義が薄れていくことになる。

　2000年代には，このような認証ラベルに対する批判と，それに対して認証ラベルを擁護する側からの応答が繰り広げられることになる。前者の立場は「提携型フェアトレード」とよばれ，後者の立場は「認証型フェアトレード」とよばれる[1]。この両者の間で展開される論争が本章で取り上げる「認証ラベル論争」である。この論争に対する通常の解釈においては，提携型は「質的深化」を，認証型はその「量的拡大」を志向していると理解され，論争はこの両者のバラ

ンスをめぐる問題だったのだと説明される（渡辺 2009：91，辻村 2013：57）。だが，論争のなかに垣間見られる提携型と認証型の相違の根底にあるのは，それぞれの観点を構成する社会観の相違にあると思われる。この社会観の相違は，まさしく「社会的経済」と「倫理的市場」の分水嶺を構成していたあの根本的問題にほかならないのだということを明らかにし，その視座から論争を再解釈していくのが本章の狙いである。

1 論争の背景と経過

認証ラベルに対する批判は，1990 年代におけるフェアトレードのメインストリーム化をめぐる議論を背景としている。認証制度が影響力をもつ以前から，自由市場とフェアトレードの逆説的な結びつきは認識されていた。本節では，認証ラベルに対する批判の背景となるコンテクストを明らかにし，そのコンテクストのなかに 2000 年代中頃から顕著に展開される認証ラベル論争を位置づけることを試みる。

1．論争のコンテクスト

認証ラベルがまだ浸透する以前の 1990 年代において問題とされたのは，NPO の商業化と社会的企業の参入という位相であった。カフェダイレクトやデイ・チョコレートのように，積極的なマーケティング活動を展開する新しいタイプのフェアトレード団体・企業の登場によって，メインストリーム化という傾向が促進されたのがこの時期である。

こうしたメインストリーム化の過程をフェアトレードの逆説として指摘したのは 1996 年の S. ザデクと P. ティフェンの論文であった（Zadek and Tiffen 1996）。この論文では，「フェアトレードはビジネスなのかそれとも運動なのか」という，当時においては非常に刺激的な問いが投げかけられていた。1980 年代に登場したフェアトレードという枠組みは自由市場のあり方に抵抗すること

を主題としていたはずだが,そのフェアトレードがビジネス的な要素を強めていくということは,自由市場に抵抗する一種の社会運動としてフェアトレードを展開してきた人びとにジレンマを抱かせることになった。

メインストリーム化に対する批判の焦点は,商業主義的なマーケティングの活用がフェアトレードの社会運動としての意義を喪失させてしまうという点にあった。M. レナードは,こうした状況を「市場による運動の再吸収」として表現する (Renard 2003：94)。レナードによれば,フェアトレードは元来,「草の根運動」として展開されるべき市民的プロジェクトであるはずであった。M. バラット゠ブラウンが論じるように,オルタナティブという表現は,あくまで「自由市場のオルタナティブ」ないしは「商業主義のオルタナティブ」を意味するものであった (Barratt-Brown 1993=1998：294)。

メインストリーム化を重視する立場においても,「市場による運動の再吸収」は乗り越えなければならない「問題」であった。たとえば,P. L. テイラーは,メインストリーム化によってグローバル経済への批判というフェアトレードの元来の狙いが失われていく可能性に関して考察を展開している (Taylor 2004：137)。テイラーによれば,フェアトレードはグローバル経済それ自体に吸収されているわけではないが,常に市場原理との関係に敏感である必要があり,今後においてはオルタナティブな側面と市場原理の両立可能性が問題となってくると論じている (Taylor 2004：143-144)。

メインストリーム化を重視する立場は,市場原理の活用と連帯の構築の「両立可能性の問題」ないしは「相互補完性の問題」としてとらえる。巨大資本のロジックに吸収されることなく市場原理を活用するための巧妙なバランスを図ることによって,自由市場経済内部におけるフェアトレードの相対的自律性を確保することが「問題」として構成されたのであった。しかし,フェアトレードを商業主義のオルタナティブとしてとらえる立場においては,フェアトレードの草の根的な性格と市場原理が両立していることが「問題」なのであった。メインストリーム化を志向する立場において「問題」は両立可能性の問題とし

て構成されたが、オルタナティブを志向する立場においてはその問題構成こそが「問題」であったといえる（畑山 2011, 2014）。

ただ、こうした齟齬は当時において必ずしも明瞭に認識されていたわけではないように思われる。両者の食い違いが顕在化してくるのは、2000年代中頃に認証ラベルの普及とその意義をめぐる「認証ラベル論争」のなかにおいてであったと考えられる。

2. 認証ラベル論争への発展とその経過

このような「メインストリームかオルタナティブか」という潜在的な対立構造をコンテクストとして、2000年代中頃には認証ラベル論争が展開される。その契機となったのは、2005年におけるネスレのFLO認証取得という事態であった。フェアトレード運動が自らの宿敵としてきた「非倫理的な企業」がCSRとしてフェアトレードの導入を開始したのである。その是非をめぐって、フェアトレードは提携型と認証型の2つの陣営に分かれることになる。提携型は、認証ラベルを否定的にとらえ、フェアトレードを草の根運動として展開していくあり方を志向する。認証型は認証ラベルによって多くの一般企業が参入する状況を肯定的にとらえ、それを積極的に推進する。

論争の端緒は、ネスレの参入という事態に際して提携型が認証ラベルに対する本格的な批判を開始したことにある。たとえば堀田正彦は、認証ラベルの真の機能は市場経済のなかにフェアトレードを組み込むことにあったが、それは同時に、巨大商業資本をフェアトレードに招き入れるということをも意味していたと主張する（堀田 2006）。彼は、認証ラベルは「トロイの木馬」だという。つまり、フェアトレード運動は販売額の増大を目指すあまりに市場原理を取り入れたが、それはフェアトレードそれ自体を崩壊させかねないものであったことに気付かなかったということである。そして、堀田は次のように論じる。

フェアトレード運動は、社会的なオルタナティブ運動として、第一義的に、

弱者の社会的権利を護り，拡大し，定着させようとする運動であり，これからもそうである。けっして，大企業を改心させてフェアな価格を生産者に払わせようという運動ではない。(堀田 2006：37)

堀田に従うならば，認証ラベルはフェアトレードの本来の目的とそのための手段を逆転させているという点で本末転倒だということになる。また，S. バリエントスら（Barrientos, Conroy and Jones 2007）は，大企業との協調という戦略転換の結果，フェアトレードは大企業の「グリーン・ウォッシュ」ないしは「エシカル・ウォッシュ」を手助けする道具となりつつあるという側面を指摘している（Barrientos, Conroy and Jones 2007：58）[2]。さらに，堀田と同様の立場に立つ近藤康男の次のような言葉は，このような提携型からの主張の核心をストレートに表現したものであるとみなせるだろう。

　認証マークは商品に貼られたとき，企業活動の総体，「南と北」の関係総体とは無関係な「ブランド」になりえるのである。そうであるなら，フェアトレードは市場に依存し拘束されるものとなり，グローバリゼーションの補完物あるいはそれへの順応策にしかならないだろう。(近藤 2012：53)

ネスレの認証取得を契機として開始された提携型による批判の観点は次の3点に要約される。第1に「草の根的性格の喪失」という観点，第2に「市場原理への依存」という観点，そして第3に「自由市場経済の正当性の強化」という観点である。認証制度の導入は，フェアトレードがその形成期から重視してきた「顔と顔の見える関係」の対話的な次元を，認証と監査というシステマティックな次元に置き換えることを意味する。また，それによって大企業の利潤追求重視の経営活動に対するオルタナティブとしてのフェアトレードの意義が薄れ，大企業の戦略との共振によって市場経済それ自体の維持，形成，再生産に寄与することになるともいえる。

提携型にとって本来のフェアトレードは「善意の取引」（堀田 2012）である。そもそも経済とは生産者と消費者のパートナーシップで成り立つ共同作業であったが，それは今やグローバル市場経済のもとで破壊されようとしている。提携型にとっての真のフェアトレードとは「顔と顔の見える関係」のなかで本来の経済を取り戻すことであり，それは「市場的ではない」ということと同義である（Raynolds 2008：1089）。こうした観点からすれば，認証型は「顔と顔の見える関係」を放棄し，ラベルという免罪符によって資本を正当化しているだけだということになる。

これに対して，認証型はラベルへの依存の弊害を「偏重」という点で認めながら，それを乗り越えるために認証型と提携型の「相乗効果」を課題とする。たとえば，J. ウィルキンソンは，提携型と認証型の相違を認めながらも，その違いはそれぞれの役割にあると論じ，「質」の強化と「量」の増大の相補性を強調する（Wilkinson 2007：232）。日本でも，社会的変革を目指して連帯を強化する「深化」という側面，そして幅広い層への普及を促進する「拡大」という側面のバランスが重要だと論じられる（渡辺 2010：272)[3]。

こうした認証型の主張に対して，提携型も「質的深化」と「量的拡大」の両立が重要であるという認識を示している。それゆえ，フェアトレードの「質的深化」と「量的拡大」のバランスを図ることが重要であるという点において両者の間で合意が形成されたものとしてこの論争は解釈される傾向にある。ところが，以下でさらに論争の深部へと切り込みを入れることによって明らかになるのは，認証ラベルの問題点に対する両者の認識には実はかなりの食い違いが存在しているということである。この食い違いが鮮明になることによって，論争を構成していた隠れた争点が浮き彫りとなってくる。

2　提携型からの批判

論争の深部に切り込みを入れていくためには，まず認証ラベル批判のより具

体的な2つの論点について検討する必要がある。第1の論点は，認証ラベルはフェアトレードの促進を妨げる側面があるという論点である。第2の論点は，認証ラベル制度を通じて生産者に享受される対価はきわめて限定的なものに過ぎないという論点である。ここでは，これらの論点の展開を追いながら，提携型の主張を明らかにしていきたい。

1．第1の論点──フェアトレードの普及に関する逆機能

　第1の論点は，認証ラベルは必ずしもフェアトレードの普及を促進するだけではなく，ある段階にいたるとその普及を阻害する側面があるという論点である。こうした論点から具体的批判を展開した議論には，J. P. ボリス（Boris 2005=2005）や近藤康男（近藤 2012）などのものがあげられる。

　FLO認証ラベルの登場によって，2000年代にはフェアトレード商品の販売額は急速に増加した。だが，ボリスによれば，2003年における世界市場におけるフェアトレードの占有率は0.3％にすぎない（Boris 2005=2005：179）。フェアトレードはその後も成長し続け，2008年には5年間で約5倍に販売額を伸ばすが，近藤によれば2008年における世界の農産物取引に占めるフェアトレード商品の割合は相変わらず0.3％である（近藤 2012：63）。2003年から2008年の5年間で，フェアトレードは販売額を急激に増大させてきた一方で，国際市場におけるその比率はほぼ変わっていないということになる。2010年の総販売額は40億ユーロを超えるが，それでも占有率は0.3〜0.4％である。認証型は商品販売額の増加率の高まりをもって「フェアトレードの劇的な成功」（FINE and DAWS 2008）を謳うが，国際農産物市場の占有率という点から見れば状況はまったく何も変わっていないといえる。

　ボリスや近藤は，このように状況が一向に変わらないのは，認証ラベルを用いた普及戦略に原理的な限界があるからだと考える。というのも，2000年代のフェアトレードの成長は，一般企業によるCSRとしてのフェアトレードの導入に大きく依存していたわけであるが，フェアトレードの導入が企業の社会

的正当化行動に過ぎないのであれば，企業は自社の取り扱う商品のほんのわずかな部分をフェアトレード認証商品に切り替えるだけで戦略的には問題がないからである。それゆえ，スターバックスやネスレといった大企業もフェアトレードを導入しているとはいえ，それらはその企業の当該品目の販売額の1％にも満たないのが現状であるとボリスは指摘する。仮に，すべての企業が自社の取り扱う農産物の1％を認証商品として取り扱ったとしても，世界の農産物市場におけるフェアトレードの占有率は1％に過ぎないということになろう。フェアトレードの導入がCSRという企業のシンボリックな正当化を意味するものである以上，このフェアトレード商品の「取扱率」（企業による当該品目の取引におけるフェアトレード商品の比率）の限界は認証ラベル制度の必然的な帰結であるという指摘が，ボリスや近藤らの批判の核心であると考えられる[4]。

このように，提携型からの批判の第1の論点は，フェアトレードの普及を可能にした認証ラベルの機能が結果としてその普及を妨げるという逆説的な事態に対する批判であった。公正な取引のためには結局，企業の利益追求に依存するのではなく，協同組合を促進するとともに企業への監視を強化する必要があるのだと提携型においては主張される。

2．第2の論点——対価の享受の限定性

第2の論点は，認証ラベル制度を通じて生産者に享受される対価はきわめて限定的なものに過ぎないという論点である。FLO認証ラベルは，より多くの一般企業にフェアトレードを導入してもらうことを狙いとしているが，その狙いに基づいた制度的仕組みは，途上国の貧困問題の解決という目的と齟齬を生じさせる場合があると提携型は主張する。

まず，ボリスからは，認証制度の枠組みのなかでフェアトレードの対価をうけられるのは，貧しい農民のなかでも教育水準が比較的高い層であり，認証ラベルが救済しているのは真に貧困で苦しむ人びとではないという批判が展開される（Boris 2005=2005：181）。FLOの認証基準は途上国の生産者にとっては非

常に厳しいものであり，相応の生産手段が整っているような農民組合でなければFLOの傘下に入ることはできない。実際に，認証を取得することができてもFLOの基準を維持していくことは難しく，認証を取り消される組合も少なくはない。さらに，識字もままならぬような教育水準の農民は，そうした農民組合に参加することができないのが現状である。

このようなFLOの基準の厳しさは，認証が企業の社会的正当化のツールとして機能しなければならないことに由来している。それゆえ，先進諸国の食品のスタンダードに見合う環境資源（綺麗な土や水）や能力，技術を有していなければFLO認証を取得することは難しい。認証ラベル制度はフェアトレードの倫理的性格を企業にとっての社会的信頼に変換することによって販売額を伸ばしたが，その結果として，フェアトレードの信頼を維持できないような能力的・技術的水準の低い生産者を排除してしまったということになる。特に，ISO65の取得以降は認証の可否の線引きがより厳格になり，ルールを遵守することが困難な農民はフェアトレード市場に参加することが実質的に不可能な状態となってしまった。

また，技術的水準が比較的高い生産者団体であったとしても，認証を取得し基準を維持するためのコストは大きい。C. サムズとJ. フェアリーによれば，認証維持のために生産者団体が支払わなければならない認証料と監査費用は大きな負担であり，むしろ原料供給者に直接に投資した方が貧困の解決には効果的であるとされる（Sams and Fairley 2009：88）。さらには認証料や監査費用だけではなく，自然環境配慮や品質向上のための見えざるコストも生産者にとっては大きな負担となっている（Valkila 2009：3019）[5]。

さらに，市橋秀夫によれば，ガーナでは認証ラベルがカカオ生産者組合に対して8年間で総額100万ドルの追加所得をもたらしたが，その数字に示されるほど農民一人の所得水準が向上したわけではないとされる（市橋 2012：83）。認証ラベル制度によって，農家の利益配分の割合は7％から11％に上昇したとされるが（Nicholls and Opal 2005＝2009：96），しかし，受け取った対価の一部

は認証の取得・維持のためのコストに回さなければならず，実質的に生産者の生活が改善されているとは限らないのかもしれない[6]。

以上の「認証ラベルによる普及の阻害」，「対価の享受の限定性」という2つの論点に共通しているのは，，認証ラベル制度を通じたフェアトレードが，結局は企業の社会的正当化戦略のロジックに従属せざるをえないものであるという点から，その問題性を明らかにしているという点である。この問題提起を通じて暗に主張されているのは，社会的公正を目指すフェアトレードは経済効率性を目指す企業の経営活動とは相容れず，無理に両者を統合させようとしても，結局はなんらかの歪みが生じざるをえないということであろう。

では，こうした批判に対して認証型はどのように応答しているのだろうか。次節では，こうした諸問題に対して，認証型がどのような解決を志向しているかを検討していきたい。

3　認証型からの応答

前述のように，認証型は提携型の批判する問題点を認め，両者のバランスを図る必要があると応答する。これは認証型による提携型への同調ともとれる応答ではあるが，しかしその応答を詳細に検討することで，むしろ提携型と認証型の決定的な相違が鮮明となってくる。ここでは，日本における認証ラベルの普及を推進してきた渡辺龍也の応答を中心にみながら，認証型の主張を明らかにしていきたい。

1．第1の論点に対する応答――「社会の目」の内部化

批判の第1の論点に関して，渡辺は次のように整理する。まず，認証ラベル批判を「ラベルは企業のマーケティング・ツールとしていいように使われ，企業の販売促進や表面的な企業イメージの向上に手を貸している」ことに対する批判として解釈した上で，それがフェアトレードの普及にとっての逆機能的側

面，すなわち「取引全体の 99.999％は従来通り不公正なまま続けてもいいわけで，企業行動を段階的にフェアなものに変える仕掛けが欠けている」という側面を認める（渡辺 2010：265）。しかし，そうした側面それ自体は，認証ラベルの「原理的な問題」ではなく，あくまで「認証ラベルが現段階において直面している問題」であると渡辺はみる。

　まず渡辺は，提携型からの「企業におけるフェアトレードの取扱率」の問題に関して，企業に対するインセンティブの必要性を強調する。「企業の利益にもなり，生産者をはじめとする社会の利益にもなるウィン－ウィン関係を作り出す」ことが重要だということである（渡辺 2010：266）。提携型が企業の行動原理をその「硬直性」（その原理が根本的には効率追求主義であるということ）に見出す一方で，渡辺は企業の行動原理をその「柔軟性」（その原理が社会的コンテクストに依存するということ）に見出す。つまり，企業は規則，消費者の規範や欲求，他の企業の行動に敏感であり，これらが変化すれば企業は積極的にそれに適応し変化するということである。こうした観点から渡辺は，インセンティブとサンクションの併用によって，すなわち市場原理と公的規制の両方を用いて企業のフェアトレード取扱率を高めることができる可能性を示唆する。ただし，渡辺の議論を読み込むと，そこで「公的規制」とよばれているのは政府や行政組織による規制のことではなく，前章で「市民規制」と名付けた原理を支えるような「社会の目」のことであると理解するのが適切であろう。

　渡辺の議論に従うならば，企業内でのフェアトレード商品取扱率が企業の社会的正当化に対して直接的に影響を及ぼすような制度を構築することによって認証ラベルの逆機能を防ぐことができるということになろう。認証ラベルがフェアトレードの普及を妨げてしまうのは，現行の認証ラベル制度においては取扱率が企業にとって無意味だからであり，その問題の解決のためには「社会の目」を通じて取扱率が企業にとって有意味なものとなるように認証ラベル制度を再編しなければならないということになろう。

　こうした「取扱率の有意味化」の方途としては，たとえば次のような仕組み

が考えられる。まず，それぞれの企業がどの程度フェアトレードを導入しているのかを指標化し，その指標によって企業を階層化するという方法である。たとえば，フェアトレード商品の取扱率1〜19%が「ブロンズ」クラス，20〜49%が「シルバー」クラス，50%〜が「ゴールド」クラス，などのようにランクわけし，利用可能なラベルもそれによって変化させる。CSR事業評価がそのランクによって構造化されれば，それを指標とする「社会の目」もまたそのように構造化されうる。つまり，「ほんのわずかにフェアトレードを導入する企業」と「事業の中心にフェアトレードを位置する企業」とを人びとが区別して認識できるということ，そしてそれによって与えられる評価が異なってくるということである。それによって，取扱率それ自体が企業にとって有意味な関心事となりうるというわけである。[7]

　渡辺は「社会の目を活用することによって経済活動に社会コストと環境コストを織り込ませること，そしてそのためのルールとシステムを打ち立てること」が重要だという。そして，そのルールさえあれば，「あとはそのルールにしたがって，所定の社会・環境コストを払い，法令順守といった他の共通の制約条件を守った企業に好きなだけ自由競争をさせればいい」と論じる（渡辺 2010：300）。この渡辺の議論は，社会的コストを市場に内部化させることで一種の市民規制の原理を働かせようとするものだと理解することができる。

　ここに，提携型と認証型による「問題」に対する認識，およびその「乗り越え」に対する認識の食い違いが鮮明となる。提携型が認証ラベルの問題を自由市場それ自体の欠陥としてとらえるのに対し，認証型はその問題を自由市場への「外部性の内部化」が十分になされていないことによって生じる問題としてとらえている。つまり，提携型は問題の解決を市場の外部に求めるが，認証型は問題の解決を市場化の徹底に求めるという対照性をここに見出すことができるのである。

2. 第2の論点に対する応答──機会の公正

　渡辺は「対価の享受の限定性」という第2の論点に対しても応答する。まず，ボリスの批判を「フェアトレードが潤しているのは教育水準が十分に高い協同組合や商業的・技術的課題に取り組む力のある組織であり，その結果フェアトレードはもっとも貧しい人びとをさらなる疎外へと追い込んでいる」という批判として整理する。これに対して渡辺は，認証制度はフェアトレードに参入できない最貧層それ自体を窮地に追いやっているわけではないということ，そしてそもそも認証ラベル制度が存在しなかったならばより多くの人びとが最貧層となっているということを指摘する（渡辺 2010：256）。

　そして，「フェアトレードが持続し，発展していくにはビジネスとして成り立つことが欠かせない」とし，「ビジネスとしてフェアトレードを成立させようとすると最低限の力が備わっていない最貧層は対象にしたくてもできない」と論じる。さらに，もっとも不利な立場にある人びとは，非商業的アプローチによる支援が適しているとし，フェアトレードは最貧層を対象にする必要はないという（渡辺 2010：256-257）。誤解のないようにいえば，渡辺の真意は，最貧層を無視してもいいということではなく，問題を区別しなければならないという点にある。途上国の貧しい生産者もその水準は多様であり，それぞれの水準に合わせて異なる仕方での貧困解決の方法が取られなくてはならないということである。

　また，比較的能力の高い層であっても，対価の享受のために一定のコストを支出しなければならないという問題に対しても，渡辺の態度は一貫している。すなわち，フェアトレードはチャリティではなく，生産者の自助努力が前提とされるのだという論理を用いて応答する。フェアトレードは途上国の生産者にとって「むしのいい話」ではけっしてなく，それに見合った「努力」が求められるのである。「努力」は途上国であっても先進国であっても必要なものであるという見解は，渡辺のフェアトレード観に通底している。もちろん，利用可能な資源に応じて，異なる質と量の努力が求められる。また，認証の取り消し

に関しても同様で，ルールを利用可能な資源に応じて構造化するべき（貧しい人びとにはハードルを低く設定するべき）ではあるが，ルールの適応それ自体に関しては，先進国でも途上国でも等しいものでなければならないということになる。

　渡辺の構想するフェアトレードは，チャリティのように，貧しい人びとに資源を再分配する「結果の公正」を目指すのではなく，自助努力の可能性を最大限に開くことによって，公正なチャンスそれ自体を再分配する「機会の公正」を目指すものであると解釈できるだろう。フェアトレードの現状に分析を加えている D. L. マレーと L. T. レイノルズも，フェアトレードの枠組みが1990年代以降，資源の分配から公正なチャンスの分配へと移行しつつあることを指摘している（Murray and Raynolds 2007）。渡辺の議論はそうした移行と相関的な関係にあるといえよう。

　さらに，渡辺は，「フェアトレードを世界の貿易や経済活動の例外ではなく原則にするには，企業行動を改めさせる必要がある」ことを再三に強調する（渡辺 2010：265）。渡辺の前提としては，「企業そのものは人間が生み出した社会装置のひとつにすぎない」のであって，「問題は私たち人間が生み出した企業をどう社会全体を豊かにするものに変えるか」という点にある（渡辺 2010：296）。そのためには，フェアトレードは企業活動とは無関係なオルタナティブであってはならないということになる。そこで彼は「戦略的立場性」という言葉で，企業との関わり方を考える。それは，「最初は土俵に乗りやすいように敢えて立場性を弱め，多くの企業が乗ってきて後戻りしたくても（社会の目を考えて）後戻りできない状況を作り出してから立場性を強めるという戦略」（渡辺 2010：289）である。つまり，フェアトレードに参入する企業がある程度増えるまでは，認証の仕組みや基準は企業に都合のよいものとし，フェアトレードが社会的スタンダードとしての地位を獲得するや否や，その仕組みや基準を途上国の生産者に有利な形へと変化させるという一種の「駆け引き」の必要性を訴えるわけである[8]。言い換えれば，フェアトレードが置かれている社会的コ

ンテクストに合わせて、そのルールを調整するという戦略である[9]。

　以上、認証型の応答は、市場経済を活用するということが必ずしも社会的公正と対極にあるわけではないという観点から提携型に回答するものであった。そして、その回答は提携型に同調するものであるというよりも、むしろ両者の間の溝を鮮明にしたと考えられる。提携型にとっては、フェアトレードは市場経済とは異なる経済取引のあり方であり、けっして「大企業を改心させてフェアな価格を生産者に払わせようという運動」ではなかった。

4　論争をめぐる解釈

　認証ラベル論争は、これまで「深化か拡大か」、すなわち「フェアトレードの質を重視するか、それとも量を重視するか」という問題に還元されてきた。しかし、ここまでの議論を通じて、論争の争点はむしろ市場と公正の関係にあることが浮き彫りとなったように思われる。そしてその争点は、倫理的な経済を問うためのより根本的な問題を含んでいるように思われる。本節では、提携型と認証型を市場と公正の関係という観点から再解釈し、さらに提携型と認証型それぞれに対して内在的批判を加えていくことを試みる。

1．市場と公正

　提携型からの批判は、認証ラベルが必ずしも途上国の生産者への公正な対価の支払いを実現できないという点に主な強調点が置かれていた。それは、提携型にとってフェアトレードが「結果の公正」の保証を目的とする経済取引だということを意味している。市場経済はこの「結果の公正」の実現をけっして保証はしないのであって、それを実現するためには再分配の機能を備えたオルタナティブな経済圏域が必要であることになる。

　一方で、認証型における「公正」のあり方は「機会の公正」を意味している。機会の公正は、結果的にどのような資源分配がなされたとしても、その分配が

万人にとって公正な機会という条件のもとでなされたならばそれは公正である，ということを意味している。結果の公正とは対照的に，機会の公正においては，市場へのアクセス可能性を開くことが生産者に公正な対価を支払うことを意味する。市場に参加するチャンスが万人に対して平等に開かれた状態において生じる支払いこそが「公正な対価」だということである。

　この公正観の相違は，経済効率性と社会的公正の関係をめぐる見解の相違を構成することになる。すなわち，提携型は「経済効率性の領域から社会的公正の領域を防衛する手段」としてフェアトレードを位置づけるが，認証型は「社会的公正を経済効率性に内部化する手段」として位置づける。換言すれば，提携型における「公正な取引」は個人の自由な経済活動を制約することによって達成されることが想定されているが，他方で認証型における「公正な取引」は個人の自由な経済活動そのものを通じて達成されることが想定されている，ということである。こうした相違は，まさしく社会的経済と倫理的市場との間にあった相違にほかならない。その意味では，この論争を構成している根本的な問題は，まさしく社会的経済と倫理的市場の間の分水嶺を構成していたあの社会観の相違という問題であるといえる。

　提携型において「公正な取引」とは「善意の取引」だと考えられているわけであるが，それは成員の規範的コミットメントを「公正な取引」の条件としていることを意味している。それは，売り手と買い手の承認関係を通じて編成される社会的経済であるといえよう。承認を通じた匿名性の解消こそが成員間の不透明性を解消し，合意可能性を開くものであるという考え方からすれば，市場はむしろそうした編成原理の基盤を掘り崩すものとなる。提携型が目指すのは，生産者と消費者の組織化を通じた承認関係の構築によって市場原理の不透明性を透明化することにほかならない。

　一方，認証型においては匿名性はむしろ前提であり，その前提においてはルールに従うことが「公正な取引」の条件となる。認証制度が「公正な取引」をめぐる正しい行動ルールを反映することによって不透明性が解消され，諸個人

はそのルールに適応することができる。そして，このようなルールによって構成される市場では，公正であることが効率的であることになる。認証型の枠組みに賭けられているのは，このような認証ラベルを通じて「公正な取引」を市場に内部化することだと考えられる。

　以上の整理からわかるのは，この論争では，提携型は公正な取引の根拠をその帰結のうちに求めるが認証型はその手続きのうちに求めるという相違を前提として，自由な経済活動が公正を実現するか否か，すなわち行為の「意図せざる結果」として公正な取引が成立しうるか否かが争点化されていたということである。

　認証ラベルは，取引主体の意図を離れた「社会の目」の力で公正な取引を促進する一種の調整機能によって「自由な経済活動であるにもかかわらず公正に取引がなされる」という逆説を達成するものだといえる。そこでは，取引の動機のうちにではなく，認証という手続きのうちに公正が担保されることによって経済効率性と社会的公正が共存可能となっている。しかし，提携型にとってそれは対話的次元から乖離したシステムにほかならず，まさしくその調整機能の「意図せざる結果」こそが「認証ラベルによる普及の阻害」と「対価の享受の限定性」という問題を生み出す根源とみなされる。ところが，認証型においては，それらの問題さえも手続き上の問題となりうるので，認証ラベルの調整機能によってそれら負の外部性が市場に内部化されるはずだと考えられている。

　以上が，再解釈された認証ラベル論争である。この解釈を通じて，認証ラベル論争は，経済の社会的制御のあり方をめぐる問題として再構成される。つまり，社会的公正を実現するためには，経済が取引主体の善意によって制御される必要があるのか，それとも取引主体の善意には還元されない社会システムの調整機能によって制御される必要があるのか。論争の争点はここにあったといえる。

2. 提携型の限界／認証型の限界

　論争の再解釈を通じて明らかになったのは，論争の根底には「経済取引における内面的見通しをめぐる問題」が存在しているということである。この問題について，本書では，経済取引における内面的見通しは，常に「解釈」の過程を経由するという点から，経済の社会的制御が経済システムの自己制御でしかないという視点を開示してきた。その新たな理論的視座は，「利己／利他」という提携型の二項対立軸の見直しを要求することになる。

　このことは，「善意の取引」と「公正な取引」を同一視してよいのか，という問題と直接的に結び付いている。「善意」や「顔と顔の見える関係」がありさえすれば公正な結果が導かれるかといわれれば，必ずしもそうであるとは限らない。逆にいえば，商業的動機をもった取引が不公正であるとも限らないし，そもそも商業的な動機をもった取引が「善意」や「顔と顔の見える関係」を伴わないとも限らない。

　ここに，「結果の公正」という考え方そのものがもつ限界が包含されている。というのも，公正な取引の根拠をその帰結に求める限り，「ある取引が公正であることを誰がいかにして事前に知りうるのか」という問題が常につきまとうからである。認証型は，「社会の目」を市場に内部化することによって，経済活動をルールに従ったものへと変えようとする。しかし提携型が，いかにして公正な帰結が担保されうるのかという問題に答えるのは，現段階では難しいのではいだろうか。

　むろん，提携型は公正に指向しているわけではないと分析することもできる。提携型は，善意の取引や顔と顔のみえる取引それ自体を目的としており，商業主義に抵抗するということが彼らのいう意味での「善意」の定義のなかに既に含まれているともいえる。であるとすれば，その取引が公正であるかどうかということは，実は提携型にとっては本質的な問題ではないかもしれない[10]。

　一方，認証型に限界がないというわけではない。先にも論じたように，認証型は不断に生じ続ける問題を手続きのなかに包摂することで成立している。た

とえば，企業によるフェアトレード商品の「取扱率」の問題がそうである。ルールから漏れ出る負の外部性は常に存在し続け，それを手続きのなかに内部化していかねばならない。この内部化操作は，必然的に負の外部性が存在していることを前提にしている。それは，不公正として問題化される排除が常に存在し続けなければならないということを意味している。

インセンティブというものの基本的性格を考えるならば，このことは明白である。認証型は「公正であること」に社会的な付加価値をもたせようとするわけであるが，すべての取引が公正になってしまうとその付加価値は消滅してしまうことになるだろう。外部性の内部化という考え方は，そもそも「公正／不公正」の差異によって成立している。つまり，「公正な取引」は「不公正な取引」があってはじめて意味あるものとなるのである。その意味では，認証制度は不公正な取引が存在することを条件としている。これは，「結果の公正」を重んじる立場からすれば，「公正の延期」によって公正な取引を実現しているという一種の矛盾を内に抱えているものとみなされるかもしれない。[11]

結　び

本章では，2000年代における認証ラベル論争について分析と解釈を加え，その意義をめぐって考察を展開してきた。そのなかで明らかになった認証ラベルの課題のひとつは企業のフェアトレード取扱率の問題，もうひとつは認証制度による一部の生産者の排除である。本章の分析によって，現行の認証ラベル制度はこれらの問題に対して必ずしも万能な形で機能してはいないということが明らかになった。この状況に対して，提携型は，生産と消費のパートナーシップ構築への立ち戻りを要求し，他方で認証型は認証ラベル制度を原理的に徹底させることを要求している。

認証ラベル論争は，通常の解釈では「質的深化」志向と「量的拡大」志向の相違として説明されるが，本章では，そもそも両者の含意する「公正」の意味

内容それ自体が相違していることを強調した。それは，両者の見解の相違を構成している真の争点が「経済取引における内面的見通しをめぐる問題」にあるということを意味している。であるとすれば，生産と消費のパートナーシップによって透明性を確保しようとする提携型は，観察視点の問題という難問に突き当たり，外部性の内部化によって公正を効率化しようとする認証型は公正の延期という問題にたどり着く。以上が本章の分析結果である。

このような袋小路のなかで「いかにして公正な帰結は可能か」という理論的問題を追求することは徒労に終わると思われる。むろん，それは，公正な帰結の追求を原動力とした諸々の活動に意味がないということではない。それら諸活動は貧しい農民を救うことは可能かもしれないが，その結果をもってその活動の公正性を主張することはもはやできないということである。

その意味では，提携型の活動がもはや「公正」という言葉の使用を断念し始めていることは偶然ではない。たとえば，次章で論じる日本の「民衆交易事業」では，「フェア」という言葉は捨てられ，「オルタナティブ」や「善意」という言葉が頻繁に使用されるようになる。今日において提携型が目指そうとしているのは，「善意の取引」によって「公正な取引」を実現することではなく，「公正な取引」に抗して「善意の取引」を実現することなのかもしれない。公正が「公正な手続き」を意味する以上，それは特定の人を救うために存在しえないし，そうあってはならない。そして，提携型においては，そのような人間を救わない「公正」などはもはや不要であるという結論に達しつつあるともいえる。少なくとも，自らの活動を「公正な取引」という言葉から距離を取って表現しようとする態度は近年の提携型の活動のなかにみられる。それらの活動が提起しているのは，途上国の貧しい人びとを支援しようとするさまざまな試みを，はたして「公正」という一元的な指標で評価することに意味があるのか，という問題でもある。次章では，そのような提携型の取り組みについて，さらに考察を深めていく。

5章 認証ラベル論争の分析と解釈 193

注
1) この2つの立場の間の論争は，英米圏を中心とした先進諸国で観察することができる。日本においてこの論争がもっとも盛り上がりをみせたのは，2007年3月に京都で開催された日本学術振興会公開シンポジウムであったとされる（辻村 2013：34）。以来この両者の関係はフェアトレード研究の重要な問題関心となっている。
2) グリーン・ウォッシュとは，大企業が自らの活動のある一部において自然環境に配慮することによって自らの経済活動全体を正当化しようとすることを指し示している。エシカル・ウォッシュも同様に，ある企業活動の一部に倫理的配慮という要素を導入するだけで，あたかも企業それ自体が倫理的であるかのようにみせる戦略のことを指し示している。
3)「相乗効果」という言説の登場の背景には，認証ラベルの思想が自らの思想とは異なることに気づいた提携型の団体が，FLO の枠組みから撤退とするという事態が生じたことがあげられる。こうした事態を前に，認証型は提携型に対して自らの正当性を示そうとするのではなく，両者の協調を説得的に訴える必要があったのである。たとえば，スペインの「IDEAS」やイタリアの「Ctmaltromercato」，フランスの「Artisans du Monde」などといった組織は連帯経済を志向し，FLO の枠組みとは異なる対抗的貿易を模索するようになる（Wilkinson 2007：226）
4) 大企業におけるフェアトレード商品の「取扱率」に関しては，認証型においても問題とされる。たとえば，長坂寿久はFLOが企業に認証を与える条件として，「自社の取り扱う当該品目の50％以上をフェアトレードとしなければならない」という項目を付け加えるべきだという提言を発している（長坂 2006：85）。しかし，企業からすればフェアトレードは社会的正当化の手段であり，そのような手段はフェアトレード以外にも存在する。企業はフェアトレードがCSRのコストに見合わないと判断すればいつでも別の認証に切り替えることが可能である。おそらく，取扱率を50％以上とすれば，現在日本においてコーヒーの輸入業者の認証を取得しているほとんどの業者は，認証継続を取りやめるだろう。日本でFLO認証の付いたコーヒーに出会う機会は皆無となるに違いない。
5) J. ヴァルキラはニカラグアでのFLO認証コーヒー生産の実態を明らかにしている。ニカラグアでは，認証をえることのできた農家のなかでも水や土地などの資源の獲得の能力に大きな差があり，獲得能力の高い農家では，フェアトレード生産によって収入を増加させている。しかし，能力の低い農家では，フェアトレード生産でもほとんど収入を増加させることはできない状態である。そして，ニカラグアからのフェアトレード認証コーヒーの出荷量のほぼ9割が，

能力が低く収入を増加させることのできない農家によって生産されたものである（Valkila 2009：3018-3025）。
6) もちろん，フェアトレード基準における生活水準の改善には，直接受け取る対価の金額だけではなく，インフラ整備や教育機会の獲得，良質な労働条件などが含まれている。その意味では，所得の問題だけを引き合いに出してフェアトレードの恩恵を論じることは必ずしもできないであろう。
7) この仕組みは，渡辺自身が提起しているわけではなく，彼の枠組みをもとに本書で思考実験的に描いたひとつのビジョンである。この制度においては，企業というものがさまざまであるという前提のもとで，倫理的な弾力性の高い企業と低い企業が区別され，その区別によって社会的正当化の機会も構造化されるような市民規制の原理が含まれている。なお，こうした企業の倫理的階層化という案は，長坂の提案に対する本書からの代替案でもある。
8) 戦略的立場性という渡辺のロジックは，提携型に対する説得という文脈で論じられている。
9) 渡辺はそうしたルールの操作の例として次の7つをあげている（渡辺 2010：289）。(1)基準などで農園よりも小規模生産者を重視／優遇する，(2)小規模生産者の能力強化のために企業に資金的・技術的支援をおこなわせる，(3)企業が扱う認証商品の割合を段階的に高めさせる，(4)農園・工場労働者の経営参加を促進する，(5)農園労働者の農地取得を促進する，(6)プレミアムの使途を決定する労使合同体に地元NGOを参加させる，(7)認証や監査に際して人権NGOや環境NGOの協力をえて，企業の反社会的・反環境的行動の有無も判断基準とする。
10) 提携型は「フェアトレード」としての限界を有しているが，提携型を「フェアトレード」という枠で縛る必要もない。たとえば，次章で取り上げるオルター・トレード・ジャパンの活動は，日本のフェアトレードの先駆であるとされているが，この団体自体は，けっして自らの活動の目的を「公正」とよぶことはない。彼らの目的は資本主義に抵抗することであり，それは彼らのなかでは途上国の農民を支援することと同義である。彼らの独自の社会観に従った活動は公正であるとは限らないが，それを「公正であるとは限らない」としてその活動の意義それ自体を否定するのはナンセンスであろう。
11) これは，積極的な無限後退プロセスとみることも可能である。どれだけ公正な社会が実現されようとも，不公正を問題化する視点が常に立ち上がることで，公正／不公正をめぐる問題化が不断にテーマ化されていくということでもある。本章で「延期」としてやや消極的なニュアンスを与えた問題は別稿において「コミュニケーションの継続」という積極的な理解へと転換される（畑山 2016a）。

III

倫理的市場の展開

6章　民衆交易事業の展開と現状

――岐路に立つ提携型フェアトレード

はじめに

　認証ラベルを通じた倫理的市場の形成という新たな段階へ入ったフェアトレードであるが，日本では1980年代からの提携型フェアトレードの伝統が根強く残っており，協同組合的な組織が大きな求心力を維持している。しかし，そうしたタイプの組織も，昨今では大きく変容を迫られており，それに伴って日本の提携型フェアトレードも岐路に立たされつつあるように思われる。本章では，日本における最初の本格的なフェアトレード事業である「オルター・トレード・ジャパン（以下ATJとよぶ）」の「民衆交易事業」の形成と展開を分析することを通じて，今日におけるフェアトレードの転換のなかでどのようにそれが変化しつつあるかを検討していく。

　1980年代後半は，日本でもフェアトレードが一時的な慈善活動から継続的な事業へと向かう傾向が生じた時期であった。この時期に，大規模にフェアトレードを展開していくのが連帯貿易の潮流である。1987年に設立された「草の根貿易の会」と1989年に設立されたATJなどがその代表としてあげられる。特にATJの「民衆交易事業」は，生活協同組合の販売経路を通じて日本で最大規模のフェアトレード事業となり，1980年代から2000年代まで日本のフェアトレードの中心に位置づけられてきた。[2]

　民衆交易事業は1986年に発足した「日本ネグロス・キャンペーン委員会（以

下JCNCとよぶ)」によって開始された連帯貿易の傾向を強くもつフェアトレード事業である。ATJはこの民衆交易事業の大規模化に伴って1989年に市民団体や生協，産直団体の出資によって設立された。その出資額のほとんどを占めているのが「生活クラブ生協連合」「共生社生協（現グリーンコープ）」「首都圏コープ連合（現パルシステム）」である。ATJはこれら3つの生協を販売チャンネルとする民衆交易専門の商社だといえるであろう。これらの生協は，1970年代以降に台頭してきた地域生協ないしは市民生協とよばれるタイプの生協である。ATJにおける民衆交易の商品の85％はそうした地域生協・市民生協と産直団体に販売されている（ATJ 2010）。したがって，本章では，そうしたタイプの生協に対する考察が不可避的に含まれることになる。むしろ，そうした生協と固く結びついてきたということ自体が，1980年代以降に形成されてきた日本のフェアトレードの特徴である。

本章では，民衆交易が開始された背景と問題意識を考察し（1節），民衆交易の具体的な事業内容を考察していく（2節）。そして，ATJの主な取引先である市民生協の前提とする社会観に迫り，民衆交易の有する地平を明らかにする（3節）。さらに，1990年代以降の生協とATJを取り巻く環境の変化のなかで，民衆交易がどのような位置に立たされているかを考察し（4節），民衆交易の限界がどのような点にあるかを考察していく（5節）。

1　民衆交易の背景と問題意識

ATJの前身である「日本ネグロス・キャンペーン委員会（以下JCNC）」は1986年に発足し，フィリピンのネグロス島の生産者を支援する「民衆交易事業」を開始する。ATJに引き継がれるこの「民衆交易事業」は，生活協同組合の販売チャンネルを通じて普及し，今日でも日本を代表する最大のフェアトレード事業となっている。本節では民衆交易開始時期の背景と問題意識を明らかにしながら，その事業の形成と発展の過程を考察していく。

1．途上国における構造的暴力への抵抗

　ATJ の前進となる JCNC の活動の背景は 1980 年代のフィリピンの政治的・経済的な問題にあった。第1に独裁政権下における人権抑圧という問題，第2に大土地所有制度という封建的な支配制度の存在の問題，そして第3に 1985 年における砂糖の国際価格の暴落という問題である。JCNC の発足から ATJ の活動にいたるまでその中心的存在であった堀田正彦は，これら3つの問題は相互に結び付いた「構造的暴力」として問題化されるものだという（堀田 2005, 2012）。

　1965 年以降，フィリピンでは独裁的・強権的な性格を強く帯びたマルコス政権のもとで農民はその人権を脅かされてきたが，1986 年には革命によって独裁政権は崩壊する。そうした転換期において，1980 年代中頃のフィリピンでは抑圧されてきた人びとの解放と政治の民主化が早急に求められる状況にあった（上田 2012：32）。特に，マルコス政権下で特権的地位にあった大地主による土地所有制度の残存によって，1980 年代にはネグロス島では人口のわずか3％を占める大地主が可耕地面積の 67％を所有していた（堀田 2012：7）。この構造から農民を解放することが JCNC の大きな問題関心のひとつであった。

　また，こうした土地所有の構造とともに，1985 年にはニューヨーク市場で砂糖の国際価格の暴落という事態が生じ，砂糖の生産によってその経済を支えられていたネグロスの農民は大きな打撃をうけることになる[3]。その結果，地主による大規模な減反が行われ，67 万人の農民が失業することになり，その農民の子供は栄養失調や飢餓で苦しむという状態が生じた（堀田 2012：8）。

　1980 年代中頃のフィリピンの農民の過酷な状況は，堀田ら JCNC を発足した人びとにとって，封建的な政治体制，一部の富裕層による大土地所有，自由市場経済下での農産物価格決定のメカニズムという3つの構造が複雑に絡み合った問題として認識された。堀田によれば，先進7ヵ国における世界の富に占める割合は6割以上であり，それは3％の富裕層が富の6割以上を所有するというネグロスの構造と重なり合うという（堀田 2012：8）。

こうした認識と問題関心のもとで1986年，JCNCは発足し「民衆交易事業」が開始される。1987年，最初に彼らが行ったのは「マスコバド糖」とよばれるネグロスの伝統的な黒砂糖の輸入であった。そして1989年にはネグロス産のバナナである「バランゴンバナナ」の輸入が開始されることになる。フィリピンにおいてバナナは大規模プランテーションで生産されていたが，堀田はその封建的構造のなかで飢饉・飢餓・貧困というさまざまな問題が生じていたのだという（堀田2012：17）。

このバランゴンバナナの輸入事業はグリーンコープとの共同事業という形で開始された。多国籍企業のバナナしか流通していなかった当時，農薬や化学肥料漬けのバナナではなく，安全・安心なバナナを要求する声がグリーンコープの組合員から上がっていた。このグリーンコープの関心とJCNCのフィリピンの農民支援という関心が合致し，アグリビジネスを介さない「地場バナナ」の輸出入が開始されることになった。堀田はこれを「市民による市民だけの市民のためのオルタナティブなバナナの輸出入」であるという（堀田2012：12）。大土地所有，アグリビジネス，自由市場経済，これらの外部における対抗的経済圏を創出することによって途上国の生産者を支援・救済することが民衆交易の出発点であった。

2．日本における市民的オルタナティブの実現

1989年，バランゴンバナナの輸入の本格化のため「グリーンコープ連合」や「生活クラブ連合」といった生活協同組合，そして「大地を守る会」や「徳島くらしをよくする会」などの市民団体からの出資によって株式会社「ATJ（オルター・トレード・ジャパン）」が設立される。1989年以降，JCNCの民衆交易事業はこのATJにおいて展開されていく。ATJは国際産直運動を媒介する市民資本の商社であるとされ，2013年現在までマスコバド糖，バランゴンバナナそしてのちにエビ（エコシュリンプ）の3つを軸として民衆交易を展開していく。民衆交易事業は「構造的暴力」への抵抗という連帯貿易のスタンスを維

持しながら展開されていくわけであるが,堀田はそれを支える思想的な基盤を「時代の精神の受け継ぎ」という言葉で表現している。ATJ という商社の役割に関する次の記述は,その時代の精神について堀田が論じるものである。

　この背景には,いわゆる社会変革への希求が基本にあったわれわれ 70 年安保・学生運動世代が,どうやったら資本と政治の提携による社会的・経済的発展ではなく,市民的なオルタナティブな世界を実現できるのかを考えて生きてきたということがあります。そのようななかでグリーンコープ連合,生活クラブ連合,首都圏コープ事業連合会のような協同の組織が生まれました。…(中略)…ATJ の民衆交易の基盤をなすのは,市民的オルタナティブを実現したいという願い,市民生協の自主独立した自前の食品づくりへの消費者運動,有機農業運動の具体的な力,産直運動の経験だといえます。(堀田 2012:13)

　この記述においては,民衆交易事業を支える思想的基盤が明瞭にされている。フィリピンの農民の支援が民衆交易の目的であったが,それを土台から支える「市民的オルタナティブ」という問題意識がここで明確にされている。ここでの「市民的オルタナティブ」とは堀田が「我々 70 年安保・学生運動世代」とよぶ人びとにより展開されてきた消費者運動・有機農業運動・産直運動が目指してきた理念である。

　それゆえ,マスコバド糖の輸入にしてもバランゴンバナナの輸入にしても,それはたんに貧しい人びとから農作物を買い取ることだけを意味してはいない。現在 ATJ の代表取締役を務める上田誠は,この民衆交易においてもっとも重要なのは「顔と顔の見える関係」であって,途上国の「民衆」と日本の「市民」を直接結びつける「連帯」のあり方こそが ATJ の事業の本質であると論じている(上田 2012:32-33)。途上国において抑圧される「民衆」を日本の「市民」の力によって解放するとともに,「民衆」は安全・安心な食品を「市民」

に提供する，という「連帯」の図式がATJの構想において見出すことができる。堀田によれば，民衆交易とは「善意」と「モノ」の交換であり，「モノのなかに使用価値や商品価値以外の連帯価値のようなものを乗せていく」ことだと論じる（堀田・秋山 2005：40）。それは上田によれば「日本の消費者とマスコバド糖やバランゴンバナナの価値や意味を共有し，生産者との相互理解を可能にする」（上田 2012：33）ということを意味している。

以上のように，ATJの民衆交易は「構造的暴力」に対する問題意識と「市民的オルタナティブ」という問題意識を根底にもつ。民衆交易事業の思想的基盤をとらえることによって，日本においてフェアトレードが展開されてきた固有の文脈を理解することができる。世界的にも連帯貿易というオルタナティブな実践として展開されてきたフェアトレードの潮流があるわけだが，日本の場合においてはとりわけ堀田が「我々70年安保・学生運動世代」とよぶ人びとの精神によってその潮流が担われたということである。それは，「時代の精神の引き継ぎ」「市民的オルタナティブ」という思想がその種のフェアトレードに負荷されていたことを意味する。2000年頃まで，民衆交易事業の販売額は日本のフェアトレードの販売額のほとんどを占めていたことを考えれば，日本においてフェアトレードという取引それ自体がこうした独自の政治的意味をもっていたといえるだろう。

2　事業の形成と展開

1989年以降，ATJによって展開される民衆交易事業の中心的な商品はマスコバド糖とバランゴンバナナ，さらにはエビやコーヒーといった農産物であった。本節では，民衆交易のなかでも中心的な商品のひとつであり，「自立基金」とよばれる価格が設定されていたバランゴンバナナを事例として，この流通と取引の仕組みを明らかにしていきたい。[6]

1. バランゴンバナナの輸入の開始

　民衆交易事業はJCNCの時代にその流通の基礎が形成されている。そのはじまりは，1987年のフィリピンにおけるバランゴンバナナとマスコバド糖の輸出，そして現地の地域開発と流通を担うATC（オルター・トレード社）の設立にある。ネグロスにおいて採取されるバランゴンバナナはこのATCを通じて日本へと出荷される。ATJ（JCNC）はATCからバナナを輸入し，それを生協や産直団体へと販売するという構図を取っている（図6-1）。

　バランゴンバナナは1989年から1999年の事業においては，栽培ではなく採取によって出荷された。このバナナはフィリピン各地で自生しており，ATJの事業の開始以前はそもそも売り物ではなく，人びとにとって経済価値のない農産物であった。バランゴンバナナは山のなかの誰も来ないようなところに生えており，町に売りに行くためには2時間をかけて運び出す必要があるものであったと堀田は論じる（堀田・秋山 2005：46）。

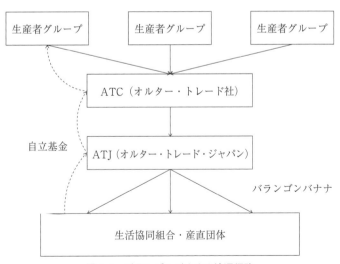

図6-1　バランゴンバナナの流通経路

出所）堀田・秋山（2005：44）をもとに作成

この事業は非常に素朴な方法によって開始された。それは，山中に分け入ってバナナを採取，洗浄し，そして箱詰作業をする人びとをそれぞれ現地で集め，仕事の対価にATJが日当を支払うというものである。これは，農園をつくってそこで雇用を生み出すというものではなく，農家に臨時収入をもたらすものであった[7]。このように，バナナ事業はプランテーション労働とは異なる形で，地域の人びととの収入を生み出していくという形で開始されたものだった[8]。

　自生のバナナを採取し日本に輸送するという計画は当時においては困難なものであったが，バナナの価格に上乗せされる自立基金をこのインフラ整備に回すことによって，事業の持続が可能となった。ATJのバナナ事業は素朴な仕方によって開始されたが，堀田のいう「日本の消費者（生協組合員）の善意」によって発展することができたといえる。このバナナの購入者は「自分たちがやりたくてやっているのだから，真っ黒に腐ったバナナでも買うよ」という精神で購入してくれているのだと堀田はいう（堀田 2012：21）。

　こうした方法によるバナナ生産は，プランテーションという構造的暴力への抵抗という意味を含んでいた。すなわち，「土地の私有制に対する原理的な反対」という思想である（堀田・秋山 2005：48）[9]。また，農地を整備する必要がない分，現地側にとっての経済的負担は一切ないというのも利点であった。設備投資のための資本をもたない農民にいかに対価を支払うかが重要な問題であったので，こうした仕方での事業転換はその当初の目的に適っていた。自生バナナの「採取」という方法でのバランゴンバナナの輸入事業は1999年まで続くことになり，2000年以降は採取から栽培へと切り替えることになる。この経過に関してはまた次にみていく。

2．事業の経過

　次に，バランゴンバナナ輸入事業の経過をみよう。図6-2は民衆交易事業におけるバランゴンバナナの生産量の推移である。1991年には「バナナ村自立5ヵ年計画」が開始され，1993年には生産が軌道に乗る。その後は多少の変動

はあるものの 1,500 トンから 2,000 トンの生産量を比較的安定して維持しているといえるだろう。

　こうした事業の経過のなか，1999 年にこのバナナ事業はひとつの転換を迎えている。それは自立基金を中心とした支援を終了し，現地の本格的な事業としてバランゴンバナナを産業化させるという計画に基づくものであり，それにともなって「採取」事業から「栽培」事業へと切り替えるものであった。こうした事業の転換の背景は大きく 4 つある。第 1 に，10 年間の自立基金による支援によってネグロス農民たちに自立の余地が生まれたということ，第 2 に，バナナの病害（萎縮病）による収穫減少が顕著となり人為的な管理の必要性に迫られたこと，第 3 に採取バナナの品質の低さのために生協における購入においても販売が伸び悩んだこと，そして第 4 に国内市場でも有機認定バナナが登場しバランゴンバナナもそれらと競争せざるをえない状況になったこと，という 4 つの背景があげられる。

　もっとも大きな契機はバナナの疫病の流行であった。萎縮病の流行という事態に直面したことによって ATJ の認識に甘さがあった反省したと堀田は論じている（堀田・秋山 2005：50）[11]。その反省を踏まえ，2000 年以降は一定の囲い込んだ土地のなかでバナナをつくるように計画を立て直すことになった。また，バナナの購入者のほとんどは生協の組合員であるが，採取バナナは高価格な割

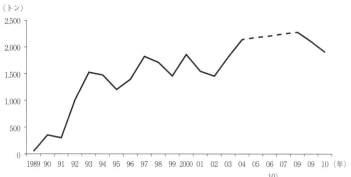

図 6-2　バランゴンバナナの年間生産量の推移[10]

に品質は低く見た目としてよいものではなかった。事業開始時期においては「真っ黒に腐ったバナナでも買うよ」という組合員の善意に頼ることができたが，それにも限界があったといえる。堀田は，こうした販売の伸び悩みを前に「善意のバナナから事業のバナナへ」という転換が必要であったと述べている（堀田・秋山 2005：50）。

こうした事情から 2000 年には，「安定供給」「品質改善」「適正価格」を掲げた「バランゴンバナナ・リニューアル計画」が開始される。これまで，採取農業として行ってきた民衆交易のバナナ事業であったが，特定領域の栽培による「循環型有畜複合家族農業」というモデルで自立した個人農家の育成を目指していくことになる。

こうした「バランゴンバナナ・リニューアル計画」のもとで事業は継続的に展開され，2013 年の現在まで生協や産直団体にバナナは提供され続けている。ただ 2010 年の生産量は 1,911 トンであり，このリニューアル計画によって販売量が大きく伸びたということはない。この転換は事業の拡大というよりも，事業の維持に向けられたものであった。

3．非営利活動としての民衆交易

ATJ の民衆交易事業においてもっとも重要だとされているのは，この事業それ自体の非営利的な側面である。堀田は「非営利的な事業のあり方というのが，生協という利潤追求が目的ではない資本のあり方によって支えられてきた。非営利であったからこそ続いてきたのであって，その逆ではない。」（堀田・秋山 2005：53）と論じる。ATJ はバナナの全量を現金で買い付けしており，その 50％が規格外のものだったこともあるが，それでもそういった損失を ATJ 側が請け負ってきたという。そしてこうした姿勢は生協も共有しているというのが堀田の認識である。こうした態度を堀田は「利他」という言葉で表現する。

私個人は，利他性ということに非常に魅力を感じている。自分が儲かった

ってちっとも面白くない。他人が喜ぶ顔をみたい。他人が儲かる仕組みをどうやったらつくれるか，ということばかり考えている。…（中略）…自分を捨てても人びとが生きるためにつくしたいという気持ちね。（堀田・秋山 2005：54）

　民衆交易事業という非営利活動の原動力は「利他性」すなわち「自分を捨てても人びとが生きるためにつくしたいという気持ち」であると堀田は考えている。それに加えて，この「利他性」は政治的に中立な言葉ではないと堀田は論じている。ネグロスのもっとも貧しい人びとは，極めて政治的であるし「反権力＝反政府」であることがはっきりしているのだという。
　なるほど，堀田のいう「利他性＝自分を捨てても人びとが生きるためにつくしたいという気持ち」は，先に論じた「市民的オルタナティブ」という理念と切り離しがたく結びついている。事業が非営利的（利他的）であることの意義について論じる堀田の次の言葉は，その非営利性の根拠が「市民的オルタナティブ」にあることを明白に示している。

　　我々全共闘世代がもっていた「連帯を求めて孤立を恐れず」「孤立を求めて連帯を恐れず」という「武士は食わねど高楊枝」に似た心情の面と，もうひとつは，下降志向という面がある。権力に対して下降することで権力から逃れる。僕なんかは後者の気分を非常に強くもっている。それが世代論になってはつまらないんだけれども，ATJの株主である生協運動のなかにそういう血＝気概が流れている。思想，理念といってもいい。（堀田・秋山 2005：53）

　こうした「我々」の思想・理念がATJの非営利の事業を支えてきたのだと堀田は認識している。そうした意味において，この「利他性」は政治的に中立的なものではない。この「利他性」は「我々」（と堀田がよぶ人びと）による「市

民的オルタナティブ」の実現という文脈を背負っているのであって，けっして無色透明の言葉ではないのだと理解すべきであろう。

　民衆交易は，プランテーション構造や自由市場による価格決定構造の外部に位置する「利他性」に基づいた「非営利活動」でなくてはならない。そして，こうした理念・思想を背負った規範的運動であったということである。しかし，そこでいわれている「我々」とはいったい誰のことを指し示しているのであろうか。次節では，市民的オルタナティブの担い手がどのような人びととして想定されていたのかを検討していきたい。

3　民衆交易の条件

　本節では，民衆交易において日本にもたらされるバナナやエビなどの商品の販売経路について考察を展開していくとともに，そのなかでみられるATJ＝生協の社会観について考察していく[12]。この社会観を明らかにすることを通じて，民衆交易が前提としている条件を明らかにしていく。

1．ATJの商品販売経路とその消費者像

　ATJは生協と産直団体の合同出資によってつくられた株式会社であり，現在でも民衆交易で取引された商品の85％は生協・産直団体へと卸されている（ATJ 2011）。表6-1は民衆交易で取り扱われるバランゴンバナナ，エビ，コーヒーにおけるそれぞれの主要取引先別商品供給の割合を示したものである[13]。

　バナナとエビに関して最大の取引先は生協のなかでも比較的その商品に対するこだわりの強い「生活クラブ連合」であり，それに続いてATJの設立を全面的にバックアップした「グリーンコープ連合（旧共生社連合）」，そして首都圏を中心とする「パルシステム連合会（旧首都圏コープ連合）」，産直団体の「大地を守る会」となっている。上記の4つの団体はATJへの出資比率のほとんどを占めており，1989年における民衆交易事業の開始時期からこれらの団体

表6-1 2010年度におけるATJの主要取引先別の商品供給割合

(%)

	バナナ	エビ	コーヒー
生活クラブ連合	33.0	40.2	—
グリーンコープ連合	21.5	22.4	7.5
パルシステム連合会	20.3	3.5	10.5
大地を守る会	5.1	4.2	10.0
その他	20.1	29.7	72.0
全　体	100.0	100.0	100.0

が中心となってATJの親会社を務めてきたと考えられる。

　堀田がいうように，民衆交易は生協とのパイプによって成立してきた事業である。彼は「マーケットを開くという努力を一切必要としない」環境にあったがゆえに「ATJはいわゆる営業という努力をしたことがない」とも述べている（堀田 2012：20-21）。加えて，「1970年代以降に発生してきた地域生協運動はジャスト・イン・タイムの発送体制，事前計画と事後発送の明確な一致を持ったシステム」であり，そうした共同購入のあり方が民衆交易の成功にとって不可欠であったとも論じている（堀田・秋山 2005：44）。なるほど，自由市場経済における競争のもとにさらされることがなかったがゆえに「真っ黒に腐ったバナナでも買うよ」という組合員に極めて高額なバナナを購入してもらうことができたということ，そして事前計画と事後発送の誤差がない，すなわち売れ残りというコストを考える必要がなく極めて計画的に事業を展開することができたということが民衆交易事業の利点であった。

　また，ここで「地域生協運動」という言葉が出てくるが，主要取引先の「生活クラブ」「グリーンコープ」「パルシステム」はいずれも日本生活協同組合連合会（日生協連）とは異なる方針のもとで形成・展開された運動組織であり，「市民生協」（佐藤 1988）あるいは「異端派生協」（下山 2009）という言葉で表現される生協である。堀田が「1970年代以降の地域生協運動」として表現す

るATJの主要取引先は「市民的オルタナティブ」の実現を求める傾向が強く，なかでも生活クラブとグリーンコープは比較的政治色が濃厚な生協であるといえる。[14]

このようにしてみると，堀田が「我々」とよぶ消費者像の輪郭が浮き彫りとなってくる。つまり，商品販売経路は「市民的オルタナティブ」というATJの理念とはけっして別個のものではなく，その商品は同様の理念のもとで生活者運動・消費者運動を展開する協同組合において購入されているということである。より突き詰めれば，ATJの民衆交易事業それ自体が，これら市民生協によるオルタナティブな政治運動のひとつの局面であるともいえるだろう。堀田自身が「地域生協運動とATJは一体である」（堀田 2012：26）と述べていることからもそのことは明瞭である。

したがって，ATJがその対象としている消費者は，これら市民生協のもつ運動的な性格を基礎づけている社会観と切り離せないであろう。本節ではさらに，これらの運動，特にその中心的取引先である生活クラブの理念的・実践的な特徴をつかみ出すことによって，ATJ＝市民生協の地平を理解していく。

2．生活クラブの社会観

1970年代以降における地域生協運動の形成を牽引してきたのは，主に1960年代安保闘争のなかで学生運動を繰り広げてきた青年たちであったとされる（下山 2009：3-4）。ATJの最大の販売経路であり最大の親会社である「生活クラブ連合」そしてその友誼団体である「グリーンコープ（旧共生社）」の形成もその文脈のなかにある。[15]

生活クラブは1965年以降，世田谷での牛乳の共同購入事業を出発点にその基盤が構成され，その後1970年代と1980年代を通じて発展し，地域の主婦と結び付きながら拡大してきた（岩根 2012）。1980年代までに生活クラブは「消費生活の場から現代資本主義のあり方に異議申し立てをし，自らの生き方・働き方を仲間とともに模索する主婦を主な担い手とする生活協同組合」として展

開されている（佐藤 1988：7-8）。佐藤慶幸は生活クラブの理念と実践をボランタリー・アソシエーションの理論において基礎づけることを試みている。彼の理論は，生活クラブの実践の記述のみならず，その実践を基礎づけるような根本的な社会観そのもの明確にしている。

佐藤はまず対象化的行為と非対象化的行為を区別し，生活クラブの論理をこの二項対立軸のうち後者に帰属させる（佐藤 1988：7）。対象化的行為とは「産業の論理」に根差しており，効率主義のもとで人間を疎外しながら他者を目的達成のために非人格的に支配・管理する目的合理的行為であるとされる。一方，非対象化的行為とは「生活の論理」に根差しており，自己と他者のシンボルを媒介としながら相互の理解や共感を目指す直接的な関係性を志向する行為であるとされる。さらに，この非対象化的行為としてのアソシエーションを可能にするのは「対話的行為」であると佐藤は論じる。対話的行為とは「権力や貨幣，社会的属性から自由な立場に立って人びとが自由に議論し合う過程で，次第に相互了解的な関係，相互に了解可能な意味の共有を目指す行為」である。そして次のように論じる。

　われわれは生協運動を生活者連帯としてのアソシエーションとして位置づけることによって，それは購買，分配，消費のみならず生産，流通，リサイクル，そして廃棄のプロセスを対話的行為を媒介にして制御することを目指す運動として位置づける。…（中略）…対話的行為はこれらの対象化的行為のあり方を人と人との対話を媒介とする関係性のなかで制御するのである。すなわち，対話的関係性のなかに，個人と行為対象との関係のあり方を組み込むことによって，そのあり方を制御するのが対話的行為の目的である。（佐藤 1988：8）

佐藤によれば市民生協の運動とは「産業の論理」を「生活の論理」で制御する運動だということになる。ここには，ATJ の堀田が「我々による市民的オ

ルタナティブ」とよぶあり方の具体的な構想が明瞭に含まれている。市民的オルタナティブは，私生活を営む個人を「生活の論理」に基礎づけられたアソシエーションとして組織化することによって可能となる。そして，その組織化は消費者＝組合員の対話的行為を通じた「意味の共有」によって可能となると考えられている。

「意味の共有」という理念は，ATJの代表である上田においても重要視されていた（上田 2012：33）。こうした「意味の共有」が可能であるという前提は，ATJ＝生協運動の社会観を理解する上で重要な意味をもつ。つまり，そこにあるのは，意味の共有を通じて商品購入者を同質的な「我々」として組織化できるという社会観である。堀田は「マーケットを開発する必要がなかった」[16]というが，それは最初からどのような人びとがバランゴンバナナやマスコバド糖を購入してくれるかがわかっているということも暗に含まれている。つまり，それは大量生産・大量消費的な社会のあり方とは異なるオルタナティブを求めている人びとなのだということ，そして「生活の論理」という行動原理に自ずと導かれて行為する人びとであり，「真っ黒に腐ったバナナでも買うよ」という「利他性」の原理によって購入する消費者層だということである。「真っ黒に腐ったバナナ」は「産業の論理」においては購入されることはないと考えられた。その意味では「真っ黒に腐ったバナナでも買うよ」という堀田の表現は「生活の論理」をシンボリックに表現しているといえる。

生活クラブが念頭に置く「我々」としての消費者は，(1)大量生産・大量消費的な社会のあり方に異議をもつ，(2)意味の共有を通じて同質的に統合されている，あるいはそれを目指す，(3)目的合理性ではなく「生活の論理」という行動原理によって行為する，(4)「真っ黒に腐ったバナナでも買う」ような「利他性」に導かれている，という特徴をもつ。

民衆交易で取引されたマスコバド糖やバランゴンバナナを購入する人びとは上記のような特徴をもつ消費者であると想定されていた。生活クラブとグリーンコープもまた「共生」という理念で同じように消費者をとらえている。「生

活の論理」によって大衆消費社会とは異なるオルタナティブな圏域を創出するのが「意味の共有」によって連帯構築を目指す「我々」であるという社会観が，ATJ および生活クラブやグリーンコープといった市民生協の実践の地平を構成していた。

民衆交易事業は，基本的には生活クラブやグリーンコープの協同組合員に向けて商品を販売するものであったし，それらの背負う社会観に根ざした運動であった。ここでは，フェアトレードは「産業の論理」への対抗軸としての「生活の論理」に内属するものであり，フェアトレード商品を購入するということそれ自体が市民的オルタナティブを実現する社会運動としてのひとつの局面として認識されていたといえる。

しかし，1990年代以降，ATJ や地域生協を取り巻く社会的環境は大きく変化しており，そのような社会観をもって生協運動を展開していくことが難しくなりつつあるのも事実である。たとえば，生協組合員の個人化・多様化の流れのなかで，同質的な集団として組合員を想定することが困難となったということ，そして生協それ自体が自由市場における競争を避けることができないという認識が生じてきたことがあげられる。次節では，この変化のなかにおける民衆交易の現状を考察していく。

4　個人化のなかの生協と民衆交易

1．生協を取り巻く環境の変容

1970年代から1980年代にかけて順調に成長してきた生協運動は1990年代以降に停滞を迎える。それは主流の日生協でもオルタナティブな市民生協でも同様であった。その理由としては女性の社会進出，意識やライフスタイルの変化，組合員におけるライフステージの変化などがあげられる（西城戸・角 2009：152）。1970年代から1980年代にかけて，生協は班別による共同購入というモデルによって，その利便性のみならず近所の人びととのつながりといっ

た共同性を提供するという機能によって主婦層を取り込んできた。しかし，1990年代以降における新しい環境変化のなかでそうしたモデルは時代適合性を失い始めてきたといえよう。また，協同組合内部の意識の変化も大きい。必ずしも理念に賛同して特定の生協にコミットするという形ではなく，その利便性を理由に加入し，スーパーの商品やネット・ショッピングと比較しながら購入決定している生協組合員が増えつつある（大野 2012：95）。また，それに伴って，市民参加として生協加入をとらえない人も増え，活動への参加を忌避する傾向も多くみられるようになる。こうした状況は組合員の間の強力な統合・連帯を生みだそうとしてきた生活クラブにおいてさえもみられるようになってきているのが実情である。

　首都圏コープ連合が1990年にスタートした個配（戸配）事業「パルシステム」は，こうした新たな時代環境に適合的であった。最初は特殊事情に配慮しての措置であったが，この個配システムは，1990年代以降の多様化・個人化したライフスタイル・家族環境において人びとに受け入れられるようになる[17]。現在では多くの生協がこの個配システムを導入しており，個配はもはや生協の中心的な事業となりつつある（下山 2009）。

　こうした個配事業戦略の普及は停滞していた生協の復活に大きく貢献したが，生活クラブやグリーンコープなどはこうした傾向に大きな抵抗を示してきた。生活クラブは2003年に個配システムを導入しているが，その結果として組合員は「異質化」し，社会運動への参加に対して否定的な態度を示す個人主義的な組合員が増加しているとされる。それゆえ，今日においてはこうした個配組合員を市民活動へと誘うための取り組みが必要であるとされる（西城戸・角 2009：157-158）。なるほど，生活クラブやグリーンコープといった市民生協は根本的に生協を市民運動・政治活動の場としてとらえているため，こうした環境変化に伴う個人主義的な組合員の増加は，運動それ自体にとっての「危機」だとみなされている。「意味の共有」を通じた「同質的」な「我々」として消費者を組織化することで社会的なオルタナティブ勢力を拡大していくことが市

民生協の狙いだったわけであるが，ライフスタイルの個人化・多様化という新しい環境はそのための障壁とならざるをえないというわけである。

しかし，それはライフスタイルの個人化・多様化という傾向が「意味の共有」を不可能にしたというよりも，むしろ市民生協の前提としていた社会観それ自体がある特定の社会的条件のなかでのみ有効性をもつものであることがこうした社会的環境変化によって露呈してきたということを意味するともいえるのではないだろうか。そうだとすれば，こうした個人化・多様化の進行する社会において，いかにして「意味の共有」を取り戻すかという問題構成だけではなく，「意味の共有」という図式とは異なる形での社会の成立はいかにして可能かという問題構成もまた不可欠なものとなってくるのではないだろうか。[18]

このような問題構成に移行することによって，市民生協の仕組みに依存してきた民衆交易が現在において立たされている「岐路」が明らかとなる。この日本版提携型フェアトレードはこうした状況のなかでどのような展開を迎えつつあるのかを次にみていこう。

2．変化のなかの民衆交易

1980年代以降，ATJを中心とした連帯貿易の傾向を強くもつ日本のフェアトレードは，その商品に「市民的オルタナティブ」という意味を付与するということ，堀田の言葉でいえば「モノに連帯価値のようなものを乗せていく」という方法によって展開されていた。この方法論は，「産業の論理／生活の論理」という二項図式，そしてその区別の後者に帰属する「我々」による「意味の共有」によって社会的領域を創出していくことができるということを前提としていたわけであるが，生協を取り巻く今日的な変化のなかで，民衆交易はその前提を見直さねばならない地点に立たされているのではないだろうか。

こうした問題はATJにおいても既に取り上げられている。まず第1に，2000年代以降には生協の外部においても有機栽培農産物は販売されるようになり，スーパーなどでもその種の食品が手に入りやすくなったということであ

る。第2に，新興の社会的企業によるビジネス的なフェアトレードやFLO認証ラベル商品が流通するようになったということである。第3に，生活クラブを中心とした市民生協の組合員の意識も個配事業の増加によって多様化・異質化してきたということである。

　第1の問題が意味するのは，自由市場における競争が目下の課題となっているということである。健康配慮や環境配慮はもはや生協や産直団体の専売特許ではなくなっているというのが現状である。さらに，そうした環境や健康に配慮した食品に惹きつけられる層も，かつてのように「市民的オルタナティブ」という思想・信条のみに基礎づけられているわけではない。むしろ，ロハス層や倫理的消費者とよばれる新たな層は，自らの生活を豊かにしたいという個人主義的欲求に動機づけられている側面が大きいといえるだろう。

　第2の問題が意味するのは，民衆交易以外のメインストリーム化されたフェアトレードが欧米から流入し，ATJはそうした「黒船」と競合しなければいけないという課題が登場してきたということである。ATJはそれらに対する差異化戦略をとっており，民衆交易はいわゆるFLO的な「フェアトレード」とは理念的に異なるのだということを主張している（堀田 2006：37，上田 2012：43）。認証ラベル商品の販売額の大部分は大企業のCSR戦略によるものであるが，それはまさしくATJや市民生協が抵抗してきた「産業の論理」にほかならない。そのため，ATJは民衆交易が2000年代以降に普及してきた「フェアトレード」と同一化していくことに大きな抵抗を示している。

　第3の問題は，生活クラブやグリーンコープ内部における消費者の多様化にいかにして対応するかという課題である。生協加入者をもはや素朴に「我々」として同一視することは困難であり，「モノに連帯価値を乗せる」だけでそれに共鳴・共感してくれるはずだと想定することはできない。堀田も「生協組合員の消費者化」が顕著であると現状を認識しており，従来の方法で民衆交易を展開していくことの難しさを理解している（堀田 2012：26）。2000年の「バランゴンバナナ・リニューアル計画」の実施の背景にあったのも，やはりこうし

た組合員の消費者化であり，「真っ黒に腐ったバナナ」では購入してもらうことができないという状況へのひとつの対応であった。
　以上のような現状と課題に対して，堀田は次のような暫定的な回答を導き出している。

　　生協以外のマーケットを目指すべきなのか，目指す必要があるのかというのは，私自身は問いかけのままで止めています。ATJの核心は，生協との連携共同作業であります。ここで力をつけたうえで，その外側に存在するであろう非組合員たちを対象にしていくのかということなんですが，まだ中心的な課題とは考えておりません。(堀田 2012：26-27)

　ATJはこれまで市民生協の組合員を対象に民衆交易の商品を提供してきた。それゆえに，計画的かつ安定的な生産・取引を維持してきたわけであるが，他方で生協内部と産直団体に販売経路を限っていることによって売上は頭打ちとなっている。もちろん，消費対象を拡大していくということは，市場に適応していくことを意味するわけであるが，しかしそうした適応は自らが「産業の論理」に取り込まれることを意味するのだとATJにおいては認識されている。これは民衆交易の抱えるジレンマともよべる[19]。
　こうしたATJのジレンマの傍ら，日本におけるフェアトレード商品全体の販売額は急速に増大している[20]。ただ，その「新しいフェアトレード」は民衆交易の堅持してきたポリシーとは異なるものであるし，そのフェアトレード商品購入者層も「市民的オルタナティブ」という思想を共有する「我々」とは大きく性格が異なっているといえよう。ロハス的消費者ないしは倫理的消費とよばれる市場に乗り出していくことで，民衆交易はさらなる発展を遂げる可能性もあるが，それはこれまで頑なにこだわってきた「モノに連帯価値を乗せる」ことによる「顔と顔の見える関係」という性格を根本から掘り崩すことになりかねないことになる。

5　岐路に立つオルタナティブ

　1990年代から2000年代にかけて，民衆交易は一定の支持を維持しつつも，しかし他方ではそれ以上に大きな発展はみせていない。1993年から2011年にかけてバランゴンバナナ販売額は大きく変化していないことからも，そのことは窺い知ることができる。それは，ATJが販売額の増大や民衆交易の拡大を目的とはしておらず，現在の事業規模を維持しながら，より質の高い「顔の見える関係性」を構築することが重要だと考えているからだといえる。生協の外に販売経路を獲得して事業を拡大することは可能かもしれないが，そうした拡大志向は民衆交易に「産業の論理」を持ち込むことになる。民衆交易は，「市民的オルタナティブ」の実現という思想的文脈から切り離すことのできないものであり，まさしくその点においてこそ民衆交易は重要な意義があるのだといえるのかもしれない。

　だが一方で，別の視点からみれば，こうしたタイプのフェアトレードはある種の限界をもっているともいえる。というのも，フェアトレードが途上国の貧困問題の解決に寄与するためには，その普及と販売額の増大が必要であると考えられるからである（渡辺 2010）。その視点からすれば，生協でそれらの商品を販売するだけでは，途上国の貧困問題解決のためには十分だとはいえない。フェアトレードが，人びとの日常的な消費行動のなかにおいてごく自然に思い浮かべられるひとつの選択肢として存在するようになるためには，どうしてもより広範な市場で流通する必要があると考えられよう。

　もちろん，民衆交易の抱える困難は「質か量か」という問題のみにおいて示されるわけではなく，民衆交易事業のように特定の組織内部においてのみ商品を流通させるということの限界にも由来している。たしかに，生協は組織化を通じてある程度の「意味の共有」，すなわちその外部に比べて相対的に同質化された状態を可能にしたのかもしれないし，その「同質性」によってフェアトレード商品に負荷された意味を「理解」し，それに「共感」することが生協組

合員にはできたのかもしれない。だが，もはや消費者をそのように「我々」として同定することができない今，「意味の共有」という図式の有効性それ自体を問い直さねばならないのではないだろうか。諸個人はそれぞれ異なる目的，異なる価値観や異なるものの見方を有している。そうした前提から出発するならば，市民生協が目指してきたような「社会全体の組織化」はおそらく不可能である。

　問い直さなければならないのは，人びとが「共生する」ということと人びとが「意味を共有する」ということは必ずしも同じではないということである。そもそも意味の共有を通じた「社会全体の組織化」という考え方は，第2章で論じたような「ツリー型」の社会観を前提とするものであるといえるだろう。本書の分析のなかで検討してきたように，こうした「ツリー型」の社会観の限界が明らかとなった今，その前提に支えられてきた「社会の組織化」と「意味の共有」もまた限界であるといわざるをえないのではないだろうか。だが，それは「共生する」ことが不可能だということを意味しているわけではなく，意味を共有しえない異質な諸個人の間の共生はまた別の形で可能なのではないかということを意味している。

　それは，人びとが「意味の共有」なしに「真っ黒に腐ったバナナでも買う」ようなあり方はいかにして可能かを問うということでもある。ATJにおいては，「真っ黒に腐ったバナナでも買う」ことは利他的な意味の共有によって可能となると考えられていたわけであるが，しかし，バナナを買う人びとにとっての「自分自身の理由」は多様である。よくよく考えてみれば，黒く腐ったバナナは「甘くておいしい」から買う人もいたかもしれない。その意味では，ATJや生活クラブは利他的な意味の共有という説明図式を購入者の主観的意味に代替させていたともいえる。このように「共生」＝「意味の共有」という図式を相対化するならば，「社会全体の組織化」のみが人びとの共生を可能にする唯一の道ではないということになろう。つまり，もはや「我々」として措定することのできない異質な他者，すなわち異なる目的や異なる価値観をもつ多様な

行為者に，それぞれの関心に沿った形でフェアトレードが購入されるようなあり方もありうるということである。そして，そうしたあり方への移行こそが，社会的企業によるビジネス的なフェアトレード，あるいは FLO 認証ラベルを通じたフェアトレードの台頭の背景となっているのではないだろうか。

　もちろん，民衆交易の積み上げてきた歴史それ自体はまったく否定されうるようなものではない。民衆交易の理念は「フェアトレード」という枠に収まりきるものではなく，この枠を超えた取引の重要性を示唆するものであるとも言えるかもしれない。しかし，社会的に配慮された取引が普及していくためには，「意味の共有」によって人びとを組織的に結び付けるだけではなく，必ずしも意味を共有しえない異質な諸個人を取り込んでいく必要があるだろう。このような方向へと ATJ や生協が進んでいくためには，「共生」とはそもそも何かをもう一度問い直す必要があるわけだが，そのような問い直しを ATJ や市民生協が行うということは一種の自己否定を内に含むことにならざるをえないのかもしれない。

　このような自己否定に向き合って改革を進めている市民生協のひとつとして個配システムを最初に考案した「パルシステム（旧首都圏コープ連合）」があげられるだろう。「異質な個人を基盤とした連帯」（下山 2009：245）への転換を通じて，協同組合のあり方それ自体を根底から問い直すという動きも市民生協のなかでは生じつつある。[21] それは，生協がツリー型の社会運動からリゾーム型の社会運動へと移行しつつあることを示しているのかもしれない。今後，こうした動きを注視していくことは，日本におけるフェアトレードの転換の経過を追っていく上で重要になってくるだろう。

結　び

　本章では，ATJ の民衆交易事業の展開を考察することを通じて，日本のフェアトレードが背負ってきた支配的な文脈を明らかにするとともに，現在それ

が直面している困難を明らかにしてきた。日本のフェアトレードは長らく「市民的オルタナティブ」という思想的背景と一体をなしていた。すなわちフェアトレードとは極めて政治的・思想的意味を帯びたひとつの運動であったということである。民衆交易事業のもとで日本のフェアトレードが経験した発展とは，市民生協における「意味の共有」を通じた「我々」による実践の展開によるものであったと解釈できるだろう。

　しかしながら，1990年代以降の社会的環境変化に伴う市民生協運動の低迷とともに，民衆交易も転換を迫られている。それは，民衆交易のような「意味の共有」という枠組みそれ自体が限界を抱えていることを示すものであるといえよう。ATJと市民生協の実践それ自体は否定されうるものではないのかもしれないが，それとは異なるフェアトレードのあり方を模索する試みが重要性を帯びてきているのではないだろうか。それは，日本のフェアトレードが「産業の論理／生活の論理」あるいは「利己／利他」の二元論を超えた新たな視座の獲得を迫られているということを意味しているように思われる。だが，堀田も論じるように，ATJや生協が従来の方針を変更していくことは容易ではないし，今のところその方針はもはや大きく変わらないとみた方がよさそうである。たしかに，パルシステムのように市民生協運動の従来的な図式それ自体を転換させようとする動きもみられるが，1970年代以降それらの生協が抱えてきた思想はそう簡単には揺るがないであろう。それゆえ，フェアトレードをめぐるそうした新たな視座の獲得は，市民生協以外の何らかの試みに期待せざるをえないように思われる。

　1990年代後半からはメインストリーム化を志向する社会的企業によるフェアトレード事業も急速に発展してくる。次章で考察するPeople Treeなどがその典型であるが，そうした社会的企業はより多様で異質な人びとにフェアトレードを認知してもらい，その商品を購入してもらうことが重要だと考える。そうしたタイプの社会的企業はATJとは異なり「産業の論理／生活の論理」といったような二項対立的な社会観を前提とはしていない。そこにあるのは，ま

た別の社会観であると考えられる。次章では，それがどのような仕方での理解であるかを，People Tree の事業を考察することを通じて明らかにしていきたい。

注
1) 日本国内のフェアトレードの試みとしてもっとも古いものは，1974 年における国際ボランティア団体「シャプラニール」によるバングラディッシュの伝統的手工業製品の輸入活動だとされている（渡辺 2010）。ただしこれは，一度きりの輸入支援事業という性格を帯びており，継続的事業への拡大は試みられてはいなかった。1970 年代から 1980 年代にかけて，こうした慈善活動としてフェアトレードの試みはいくつか存在するが，それらはあくまでボランティアという枠組みで実施されたということもあり，比較的小規模で断続的なものに留まっていた。
2) ATJ の民衆交易における年間売上高は 2010 年で約 16 億円である（ATJ 2011）。日本におけるフェアトレード商品の販売総額は推計で約 90 億円近く（2011 年）と考えられるので，民衆交易は日本のフェアトレードの 18％程を占めることになる。単独事業でみるならば，現在でも最大規模のフェアトレード事業である。
3) この砂糖危機では 1 ポンドあたり 16 セントであった国際価格が半分の 8 セントにまで値下がりした。ネグロスでは 1 ポンドの砂糖を生産するために 12 セントの費用がかかっていたので価格が 8 セントであれば，1 ポンド生産することに 4 セントの赤字となる。
4) この砂糖を国内で販売しなければならないのだが，そこで購入を申し出たのが「共生社生協（現グリーンコープ連合）」と「徳島暮らしをよくする会」「中部リサイクル市民の会」であった。特に共生社生協の中心的存在であった行岡良治はこの砂糖輸入事業を全面的にバックアップすることを約束したという。その後も共生社（グリーンコープ）は ATJ の大口の取引先のひとつとなっている。
5) バランゴンバナナは山の中腹に切り開いた畑の脇や沢沿いの急斜面，高地の森のなかで自生する原産種のバナナである。それを現地の零細農民が採取して麓まで運びだし，2 週間ごとに日本に向けて出荷するという事業が，この民衆交易によるバナナの輸入であった（上田 2012：34）。
6) 自立基金は，ネグロスの生産者の自立を目的とした基金であって，購入価格にその金額を上乗せして販売することによって最終的に生産者に支払われるものである。1989 年にバランゴンバナナの輸入事業を開始した際には 50 円／キロの価格が組み込まれ，生産量が増加するにつれてこの価格は減額していく。この基金はあくまで生産者の自立を目的とした一時的なものであるという理由から

1999 年には，この自立基金を通じての支援は終了する。ATJ は 2000 年以降「バランゴンバナナ・リニューアル計画」のもとでこの事業の再出発を試みている。

7）たとえばサトウキビ農家においては，一家に一人という前提でローテーションを組んでその作業に参加してその日当を家に持ち帰るというものであり，毎週 70 人から 120 人の失業者の家族が働きにやってきて，ATJ は日当を渡していたという。

8）バランゴンバナナの採取においては，一週間で 15 トンを出荷するために 700 人から 800 人の人びとが携わる。150 人の採取担当者が一人あたり 10～20 キロほどを山のなかから運びだし，それを下で待ちうけている人びとが洗浄・箱詰めしていく。

9）「大地主が土地を独占・寡占していくことに対する闘いだから，一般の民衆が個別に土地を所有してまた大地主になっていったらどうするのだ，という倫理的思想的な思いがものすごく強く，土地を所有したり私有したりすることに対する暗黙の拒否感があったわけです」と堀田は述べている（堀田・秋山 2005：48）。

10）1989 年から 2004 年のデータは堀田と秋山のデータを参照した（堀田・秋山 2005）。2008 年から 2010 年のデータは，ATJ の年次報告書を参照した（ATJ 2010, 2011）2005 年から 2007 年の生産量は確認できなかったが，この時期にかけて特に大きな変動はなかったと思われる。

11）「私たち全体の傾向として，非常に頑なに独立性にこだわるという面があって，民衆の知恵，民衆の汗，民衆の経験ということが何かを切り開く，という信念をもっていたんだけれども，この連鎖障害についてはやはりそれだけではだめで，学問の力とか専門家の力とかが入ればかなり助かるという認識がはじめて生まれた。当初は単純な民衆の善意や努力に依拠して始めたんだけど，農業もきちんと産業でなければならないという当たり前の結論に達した」と堀田は述懐している（堀田・秋山 2005：48）。

12）本章のここまでは，バナナを中心に ATJ の事業を考察してきたが，エビもまた民衆交易の中心を担う産品であったことも強調しておく必要がある。1980 年代以降，東南アジア諸国から日本へのエビの輸入増加に伴って，現地労働者の生活を脅かす歪んだ貿易構造が問題化されるようになってきた（村井 1988，宮内 1996）。ATJ では，現地の生産者との対等な関係を築くことによって生産された「エコシュリンプ」を取り扱っており，民衆交易は日本におけるエビ輸入のあり方をめぐるオルタナティブを提起してきたという側面もある。

13）「その他」の取引先には「らでぃっしゅぼーや」「生活クラブ関西」「生協連合きらり」「あいコープみやぎ」「新潟県総合生協」などが含まれている。

14) 生活クラブとグリーンコープはともに「代理人運動」とよばれる政治運動を展開しており，既成政党とは異なる独自の政党（「生活者ネットワーク」）による地方議会の議席獲得を目指している。同様に，産直団体の大地を守る会も同様に1970年代以降，その創設者である藤本敏夫のもとでオルタナティブな政治路線を求めてきた団体である。そういった意味では，民衆交易に携わってきた諸団体には共通した傾向性が認められよう。
15) ともに，岩根邦雄や行岡良治といった強力なリーダーのもとで1970年代以降に急速に発展し，今日においても政治的影響力を有する勢力として存在している。
16) 下山保は生活クラブを「同質者の集団」だという。「生活クラブ生協は，各都県の単協それぞれが独立した組織だが，理念は同じ，組織は同じ，要するに個性が同じだ。生協としての明確なポリシーを共有して，厳格な組織方針を採っており，生協というものについて，あるいは消費というものについて，みんなほぼ同じような考え方をもっている」と下山は論じる（下山 2009：174-175）。
17) 首都圏コープはこの個配事業の開始までは脆弱な生協連合であったが，この個配事業の開始によって急成長を遂げ，2004年には「パルシステム」という事業名それ自体を組織名へと変更している。
18) むろん，こうした問題構成は「意味の共有」が不可能だということを主張するものであるというよりも，これまで「意味の共有」とよばれ，そのようなこととして考えられてきた事柄の成り立ちそれ自体をあらためて問い直す必要があることを主張するものであるともいえる。したがって，この問題構成の本質は「『意味の共有』なしに社会はいかにして成立しうるか」という問いではなく，「社会を成立させるものと考えられてきた『意味の共有』とは実はいったいどういうことなのか」という問いにある。
19) 堀田自身も「これから先の20年を担うATJの社員の一番辛いところは，生協との共存システムのなかでしかATJは存在しえないのか，という課題に直面し続けることではないでしょうか」と論じている。
20) 2011年にはFLO認証商品の国内販売額がATJの年間売上高を超えた。
21) そもそも60，70年代の「市民的オルタナティブ」がその出発点において目指していたのは，「個人を原動力とする社会」とそれを通じた「異質な他者との連帯」であるはずであった，とみることもできるだろう。下山は，勢力争いの過程のなかで各々の生協が自らの組織の発展のみを重視するようになり，個人主義や成員間の異質性はいつの頃からか忌避されるようになってしまったと分析している（下山 2009）。その意味では，パルシステムの昨今の試みは「自己否定」というよりも一種の「原点回帰」として理解することもできるのかもしれない。そうなってくると当然，はたして市場の理念と市民的オルタナティブの

理念はそもそも相反するものなのだろうかという疑問が生じる。本章の分析の真意は，市民的オルタナティブを否定し市場を肯定するということではなく，むしろその二項対立的関係に懐疑を差し挟むことにあった。こうした懐疑を通じてはじめて，「市場を通じたオルタナティブ」という問いが開かれることになる。

7章　People Tree のファッション化戦略

——社会的企業によるフェアトレードの意義

はじめに

　1990年代以降，社会的企業によるフェアトレード・ビジネスが台頭してきたが，日本においてそれは必ずしもメジャーな潮流ではなかった。たしかに日本でも「ネパリ・バザーロ」(1992)などに代表されるようにいくつかのフェアトレード団体やフェアトレード専門ショップが誕生したが，それらはチャリティとしての側面が強いものやATJのようにオルタナティブな経済圏の創出を目指す市民運動的な側面が強いものが中心であった（長尾 2008，長坂 2008）。しかし，1990年代中頃以降には，それらにおいても欧米型のメインストリーム化の傾向が徐々に強まり始めてくる。その日本におけるメインストリーム化の先端にあったのが本章で取り上げる「フェアトレード・カンパニー（People Tree）」である。

　フェアトレード・カンパニーは1995年，人権保護・環境保護団体である「グローバル・ヴィレッジ」からフェアトレード部門を独立させて誕生した株式会社である。2001年にはPeople Tree のブランド名で事業を拡大し，独自の「フェアトレード・ファッション」を展開していることで広く知られている。このPeople Tree の特徴はフェアトレードを「チャリティ」ではなく「ビジネス」として定義し，フェアトレード商品それ自体を「おしゃれ」なものとしてデザインするという点にある（ミニー 2008, 2009）。それは，消費者の関心・欲求

を積極的に取り込むことによって,「ファッション」としてのフェアトレードの位置づけを獲得しようという市場志向に基礎づけられるものとみなせよう[2]。

本章では,People Tree の事業において通底している社会観とその事業の展開を考察し,1990年代以降に台頭してきた「ビジネスとしてのフェアトレード」の枠組みとその意義を明らかにしていく。特に,その考察においては People Tree の創業者であるサフィア・ミニーの記述や述懐は中心的な資料となる。ミニーはフェアトレード・カンパニーの前身である「グローバル・ヴィレッジ」の立ち上げから今日の People Tree の活動にいたるまで,その中心的な存在として活動している。People Tree の歴史,理念,実践を記述していくうえでは,彼女に関する考察は欠かせない。彼女の記述からは,社会的企業というスタイルによって実践されるフェアトレード事業の思想的な背景を見出すことができる。

本章では,まず People Tree の創業者である社会的企業家サフィア・ミニーの記述を通してそのフェアトレード事業形成の背景と過程を明らかにし(1節),People Tree における「フェアトレードのファッション化」戦略について考察する(2節)。さらに,その戦略がどのような地平を有するかを考察することによって,ファッションとしてのフェアトレードの可能性と意義を検討する(3節)とともに,そうした枠組みが不可避的に抱えざるをえない問題点を明らかにしながら,その課題について分析を展開していく(4節)。

1　サフィア・ミニーと People Tree

サフィア・ミニーは People Tree を立ち上げた社会的企業家(ソーシャル・アントレプレナー)としていまや広く知られた人物である。彼女は,People Tree の事業が評価され 2004 年にはスイスのシュワブ財団から「世界でもっとも傑出した社会的企業家」の一人として選ばれており,2007 年にはニューズウィーク紙の日本版において「世界を変える社会的企業家 100 人」のなかに選

ばれている。さらに 2009 年にはファッション業界への貢献が認められ，イギリスで大英帝国勲章（第五位）が与えられるにいたっている。本節では，彼女の自伝（2008）を中心にサフィア・ミニーという社会的企業家のパースペクティブからそのフェアトレード事業の形成の土台となっている社会観を明らかにしていく。

1．チャリティではなくビジネスで

　ミニーは 1964 年にイギリスで生まれ，高校卒業後に編集社に勤め 10 代の若い時期からそのビジネスの才能を発揮していた[3]。だが，22 歳のとき彼女は編集者を辞めてマーケティング会社を設立し，エスニック・マイノリティを対象とした雑誌や新聞のプロモーション，さらには環境保護団体の活動の支援などを開始する。1990 年，会社が軌道に乗りつつあった時期にミニーは結婚し，夫とともに日本へと渡ってきた。

　日本に渡った後，1991 年には人権保護団体・環境保護団体である「グローバル・ヴィレッジ」を創設し，1993 年にはフェアトレード商品の輸入・販売を開始する。こうした活動を開始した理由について彼女は「途上国の生産者と先進国の消費者を対等に結び，チャリティではなくビジネスで環境問題や貧困問題の解決を目指すフェアトレードを日本でもっと広めたいと思ったから」だと述べている（ミニー 2008：88）。そもそもミニーがフェアトレードに関心をもったのは「チャリティではなく，対等で公正な貿易で途上国の生産者を支援するというコンセプトに強く共感を覚えた」（ミニー 2008：71）からだという。ここには，社会的活動と商業的活動は必ずしも相反するものではないという彼女の根本的な考え方が端的に表れている。

　しかし，フェアトレード商品に対する日本人の反応はよいものではなかった。当時はフェアトレードの商品はそれ自体では魅力に乏しく，またその多くは食品であったので日本人の好みに合うものが必ずしも輸入されるわけではなかった。ミニーは若い頃からフェアトレード商品に親しんできたが，彼女自身もそ

の品質やデザインに満足していなかった。そこで，彼女は輸入事業のみではなく，自らがデザインしたフェアトレード商品を日本で販売するという試みを開始した。彼女がこだわったのは衣服の生産，すなわちファッションとしてのフェアトレード商品の生産であった。

　しかし，基本的にはグローバル・ヴィレッジはボランティア団体であり，ミニーの構想する活動を展開することには限界もあった。スタッフを増員してその分の給料を払わなくてはならないし，そのためには銀行から資金を借りねばならなかった。そこで1995年には，「ボランティアから会社へ」(ミニー 2008：94) というテーマのもと，グローバル・ヴィレッジのフェアトレード部門を株式会社化し「フェアトレード・カンパニー」を設立することとなった。[4] 彼女の現在にまで至るフェアトレード・ビジネスは，このPeople Treeにおいて展開されることになる。

　以上のように，ミニーによるPeople Treeの立ち上げまでの過程を彼女のパースペクティブから追うと，一貫して「チャリティではなくビジネスで」，「ボランティアから会社へ」という言葉で事業創設の経緯が表現されていることがわかる。土肥将敦は社会的企業家が「フィランソロピー活動やチャリティ活動を超えて，社会的事業と収益事業を結びつけた『新しい枠組み』を提案できる能力を持つ人々」(土肥 2006：121) であるというが，ミニーはまさしくその典型であるといえよう。市場経済の抱える社会的・倫理的な課題を脱コマーシャリズムという問題構成によってとらえるのではなく，収益事業をもって社会的・倫理的課題を達成し，そうした課題への取り組みそれ自体のもつ市場競争力を通じて収益を上げていくというミニーのものの見方は，土肥のいう「新しい枠組み」に符合する。

2．People Treeの事業形成の過程

　ミニーはPeople Treeを立ち上げ，フェアトレード事業をスタートさせたわけであるが，しかし自らデザインしたフェアトレード商品を販売するという試

みは容易ではない。自ら現地の生産者と交渉し，生産を請け負ってもらわねばならない。まず彼女は，1993年から1995年にかけてフェアトレード商品を輸入していたトレード・クラフトの協力のもと，バングラディッシュ・ジンバブエ・ケニア・インド・フィリピンの現地生産者団体に直接赴いて取引関係を結んだ。これが，彼女が提案した商品の生産をこれらの団体に依頼しそれを日本で販売するという試みの最初の一歩であった。

　衣服の生産の最初の段階は，コットンのフェアトレードにおける生産であった。はじめに契約を依頼したのがインドの農業組合であったが，ミニーはそこでの取引でフェアトレードの現実の厳しさを知ったと述べる。フェアトレードで契約するということは，代金の半額を前払いするということであり，それはPeople Treeがそのリスクを負わねばならないことを意味している。当時，小規模な企業であったPeople Treeにとってそれはかなりハードルの高いものであったという。ミニーらはリスクを回避するため，複数の農業組合と契約を結ぶことになるが，そのひとつが現在でもPeople Treeの大きな取引先であるオーガニック・コットンの生産者支援組織「アグロセル」であった[5]。このアグロセルにおいて，ミニーらは現地の生産者組織とともに試行錯誤し品質管理の枠組みを形成していった。

　アグロセルで収穫したコットンは，次は生地の縫製に回される。生地の縫製は同じくインドの「アシシ・ガーバメンツ」という生産者団体に依頼した。ここで問題となったのは商品の品質であった。たとえば生地にコットンの殻が混ざっていたり染色にムラがあったりすることがしばしばあったという。だが，高品質の生地の生産のため，ミニーは試行錯誤を重ね，先進国で販売する衣服の使用に耐えうる品質へと改善していった[6]。

　また，手織りの衣服に関しては，バングラディッシュの生産者団体「スワローズ」に依頼した。しかし，スワローズでの手織り衣服の生産においても品質，さらには効率性が課題となった。そこでミニーはスワローズの生産者に対する教育を施し，精確かつ効率的な作業を学んでもらうなどの取り組みを行った。

また，ミニーはデザインについても趣向をこらし，微妙な質感や色合いを表現しようと試みた。このようにして，スワローズの手織りのシャツの生産は成功を収め，それ以降，さまざまな種類の製品が生産され，People Tree によって継続的に商品化されていくことになる。

これら「アグロセル」「アシシ・ガーバメンツ」「スワローズ」といった生産者団体は，フェアトレード・カンパニーの活動初期の頃からの取引相手であり，現在でも取引がなされている。このように，衣服を原料の段階からフェアトレードで調達するということは，People Tree 独自のサプライチェーンを形成するということであり，その現地団体における生産方法や品質管理にまで徹底してこだわるということであった。

こうしたミニーらの試みは，従来のフェアトレードに比べると画期的な側面がいくつかある。第1に高水準の品質へのこだわり，第2に途上国の生産者に対する教育，第3に商品のデザイン化であった。

第1の側面について，日本の消費者は品質へのこだわりが高く，その消費者にファッションとしてフェアトレードで売り込むためには「チャリティ・バザーの水準」であってはならなかった。むろん，高品質の追求はインドやバングラディッシュの生産者にとっては厳しいものではあったが，継続的に彼ら自身が利益をえていくためには不可欠であった[7]。

第2の側面について，品質改善のために不可欠であったのは生産者たちへの能力開発であった。そこでは，手織りや刺繍に関する精密な技術だけでなく「自分で考える」能力を養うことも重視された。ミニーがいうには，そもそも途上国の人びとはけっして能力的に劣っているわけではなく，非常に優れたアイデアやチャレンジ精神，クリエイティビティ，そしてポジティブ・シンキングをもっている（ミニー 2008：74）。People Tree がおこなったのは，生産者たちがそうした企業家精神を発揮する可能性を最大限に引き出すための工夫であった，といえる。そこでは，現地生産者団体をたんに下請け生産者として指導することではなく，ビジネス・パートナーとして継続的に取引できる相手へと成長さ

せることが重要な課題となった。

　第3の側面について，デザイン性の追求はPeople Treeの大きな特徴である。フェアトレード商品をファッションとして販売したり購入したりする感覚というものはそれまでにはなかった。しかし，魅力的なものではないのにもかかわらずそれを購入するのはチャリティでしかないのであって，あくまで商品の魅力それ自体で消費者を惹きつけることが重要である，と彼女は述べる。それは次節にみるように，「おしゃれ」であることがフェアトレードの普及に欠かせない条件だと彼女が考えていたことと大きく関係している。

　本節ではミニーによるフェアトレード・カンパニー（People Tree）の設立にいたるまでの経緯，そしてそのフェアトレード事業の形成の過程をみてきた。People Treeのフェアトレード事業は「チャリティではなくビジネス」ではあるものの，それは営利追求第一主義としてフェアトレードを行うということを意味しているわけでもない。消費者を惹きつけるための商品競争力の向上と生産者との公正な取引は必ずしも相反するものではないという認識が，ミニーの記述やPeople Treeの目標のなかに垣間見ることができる。こうしたある種の「バランス感覚」のもとで，ミニーらの「新しい仕組み」は展開されていくことになる。では，ミニーらはどのような戦略をもってマーケティングを展開していったのであろうか。2000年代におけるその事業の展開と拡大を中心に考察していきたい。

2　People Treeの戦略

　本節では，People Treeがどのように自らが適応する消費者像をとらえたのか，そしてその適応のためにどのような戦略を立てマーケティングを展開していったのかを明らかにしていく。1998年には自社店舗を開き2001年からPeople Treeというブランド名でその活動を展開していくフェアトレード・カンパニーであったが，それはフェアトレードを「ファッション」として売り込んでい

くための出発点であった。このブランド設立以降,さらに幅広い消費者層の取り込みを狙ったマーケティングが展開されていく。

1. ファッションとしてのフェアトレード

ミニーの構想の当初からその中心に位置づけられていたのは「ファッション」としてフェアトレード商品を販売することであった。彼女は次のように述べる。

> 私がロンドンにいた頃から,フェアトレードの食品や雑貨は身近にあり,Tシャツや手織りシャツなどの衣類も多少は売られていたものの,その頃の製品はトレンドからは程遠く,デザインや品質も自分が着たいと思えるものではありませんでした。見た目がよくて,人と環境にも配慮したフェアトレード・ファッションをつくりたい。そこからすべてが始まりました。(ミニー 2009:26)

> おしゃれじゃなくちゃ,買ってもらえない。誰もが着たくなるようなかっこいい服を,自分でつくってみたい。(ミニー 2008:97)

前述のように,フェアトレード商品は,従来おしゃれなものとして認識されていなかった。そのフェアトレードに対する認識を根本から変えることがミニーの狙いだといえるだろう。彼女は「おしゃれはしたい。若い人は誰だってそう思うはず」(ミニー 2008:190)と考える。そして,「フェアトレードだから買ってもらえるのではなく,デザインがよくかっこいいから買ってもらえるようになれば,フェアトレードがどんどん広まるはず」(ミニー 2008:97)と述べている。チャリティやボランティアとしてではなく,誰もがもっている「おしゃれをしたい」という欲求のもとでフェアトレードを選択してもらうことがミニーにとって重要な関心事であった。ミニーの考え方は,途上国の生産者と対等な立場で取引する公正な取引だからという理由から,そのデザインや質感

を我慢しながら「慈善」の気持ちで商品を購入するというあり方ではなく，おしゃれな雑貨や衣服で自らの日常生活を豊かにしたいという自らの関心のもとで商品を購入するというあり方においてフェアトレードを普及させたいという考え方である。そして，この構想のなかで想定されているのは「自らの生活を豊かにしたいと望み，こだわりをもって商品を選ぶ消費者」の姿である。ミニーが想定しているのは，彼女自身がそうであったように，「ファッションを楽しみたいおしゃれなロンドンっ子」，特に「古着屋をまわって掘り出し物を探し当て，自分だけのコーディネートを楽しむ女の子」であり，そうした人びとに愛されるようなファッションの創造が彼女の理想であった。

では，ミニーにとって「おしゃれ」とは何か。彼女は「おしゃれというのはお金をかけなくても，流行を追わなくても，いくらでも楽しむことができるもの」であるという（ミニー 2008：193-194）。必ずしも流行のブランドの衣服や鞄を身に纏うことがおしゃれなわけではなく，「自分の個性を生かして美しく見せるもの」（ミニー 2008：192）なのだというのがミニーの「おしゃれ」観である。そして，彼女にとってそのおしゃれはフェアトレードのもつエコや公正な取引という社会的価値と相反するものではい。この社会的価値もおしゃれの重要な要素であるとミニーは考える。ファッションとは「価値を身に着ける」ことであり，「サステナブルな価値」や「文化を尊重し合うこと」といったフェアトレードの価値は，ファッションにとっての重要な要素であると彼女はいう（ミニー 2008：189）。

ミニーは持続可能性や社会的公正といった「精神的価値」をデザインや質感といった「物質的価値」に対比させて，後者のみによって消費者を惹きつけることを狙っているわけではない。むしろ，持続可能性も社会的公正もデザインや質感と同じく豊かな日常生活を送るための消費者自身の判断材料であることを想定し，その精神的価値それ自体もデザインと並ぶ「おしゃれ」・「かっこよさ」の根拠として売り出している。こうしたミニーの構想にあてはまる消費者像を，彼女は次のように表現している。

朝，目がさめたら，ペルーのオーガニック小規模農家が育てたコーヒーを飲む。インドのオーガニック・コットンのパジャマから，バングラディッシュの手織りのブラウスに着替える。ケニアの手作りアクセサリーをつけてお出かけする。（ミニー 2008：186）

ここで記述されているのはひとつのライフスタイルである。ミニーはこのライフスタイルを「エコでエシカル」と形容する。それはミニーにとっての，あるいはミニーがターゲットとする消費者にとっての「おしゃれ」なライフスタイルである。「ファッションとしてのフェアトレード」の戦略は，たんにフェアトレードをいわゆる高級ブランドのような見栄えに仕立てていくということではなく，おしゃれであるということの意味それ自体の転換を狙っている，あるいはそうしたライフスタイルの転換が既に消費者において生じていることを認識したものだといえるだろう。

以上のように，People Tree がターゲットにしようとしているのは，自らの生活を豊かにしようとする「こだわり」をもった消費者であり，その「豊かさ」とは高級ブランドで身をまとうことによってえられるものではなく，上記のような「エコでエシカル」なライフスタイルによってえられる「豊かさ」であると理解することができる。

2．オピニオン・リーダーを通じた宣伝

では，こうしたミニーの観点のもとで，どのような戦略が展開されたのであろうか。2000年代に入ると People Tree は有名モデルや一般ファッション誌，世界的なデザイナーとのコラボレーション，そして独自のファッションショーの開催，といった戦略を展開していく。これらはフェアトレードの従来のイメージを変えるための戦略であり，オピニオン・リーダーを通じたメインストリーム化戦略であるといえよう。彼女は次のように述べる。[8]

「主流」を占めている大企業が変わらない限り，状況を大きく変えることはできません。そのためには，ピープル・ツリーがもっと主流になって影響力をもたなければなりません。(ミニー 2008：155)

このメインストリーム化の最初の戦略である「有名モデルの採用」の契機となったのは，2003年に世界的な女優であるシエナ・ミラーにモデルとして雑誌での出演を依頼したことにある。ミニーはこの有名女優の起用を「セレブも身に着けるフェアトレード・ファッションというイメージを出すため」(ミニー 2008：159)の戦略であるという。そして「フェアトレードを多くの人に知ってもらうためにはセレブの力は大きい」と述べる（ミニー 2008：161）。その後People Treeは，日本国内の有名モデルも含めた多数のモデルを起用していくことになる。

また，2006年には女性ファッション誌『VOGUE』とのコラボレーション・プロジェクトが開始される。このプロジェクトは，People Treeと契約しているインドとバングラディッシュの生産者団体の生産した生地をVOGUEのコーディネーターが用意した有名デザイナーに送り，それを用いてデザインしたものを生産者団体が作成するという企画であった。このコラボレーション企画にはロンドンのボラ・アクス，リチャード・ニコルといったデザイナーや，日本のデザイナー2人のブランドであるファンデーション・アディクトなどが参加しており，それぞれいくつかのフェアトレード・ファッションをデザインしている。2007年にはこのコレクションは完成し，リリー・コール，ヘレナ・クリステンセン，杏といったモデルがこのコレクションを着用しVOGUEの特集を飾ることになった。そして，このコレクションは自由が丘と表参道にあるPeople Treeの直営店や原宿の「ユナイテッド・アローズ」などで販売され好評を博した。

People Treeはさらに，世界的なデザイナーやブランドとのコラボレーションを展開していく。たとえば2009年にはパリ・コレクションなどでも注目さ

れている日本人デザイナーである三原康裕とのオーガニック・コットンのトップスの共同開発，またロンドン・コレクションで発表している「イーリーキシモト」とのコラボレーション企画などがあげられる（ミニー 2009：102, 116）。このように，世界を牽引するモデルやデザイナー，ブランドとのコラボレーションによって People Tree は徐々にファッション業界のなかでの知名度を上げていくことになる。ミニーらにとって，この知名度の向上こそがフェアトレードの普及のために不可欠であったといえるだろう。

3．舞台としての消費社会

　2008 年以降，People Tree は単独のファッションショーを開催している。こうしたファッションショーの開催は，People Tree の志向をよく表しているといえよう。特に 2012 年に「世界フェアトレード・デー 2012」に合わせて麻布のクラブ「Warehouse702」でインドの現地生産者も招いて開催されたファッションショーは象徴的である[9]。

　この日，昼の部においては，ボランティア団体や市民団体，自治体，そして People Tree によるシンポジウムが開催され，その夜の部においてクラブでの R&B のライブ演奏とファッションショーが開催された。それは，かつて消費社会の象徴でもあった大都会の麻布・六本木のクラブに，途上国支援のボランティア団体や市民団体関係者，さらにはインドの現地生産者を一堂に会させライブとファッションショーで盛り上げるという People Tree の独創的な演出とみることができるであろう。

　フェアトレード・ファッションの舞台として，代々木でもなければ日比谷でもなく，麻布・六本木界隈のクラブという「消費社会の殿堂」が選ばれたことは非常に興味深い。「欲望を喚起する消費社会の装置」ともいえるそのような商業施設は，従来であれば，途上国支援活動にとっては対極に位置するものであったといえるであろう。なぜならば，そのような先進国の人びとの消費欲求とそれを満たすことによって利益を上げようとする先進国資本の営利活動こそ

が，途上国の貧困を生み出してきた源泉であって，社会運動としてのフェアトレードはそうした消費社会に対するオルタナティブでなければならないと考えられてきた文脈があるからである。

クラブでのフェアトレードのイベントの開催は，そうした文脈の根底的な転換を象徴するものであるように思われる。このイベントは途上国支援活動による消費社会の「ハイジャック」として解釈することもできれば，消費社会こそがそうした活動の新たな舞台であるのだという宣言として解釈することができる。いずれにせよ，このファッションショーは消費社会と途上国支援活動というこれまで異質だと思い込まれていた2つの世界の境界の破壊として理解することができるだろう。

このファッションショーの試みは，「おしゃれさ」と「楽しさ」を原動力としたフェアトレード市場の開拓を目指す People Tree の姿勢をよくあらわしている。これまで，貧困・格差を生み出してきたと考えられてきた先進国の消費欲求を通じてその貧困・格差の問題を解決しようとするという意味では，この試みはこれまでフェアトレードが背負ってきた文脈の転換の試みであるといえよう。消費社会に抵抗することによってではなく，消費社会のなかで支持を獲得することによって途上国と対等で公正な取引を拡大させていくというコンセプトこそが，ミニーらの基本的な発想であると理解することができる。

フェアトレードをおしゃれなものへとデザインし，オピニオン・リーダーを通じて影響力を高め，消費社会という舞台の上でフェアトレードを展開しようとする People Tree の戦略の前提にあるのは，はたしてどのような社会観なのであろうか。それは，これまでフェアトレードが背負ってきた社会観とは大きく異なるものであろう。次節では，こうした社会観に理解を与え，この People Tree の戦略のもつ意義を明らかにしていく。

3　フェアトレード・ファッション

　本節では，People Tree の戦略を基礎づけている社会観について検討を加えていく。People Tree は消費社会を舞台としたフェアトレード・ファッションを展開していくわけであるが，そうしたマーケティング戦略を重視する姿勢は，前章で考察した ATJ や生活協同組合の活動とは基本的に異なるものであろう。この People Tree の戦略をいかにして理解することができるのであろうか。それを理解することによって，社会的企業によるビジネスとしてのフェアトレードの意義が明らかになるように思われる。

1．影響力の不可欠性

　「ファッションとしてのフェアトレード」は，フェアトレードのイメージを転換させるという点に主眼が置かれていた。このファッション化は，4つの異議をもつ。第1にフェアトレードの認知度を高めるという意義である。「フェアトレード・ファッション」がメディアによって取り上げられることによって，それまでフェアトレードを知らなかった人びとにもその存在が知られるようになった。第2に，品質やデザインの向上によって，フェアトレードの市場競争力を高めるという意義である。フェアトレードの理念には賛同するが，その品質の低さのために購入を敬遠していた層を惹きつけることができた。第3にファッション化によってより幅広い層の人びとを消費者として取り込むことができるという意義である。社会運動や途上国支援に関心のない人びと，あるいはそうした運動に抵抗感をもっている人びとの関心を「おしゃれさ」を媒介としてフェアトレードに向けさせることができた。第4に，「おしゃれ」の意味それ自体を「エコでエシカル」なライフスタイルと結び付けひとつのニッチ市場を形成したという意義である。それは消費者からすれば可能なファッションの選択肢の幅を広げたということであり，言い換えれば，People Tree によって新たなライフスタイルが創造されたということである。

上記にまとめた4つの意義はいずれも「影響力」に関する意義である。つまり，デザイン化・ファッション化とそれに伴うオピニオン・リーダーの起用とイベントの開催，そしてマス・メディアの活用という戦略は，いずれも人びとの関心を惹きつけるという機能を有しているということである。なるほど，途上国の人びとが生産した商品はどのような場合であれ消費者によって選択される必要があるのであって，より多くの途上国の生産者を救うためにはより多くの消費者にフェアトレードを選択してもらわねばならない。影響力とは人びとに関心を向けさせる力のことであり，それがなければより多くの人びとに選択してもらうことができない。「おしゃれじゃなくちゃ買ってもらえない」「デザインがよくかっこいいから買ってもらえるようになれば，フェアトレードがどんどん広まるはず」というミニーの考え方は，社会変革における「影響力の不可欠性」を言外に示唆しているといえよう。

こうした影響力の獲得という問題は，従来の途上国支援活動において必ずしも無視されてきたわけではない。むしろ，さまざまなロビー活動やデモ活動においてはこの影響力の獲得こそが目指されていた。たとえば，前節でみたようにATJや生活協同組合は対話を通じて人びとの「説得」を目指してきた。ただし，そうした説得は一種の啓蒙活動に近く，「消費社会の魅力的な側面の裏側で同時進行する途上国の搾取」というストーリーのなかで事態を問題化し，人びとに「消費者から生活者へ」の転換，および「利己から利他へ」の転換を規範的に要請するものであったといえよう。おそらく，People Treeの枠組みは，そうした形での「説得」とは必ずしも同じではないと思われる。

2．オルタナティブ・ヘドニズム

People Treeの戦略もたしかに一種の「説得」という側面をもっているが，それは必ずしも消費社会における自由な経済活動と途上国の貧困問題解決との間のトレードオフな関係を前提に据えたものではない。つまり，自らの生活を豊かにしたいという利己的関心と途上国の貧しい人びとを救済したいという利

他的関心が必ずしも対立軸として措定されていないという点で，それは従来的な「説得」の構図を逸脱している。People Tree の枠組みでは，利己と利他は異なる別の軸であり，この両者は同じベクトル上で重なり合うことが可能なものとして想定されているように思われる。イギリスの哲学者 K. ソパーは，利他的配慮が個人的な楽しみの追求に組み込まれる位相を「オルタナティブ・ヘドニズム」とよび，この概念構成を通じて私的欲求に動機づけられた利他的行動をとらえようとする (Soper 2007 : 210)。[10]

オルタナティブ・ヘドニズムとは，自然環境や社会環境への配慮を自らの欲求充足の対象として求める一種の享楽主義である。この種の享楽主義を原動力とする消費者は「私を捨て公のために身を捧げる」ような消費者とは異なり，むしろ積極的に自己の関心を追求することが想定される。こうした，いわゆる「倫理的消費者」においては，「エコでエシカル」な生活を送るということは，自らの欲求を抑制することではなく，それ自体が「楽しい」がゆえに選択されるライフスタイルだということになる。その意味では，People Tree におけるフェアトレードのファッション化戦略は，諸個人の関心を利他的行動の原動力として活用しているともいえる。

実は興味深いことに，こうした消費者像は社会的企業という People Tree の事業のあり方そのものと符合している。前述のように，社会的企業というスタイルを理解するためには，必ずしも収益事業と社会事業を対立関係としてとらえることはできない。社会的企業においては，社会事業は収益そのものの源泉であるし，収益をあげることは社会事業を妨げるものでもなければ，その社会事業の価値を減じるものでもないと考えられている。「倫理的消費者」という消費者像と「社会的企業」という事業スタイルは，必ずしも「利己／利他」という二項対立図式に縛られていないという点で共通しているわけである。

3．ツリー型からリゾーム型へ

諸個人の欲求に動機づけられた行為の利他的帰結というビジネス観・消費者

観の根底にある社会観は「ツリー型」の社会観とは決定的に異なるものとならざるをえない。「ツリー型」の社会観は, 全体と部分の関係を連続的にとらえるものであり, それゆえ倫理的な社会のために諸個人の倫理的動機づけを要請する社会観であった (2章参照)。その社会観のなかでは, 社会のためには諸個人は全体に対するコミットメントが必要であることになるし, 収益獲得や私的欲求の追求, そして消費社会といったものはそうした諸部分間の連帯を掘り崩すものとみなさざるをえなかった。

しかし他方で, People Tree の枠組みにみられるように, 個人が自身の関心を追求しながらその結果として社会的・倫理的な課題が解決されるようなあり方は, 部分と全体の差異を認めるような「リゾーム型」の社会観に基づいているといえよう。すなわち, 諸部分の全体への貢献というあり方が, 全体を目的とする諸部分の行動によってではなく, 諸部分による諸部分のための行動によって説明されうるような社会観である。ここで重要なのは, 諸部分の目的と全体の目的が必ずしも二項対立的なものとしては設定されえないという点である。つまり, 諸部分の目的追求が全体の調和を破壊するものではなく, むしろそうした諸個人の固有の目的の追求が全体を構成するものとして機能するという社会観こそが, この新しい枠組みを基礎づけているということである。

以上の抽象的な説明を具体的な水準でいえば,「エコでエシカル」なライフスタイルを自分のために楽しむということ, そして倫理的に配慮された取引を自らの収益のために行うことによって, 倫理的な経済が成立するようなあり方を指し示している。こうした社会観においては,「自分のため」であるということと「社会のため」であるということの間に必ずしもジレンマは生じていないし, むしろ「自分のため」という欲求が倫理的な社会を支える強力な原動力として強調される。

ここで目を向けておきたいのは, こうした社会観は市場を否定するものではなく, むしろ公正な市場を通じた倫理的な経済の維持・形成という発想を導くという点である。こうした側面は, People Tree の枠組みにおいてもみられる。

ミニーはフェアトレードが目指しているのは真の自由市場であると論じている。彼女は自由市場と「自由」市場を区別しているが，ここでいう自由市場とは公正な機会が万人に開かれた市場であり，「自由」市場とは一部の大企業によって都合よく設定された市場である。経済のあり方を「自由」市場から自由市場へと変えていくことこそがフェアトレードの目標なのだと彼女は強調している（ミニー 2009：42-45）。また，彼女は次のようにも論じている。

　いわば，今ある「自由」市場は，一部の企業だけにとっての「自由」市場なのです。アダム・スミスは，こうした行為には反対の立場で警告していたのです。…（中略）…アダム・スミスは経済的なイデオロギーを支える市場の論理をその通りに機能させるには，買い手にも売り手にもすべての情報が平等に提供されることを大前提としていました。製品の裏側にある情報を市場に届けることは，フェアトレードが常に実践していることです。…（中略）…アダム・スミスは，生きていたらきっとフェアトレードの熱烈な支持者だったと思います。（ミニー 2009：43-44）

　ミニーは市場経済を擁護するが，それはけっして「自由」市場を擁護しているわけではなく，「自由」市場から自由市場への転換を訴えているのであって，フェアトレードの事業にその転換を賭けているのである。かつて1980年代に自由市場経済への抵抗を目的とするものとして出発したフェアトレードは，ミニーによって「自由」市場から自由市場への転換を目的とするものとして再設定されているといえよう。
　こうした市場観の転換とフェアトレードの目的の再設定を支えているのが，諸部分と全体の関係をめぐる新たな社会観にほかならないであろう。諸部分の諸部分のための行動を調整する，すなわち諸部分の目的と全体への貢献というベクトルの重ね合わせを可能にするものとして自由市場をとらえるならば，「ツリー型」の社会観から「リゾーム型」の社会観への転換こそが，市場観の転換，

およびフェアトレード観の転換を根底で支えているといえよう。

　本節ではPeople Treeのファッション化戦略の地平について分析を加え，その発想を支えている社会観を明らかにしてきた。その社会観はもはや「ツリー型」の社会観から大きく逸脱しているという点で，ATJや生協の社会観とは異なっており，それゆえ，フェアトレードをめぐる戦略にも相違があるのだと理解することができる。

　以上のように，ここでは社会的企業や倫理的消費のもつ根本的な図式転換のもつ可能性と意義を明らかにしてきたわけであるが，しかしその一方で，こうした社会観に支えられたフェアトレードの戦略にも問題が伏在しているのも事実である。次節では，ファッション化戦略の抱える問題について検討を加えていく。それは，結果的に自由市場それ自体が抱えている課題を明らかにするものとなるだろう。

4　フェアトレード・ファッションの課題

　フェアトレードのファッション化は，特定の組織的活動にコミットする人びとの外部における市場でフェアトレードを売り込むことによって，ATJや生協の限界を超える可能性を胚胎していると考えられる。その影響力の拡大を通じて，経済のあり方を「自由」市場から自由市場へと転換させていくという新たな発想は，「ツリー型」の社会観ではとらえきれない可能性を有することが認められる。だが，そうした理解は，必ずしも消費社会を舞台としたフェアトレード・ファッションが万能であるということを意味しているわけではない。本節では，ファッション化戦略の限界と向き合い，そのなかでPeople Treeが直面せざるをえない課題を明らかにしていくことを試みる。

1．企業家とリスク

　People Tree におけるフェアトレードのファッション化とは，影響力の獲得を通じて消費社会におけるフェアトレードの市場競争力を高める戦略であったということは既に論じた。しかし，市場経済が常に変化のなかにあることを考えるならば，その影響力もまた変動し続けるものであると考えられる。それはある意味で株の値動きと同じであり，誰かがコントロールできるものでもなければ，これから先も人びとがフェアトレードに高い関心を抱き続けることを保証するものでもない。

　People Tree はファッション業界におけるフェアトレードの制度化を志向しており，実際にメディアにも取り上げられることによって，これまでフェアトレードに関心のなかった消費者層の注目をも集めている。さらには，フェアトレードとは無縁であったハイファッション・ブランド，ラグジュアリー・ブランドも，そうしたエシカル・ファッションの波に乗らんとばかりに「エコでエシカル」な価値を前面に押し出している (Bendell and Kleanthous 2007)[11]。しかし，こうした傾向はまた，People Tree のフェアトレードが一種の「流行」に支えられている側面があるということをも意味しているといえるだろう。

　People Tree はこの「エコでエシカル」というライフスタイルの魅力のおかげで消費者の関心を惹きつけているわけであるが，この先もそのようなライフスタイルが人びとにとって魅力あるものであり続けるとは限らない。それが一時的な流行に終始する可能性もある。いまでこそ，インドの手織り衣服の生産者団体はファッション業界の注目の的になりつつあるかもしれないが，いつかは誰も見向きもしなくなるかもしれない。

　ここで論じているのは，「エコでエシカル」なライフスタイルが一時的な流行に過ぎないのだということではなく，それが一時的な流行であるかこの先将来に渡って続く傾向であるかということは誰にもわからないということである。もちろん，将来のことは誰にもわからないので，それ自体がファッション化の問題点だというわけではない。問題なのは，そうした流行に不可避的に伴うリ

スクを誰が請け負うのかという点にある。

　もちろん，この場合，流行に伴うリスクを請け負うのは社会的企業であるPeople Treeであり，その傘下にあるアグロセルやスワローズなどの生産者団体である。I.カーズナーもいうように，「企業家」とは市場におけるチャンスを発見し，そのチャンスをいかして成功を収めようと努力する行為者のことであるが，それは同時にその発見したチャンスがその内に秘めているリスクをも請け負う行為者でもある（Kirzner 1997=2001）。People Treeとその取引先の生産者団体は「エコでエシカル」なライフタイルというひとつの市場価値の発見を通じて成功を収めつつあるといえるが，それはそのライフスタイルのもつ流行としての側面が抱えるリスクを請け負わねばならないということを意味する。

　このように，市場経済のなかでフェアトレードを展開するということ，すなわちあらゆる生産者に公正な機会を開くということは，彼らを「企業家」という対等で平等な立場に据えることになるが，これまた対等にリスクを請け負うものとしてみなすことをも意味する。なるほど，市場においてフェアに取引するということは，アグロセルやスワローズといった生産者団体がPeople Treeとは独立した選択主体＝リスク請け負いの主体であるということが前提となるわけである。

　そうであるとすれば，こうした「平等の立場」という言葉には十分な留意が必要となってこざるをえないという側面もある。というのも，生産者自身による選択なしに公正な機会を開くということになるとすれば，それは生産者に対する一種の「市場経済の押しつけ」ないしは「企業家精神の押しつけ」となり兼ねないからである。ここには公正であることを強制する不公正という危険が常につきまとっていることには注視すべきであろう。取引が公正であるためには，まずは生産者団体に市場参入の選択権がなければならない。

　ただ，生産者自身が市場における公正な取引を望むのならば，彼ら自身はリスク請け負いの主体とならざるをえないということにもなろう。なぜなら，時間の変化に伴ってどのように状況が変化するかということがいかなる条件のも

とであれ不確実であるとみなすならば、そのようなリスクの請け負いなしには「公正」はありえないからである。それは先進国の生産者であれ途上国の生産者であれ同じである。だとすれば、自身の選択に伴うリスクを請け負わねばならないということは、今日におけるすべての人びとに共通しているともいえるであろう。

2. リスクの請け負いの公正

　さて、今日のフェアトレードにとって問題なのは、そのような企業家としてのリスクの請け負いそれ自体が公正でなくてはならないということである。しかし、はたしてそのような「リスクの請け負いの公正」という点にまで、現在のフェアトレードの枠組みは追い付いているのだろうか。もし、「エコでエシカル」なライフスタイルが人びとに飽きられたとしても、People Tree はミニーの巧みな経営手腕で危機を乗り越えることができるかもしれないが、はたしてインドやバングラディッシュの生産者団体はそのような機敏な対応は可能であろうか。少なくともそうした生産者団体が先進国の企業のたんなる「下請け」として機能していたとしたらそのような対応は難しいだろう。というのも、たんなる「下請け」生産は途上国の生産者団体のリスク管理の戦略を身につけるための学習の機会を奪いかねないからである。

　こうした考察から導かれるのは、「リスクの請け負いの公正」のためには、途上国の生産者団体が先進国の企業に依存しない独立した「企業家」である必要があるということである。フェアトレードの「フェア」のなかにそのような「リスクの請け負いの公正」が含意されるとすれば、そのような途上国の生産者に対する企業家として能力開発支援がフェアトレードのなかに含まれることになるだろう[12]。それは、途上国の生産者の能力開発が、生産の技術についての知識の伝達だけではなく、知識の収集と使用についての知識の伝達を含むものだということにほかならない。途上国の生産者団体自身が機敏でクリエイティブなマーケッターとなるような状況こそが「リスクの請け負いの公正」が実現

された状態だということである。[13]

　むろん，こうした「リスクの請け負いの公正」のために途上国の生産者団体を企業家として成長させようとする考え方を「企業家主義的開発主義」として否定的にとらえるような見方もあるだろう。企業家としての能力開発は途上国の生産者を市場経済のロジックのなかに組み込もうとするイデオロギー的側面をもっているという批判である。こうした批判は，ある面では能力開発に対する鋭い指摘を含んでいるかもしれない。しかし，そうした能力開発はミニーが否定する「自由」市場に途上国の生産者を従属させようとするものではなく，自由市場における対等なパートナーとしての成長を手助けするものであるということには留意しなければならないだろう。

　また，能力開発を認める立場のなかでも，そのような独立した企業家として個々の行為者にリスクの請け負いを求めることが「リスクの個人化」につながり，経済活動における失敗を全面的に個人に帰責させてしまうのではないかという危惧が呈される可能性がある。それは，生産者に容赦なく「自己責任」が押しつけられる危険性を示唆するものであり，企業家主義的開発主義に警鐘を鳴らすものであると考えられる。むろん，「リスクの請け負いの公正」が担保されている状態においては，平等な取引相手としてお互いが自らの選択に責任を負うことが前提となる。ただ，そのような「リスクの請け負いの公正」が実現されている理想的な状況は今日ではほとんどないし，またそうであるからこそフェアトレードにおいてもそれ自体が目下の課題となっているのだと考えるならば，そのような無際限な「リスクの個人化」によって，あらゆる行為者に自己責任が押し付けられてしまうことは，やはり問題であろう。

　こうしたリスクの個人化に対して「集合的なリスクの分有」という形で対処しようとする考え方もある。リスクの請け負いの公正が担保しえない限り，こうしたリスク分有の必要性は認められるかもしれない。ただし，集合的なリスクの分有は完全に公正な仕方でなされることは難しく，それゆえそれはあくまで市場経済を補完する制度的位置づけを与えられるにとどまらざるをえないの

ではないだろうか。なぜならば，本書でこれまでも議論してきたように行為の事前における経済計算が不可能であるとするならば，それは同時に行為の事前におけるリスク計算もまた不可能であることになるからである。それゆえ，「リスクの請け負いの公正」のためには，まずもって第1に諸個人が独立した企業家として市場に参入できるということ，またその可能性に開かれていることが重要であり，そしてあくまで第2に，企業家として独立できない，あるいはそれを選択しない人びとが，必ずしも抱えきれない「自己責任」を押し付けられることのないようななんらかの「集合的なリスクの分有」が存在することが重要であると考えられる。

以上の「リスクの請け負いの公正」をめぐる分析は，もはやフェアトレードの問題を超えて，自由市場そのものをめぐる議論となった。しかし，その議論はフェアトレードの議論とはけっして無縁ではないし，むしろフェアトレードが今後考えていかなければならない課題を含んでいると考えられる。People Tree のような市場志向的・消費者志向的なフェアトレード企業は今後も増加していくであろうし，フェアトレードもファッション化していく可能性が考えられるが，こうした課題に少しずつ直面しつつあるようにも思われる。

結　び

本章では，People Tree の事業を考察することを通じて，自由市場を通じた公正な取引の可能性とその課題を明らかにしてきた。ATJ や生活協同組合が，同じ意味を共有した組織内部でフェアトレードを展開しているとすれば，People Tree はそうした組織の外側でフェアトレードを展開しているともいえるだろう。組織化されていない広範な消費者市場においては，影響力を高めることによって顧客を獲得する必要があり，まさしくそのためのファッション化戦略こそが People Tree の事業を特徴づけていると考えられる。

そして，そのようなファトレードのファッション化は，その通底している社

会観という面で社会的企業という事業スタイル，そしてその顧客としての倫理的消費者という消費者像と適合的であるように思われる。「ツリー型」の社会観とは異なり，「自分のため」であることと「社会のため」であることが必ずしも対立的なものとしては設定されておらず，企業や消費者の各々の関心の追求を通じて経済活動それ自体の倫理化が達成されるような自由市場のモデルのなかにフェアトレードは位置づけられている。この点は，諸個人の関心追求をいかにして抑制するかを課題とする従来的な倫理的な経済の枠組みとは大きく異なっているといえよう。

しかし，そのような自由主義的フェアトレードのモデルは，必ずしも万能ではなく，直面せざるをえない課題を抱えているということも本章の分析で明らかにされた。自由市場それ自体がそうであるように，個々の行為者は企業家として自らの選択のリスクを請け負わねばならず，そうした「リスクの請け負いの公正」をいかに担保するかということがフェアトレードにおいても課題とならざるをえないのである。途上国の生産者にファッションとしてのフェアトレードの生産を担わせるということは，不可避的に彼ら生産者に市場経済のなかに身を預けさせるということをも意味しており，そうした状況のなかにおいては，生産者自身が企業家としてリスクを請け負うことができるような能力を獲得する可能性が開かれていなくてはならない。

それは具体的にいえば，インドの生産者団体「スワローズ」が，People Tree の事業に依存した「下請け」としてではなく，対等な立場で取引できるようになるということである。対等な立場であるということは，スワローズが People Tree と駆け引きし，交渉し，ときには People Tree を出し抜くようなことがなければならないということを意味する。それはスワローズ自身がマーケティングや交渉といった市場競争力を身につけるということにほかならない。たしかに People Tree もそのような能力開発支援を行ってはいるが，対等の立場での取引のためには，People Tree とは区別された第三者による能力開発が必要だということになるだろう。フェアトレードの「フェア」の意味のなかに

「リスクの請け負いの公正」が含まれるとすれば，そうした第三者による企業家主義的能力開発もまたファトレードの課題とならざるをえないのであろう。

むろん，このような形で途上国の生産者を企業家へと仕立てていくことに関しては，フェアトレードのなかでも賛否両論であろう。先進国による途上国の能力開発は，彼ら生産者を市場経済の荒波のなかに引きこむことであって，それは彼らに企業家という市場的行為者としての生き方を強制するものであるという批判的観点も存在するであろうし，そうした批判は，この自由主義的フェアトレードのもつひとつの重要な側面をとらるものである。しかし，市場経済の外部だからといって生涯の安定が保証されるわけでもなければ公正な取引が保証されるわけでもないのではないだろうか。おそらく本書の分析だけでは，企業家主義的開発主義に関する双方の考え方に対して十分に納得できるような解答を与えることはまだできないであろうし，今後もフェアトレード，および倫理的な経済のあり方を考えていく上で検討し続けていかねばならない問題であると思われる。

ただ，そうした検討のなかでも常に焦点とならざるをえないのは，公正とは何かをめぐる一連の考察となってくるはずである。流行の変化，将来の不確実性，そして経済の安定を保証する特定の観点の不在を前提とする本書の分析は，あくまでひとつの切り口でしかないかもしれないが，そうした問題に対してパースペクティブを与えるものとなるだろう。

注
1) People Tree の 2011 年における売上高は約 8 億円である。日本のフェアトレード市場規模は 2011 年において 90 億円前後であると推測されるので，そのシェアは約 9％弱ほどであると考えられる。
2) ただ，本章でみていくように，People Tree は現地生産者と直接的な提携を志向するという点で，認証型とも異なる第 3 のタイプのフェアトレードとして位置づけることができる。
3) 彼女は 7 歳という幼い時期に父親を失っており，母親に経済的に依存できない環境で自ら稼ぐ必要に迫られ 13 歳で露天商でのアルバイトを始めたという経緯

をもつ。高校を卒業後，17歳で出版社に勤め，『クリエイティブ・レビュー』雑誌のマーケティングと販促の管理を任されることになった。10代の彼女に対して，会社はそれほど大きな期待はしていなかったのだが，彼女の独創的なアイデアによりプロモーションは成功し雑誌は販売部数を大きく伸ばした。この成功の後，彼女は他に4つの雑誌を任されることになり，さらには出版業界内で表彰されることにもなった。

4) 2001年以降はブランド名 People Tree を使用している。以下では統一して People Tree という名称を使用して記述していく。

5) このアグロセルでは安定してコットンを仕入れることができたが，そこでは別の問題に直面する。オーガニック・コットンの生産においては枯葉剤を使わないので，その分だけ厳重な品質管理が必要されたのであった。途上国においてはこうした品質管理の枠組みが完全に整備されていたわけではなかった。

6) このアシシ・ガーバメンツはフェアトレード・カンパニーの大口の取引先であるが，最初は8人だった生産者組織は，フェアトレードの注文で現在は100人以上が仕事をえている。技術的にもその水準は大きく向上しているとされる。

7) 2012年5月12日，「世界フェアトレード・デー2012」のイベントでは，ミニーらと現地生産者が登壇し，People Tree と生産者団体との間の関係についての議論がなされた。現地生産者にとって，ミニーらの要請する基準は当初，非常に厳しいものであったことがそこでは吐露されている。しかし，生産者団体側はその基準を満たすための努力のおかげで，現在では成功を収めた生産者団体となっているという認識を有している。一方，こうした生産者団体への厳しい基準の要請に対しては，途上国の伝統的な価値（ローカルなもの）に対する先進国的価値の「押し付け」（効率化・規格化）として非難の対象にされることもある。こうした非難に対してミニーは，「その地域やコミュニティに伝わるスキルは新しい市場をみつけなければ失われてしまう」（ミニー 2008：189）と反論している。一見すると，ローカル文化の効率化・規格化は，日本の消費者市場への従属であるかのように思われてしまう。だがしかし，その消費需要を利用することによって，彼ら生産者は都会への出稼ぎをする必要もなく，故郷の村の発展とともに過ごすことができるのだと彼女は述べている。コミュニティと市場を対立的にとらえようとする枠組みでは，そうした側面はとらえきれないであろう。

8) オピニオン・リーダー仮説に関しては P. ラザーズフェルドらの研究（Katz and Lazarsfeld 1955=1965）など早い時期から研究されている。今日では，トップダウン式の流行の形成過程の説明という文脈よりも，こうした影響力ある人びとを利用するマーケティング戦略の文脈で用いられることが多く，本書でも

後者の含意でこの概念を用いていく。
9) この企画は2012年5月12日に開催された。
10) K. ソパーは倫理的消費者という類型に対して独自の見解を提示している。これまで「消費者」と「市民」は相反する対立的な存在であることを前提として理論的な枠組みが構成されていた。そこでは，前者が利己というカテゴリに，後者が利他というカテゴリに割り振られていたが，今日の倫理的消費者はそうした二項対立軸に回収して理解できるものではないと彼女は論じる (Soper 2007：206-210)。ソパーは従来的な二項対立的な見方とは異なり，エコ消費やフェアトレード消費が「私的欲求に動機づけられた利他的行動」としてとらえられる可能性を示唆する。彼女はこれを「オルタナティブ・ヘドニズム (alternative hedonism)」という概念を用いて理論化しようと試みている。エコやエシカルといった要素は，そうしたタイプの商品の消費者にとって，自らの生活を豊かにする機能を有しているとソパーは分析しており，それは必ずしも「エコでエシカル」なライフスタイルの希求が自己利益の追求と相反する関係にはないことを意味している。こうしたソパーの視角と People Tree の視角は，利己的かつ利他的な消費者類型の構成という点において多くの部分で共通しているとみなせるであろう。
11) 近年ではロレアル，エルメス，コーチといったいわゆるハイファッション・ブランドがエシカル・ファッションに取り組み始めたことが報告されている (Bendell and Kleanthous 2007：4)。
12) むろん，2節で論じたように，People Tree もそのような能力開発に取り組んではいるものの，実質的にどこまでそのような独立した企業家としてのあり方を生産者団体に求めているかは不明瞭である。というのも，生産者団体の企業家としての独立は，ときとして先進国の社会的企業にとって不利に働く場合もあるからである。それゆえ取引相手である People Tree とは区別される第三者による能力開発といったものが必要となってくるであろう
13) もちろん，この場合においては，渡辺龍也が強調しているように，途上国の貧困という問題それ自体を区別する必要がある。このような企業家としての教育をうけることのできる層も存在すれば，そもそも明日の食糧をえられるかどうかもわからない層が存在する。ここでは，すべての層に対してこのような「リスクの請け負いの公正」が貧困の万能薬だということを主張しているわけではない。

8章　倫理的消費の台頭

──自由選択を通じた公共社会の形成

はじめに

　本書では，フェアトレードをめぐる具体的な制度や取り組みに関して検討してきた。とりわけ，今日において主流となりつつある制度や取り組みは，いずれもその制度的環境を「消費者」として概念化し，その消費者のニーズあるいはリスクに対する積極的な適応を進めるという点に特徴がある，ということを明らかにしてきた。本章では，「倫理的消費」として構成されてきた概念について検討を加えることで，フェアトレードを含めた倫理的市場の形成を「自由選択を通じた公共社会の形成」という観点から理解していくことを試みていく。
　倫理的消費（ethical consumption）とは自然環境や社会環境に配慮された商品を積極的に選択する消費であり，それは自然や社会に悪影響を及ぼす商品の購入を拒否するという不買行動をも含んでいる[1]。
　倫理的消費が顕著に観察されるようになるのは，1980年代後半以降においてである（Micheletti 2003）。しかし，それ以前にもこのような消費は存在していたかもしれないということを考えるならば，重要なのはこのようなタイプの消費を「倫理的消費」として理解するような枠組みが台頭してきたということであろう。というのも，倫理的消費という概念が登場する以前においては，たとえば無リン洗剤の使用や無農薬有機バナナの購入などは，むしろ消費文化への抵抗としてとらえられ，それ自体は消費社会を構成する経済活動ではなかっ

た。そうした行為が消費として説明されるようになったということは，消費それ自体に対する見方が変化していることを意味するのではないだろうか。

本章では，この倫理的消費という消費者理解の枠組みを検討していく。近年においては，倫理的な観点から商品を選択するということを，消費社会への抵抗としての消費者運動の文脈のなかでとらえる傾向もみられるが，はたしてそのような文脈化で今日的な倫理的消費を十分に説明しうるのであろうか。本書では倫理的消費が消費者運動とどのような点で区別されるかという観点からこの概念を定義づけていく（1節）。また，倫理的消費を高度な経済発展を経た社会の特徴ととらえる脱物質主義化論に依拠して，倫理的消費を現代社会のなかに位置づけ（2節），倫理的消費をいくつかの次元に下位分類し，その多元性をとらえていく（3節）。そして，そのなかでもどのような消費者像が日本における倫理的消費者をよく説明するものであるのかを統計分析を用いて検討していく（4節）。これらの分析を通じて，倫理的消費の台頭に理解を与えていくのが本章の試みである。

1　消費社会と倫理的消費

1．消費社会批判と消費者運動

消費者が倫理的な経済を支えているという理解は，これまでの消費社会研究の文脈を踏まえるならばある意味で逆説的なものであるという点に目を向けておく必要があるだろう。というのも，消費社会化という趨勢は自らの欲求を追求する個人を単位として構成されるような社会を生み出すことによって公共的な社会のあり方を解体させてしまう，という見方が社会学でも主流であったからである。こうした消費社会に対する批判の観点は大きく3つの水準に分けることができる。(1)自身の欲求を追求する個人の生活態度に対する道徳的批判，(2)商業資本を中心とした社会編成に対する批判，そして(3)個人化の促進によ

って社会的連帯が掘り崩されることに対する批判である。これらは互いに結びつきあって，消費社会批判の文脈を形成してきた。

このような3つの論点を結びつけた消費社会批判の実質的な出発点のひとつは20世紀中頃のアメリカ消費文化批判論のなかにある。J. K. ガルブレイスやV. パッカードは生産者権力論の視点から当時アメリカで進行しつつあった消費社会化に対して警鐘を鳴らしたわけであるが，それはたんなるコマーシャリズム批判を超えて，それに対して盲目的に従属するような消費者に対する批判でもあった（Galbraith 1958=1960, Packard 1960=1961）。また，同様に生産者権力論の観点からフランクフルト学派も消費社会に対する批判的分析を加えており，当時においては大きな影響力をもつことになった（Marcuse1964=1980, Horkheimer and Adorno 1969=2007）。さらに，その後のJ. ボードリヤールの消費社会論（Baudrillard 1970=1979）は，モノそれ自体の有用性を超えた記号的価値の生産，操作，消費が消費社会の編成原理となりつつある側面をとらえるものであったが，それはある意味で商業資本による見えざる社会編成を構造主義的に基礎づけた理論であったともいえよう。また，こうした批判は消費を通じた個人化の負の側面を強調する議論へと展開される傾向にもある。R. セネット（Sennett 1976=1991）やZ. バウマン（Bauman 2001=2008）などは，自らの欲求に盲目的に従う消費者が私的生活に閉じこもることによって公共的な関心が薄れていくということ，そしてそのような消費社会を通じた個人化が社会的連帯の基盤を掘り崩してしまうということを問題視し，消費社会を反省的にとらえようとした。

以上のような文脈のなかで展開される消費社会批判は社会学のなかでも説得力をもってきたし，いわゆる「現代社会論」の切り口として今日的な社会のあり方に一定の理解可能性を与えてきた。さらに重要なのは，こうした消費社会批判が，倫理的な経済をめぐる問題の中心的な観点に据えられていたということである。見田宗介は，高度消費社会が人びとの生活を豊かにする一方で自然環境の破壊や発展途上国の労働者の経済的搾取の要因となっていることをとら

え，そのような社会構造の転換が現代社会における目下の課題であると論じている（見田 1996）。こうした見解は，一般的にも広く共有されてきたように思われる。それゆえ，この消費社会という社会のあり方を転換するということこそが，倫理的な経済のための課題とされてきたのであった。その意味では，消費社会と倫理的な経済は対極に位置するものだったということである。

消費社会と倫理的な経済を対置させる観点においては，倫理的に配慮された消費を実践するということは，自身の欲求を追求する私的な生活態度からの転換を志向する一種の「消費者運動」であった。倫理的に配慮された商品の購入を消費者運動としてとらえるということは，それを消費社会に対する抵抗としての「実践」としてとらえるということになるだろう。

消費者運動は営利目的の大企業が織りなす非倫理的な経済活動を批判・監視する運動であるとともに，企業によって植え付けられた欲望，楽しみ，快楽とそれらに駆り立てられた諸個人の自己中心的で無反省的な大量消費を批判する啓蒙活動でもあった。そうした運動において必要とされるのは規範的価値へのコミットメントと集合的連帯であった。人びとが私的な個人という枠を超えて互いに結びつき，「実践の主体」「抵抗の主体」「変革の主体」としての自覚を獲得することによって消費社会に対抗する連帯圏を拡大していくことが消費者運動に賭けられていたといえよう。こうした消費者運動の視座においては，経済を倫理的なものに変えていくということは，そのような連帯を拡大することによって人びとを主体化していくということにほかならなかったわけである。

2. 消費者運動から倫理的消費へ

ところが，1990年代以降，消費者の倫理的配慮は必ずしもそのような消費社会批判や消費者運動の文脈ではとらえきれないのではないかという議論が登場してきた。何か特別な「実践」として構えられた運動としてではなく，消費者自身にとってよりよい商品の選択の結果として普段の買い物のなかで環境や社会に配慮された商品を購入するような傾向が観察されるようになってきたの

である (Micheletti 2003)。1990年代にはこうした消費傾向は「倫理的消費」という言葉が与えられ，2000年代に入り普及していくことになる。

　この「倫理的消費」は，特定の規範的価値への明確なコミットメントによってではなく，自らの個人的な関心のもとで環境や社会に配慮した商品を購入するようなあり方として特徴づけられる。こうした傾向に対して，K. ソパーとF. トレントマンは倫理的消費があくまで消費者自身の欲求に基礎づけられていることを強調し，そうしたタイプの消費者行動が必ずしも消費社会への抵抗であるとは限らないと分析している (Soper and Trentmann 2008)。倫理的消費者は個人の欲求のもとでエコでエシカルな商品を選択し，そのようなエコでエシカルな消費生活のなかに自らの楽しみを見出す。ソパーとトレントマンは，このようなタイプの消費者をもはや「利己／利他」「私的／公共的」，そして「消費者／市民」という二項対立で理解することはできないと論じる。たとえば，フェアトレードのコーヒーを毎日飲むような人びとは，社会的公正に貢献するということそれ自体が自分自身の好みや楽しみとなっているという。トレントマンはこのような消費者類型を「市民−消費者 (citizen-consumer)」とよび，消費社会的な欲求の追求というベクトルと環境配慮・社会的配慮というベクトルが重なり合っているのだと説明する (Trentmann 2007)。倫理的消費は利己的かつ利他的であり，私的かつ公共的なものであるといえるだろう。

　このような倫理的消費者は，消費者運動的な主体として論じられてきた「実践の主体」とはいくつかの点で異なっている。第1に，消費者運動は消費社会に抵抗することを目指すものであるが，倫理的消費は消費社会をより謳歌することを目指すものである。第2に，消費者運動は集合主義的であるが倫理的消費は個人主義的である。第3に，消費者運動は市場経済のオルタナティブを望むが，倫理的消費はよりよい市場経済を望む。ガブリエルとラングによれば，こうした消費者運動と倫理的消費の相違点が明瞭に認識されるようになるのは1990年代後半以降である (Gabriel and Lang 2005：49)。

　むろん，このように消費者運動と倫理的消費を区別することに対しては異論

も多いであろう。消費者運動的な価値にコミットしたタイプの倫理的消費というものも想定されるだろうし，それを重視する主張も存在するだろうからである。その意味では，「倫理的消費」という言葉それ自体が論争的な性格をもっており，この概念をどのように定式化するかということそれ自体が倫理的な経済のあり方をめぐる思想的な問題を孕んでいるといえる。[2]

ただ，2000年代の倫理的消費研究の背景にあったのは，「解放のポリティクス」から「ライフ・ポリティクス」への移行という社会学的コンテクスト（Giddens 1991=2005）であり，それゆえ分析的には消費者運動と区別されるという点にこそ社会学的意義があるように思われる。また，近年では消費者運動の一部は倫理的消費という概念と距離を取りはじめており，倫理的消費に対して批判的なまなざしも向けているという事情もある[3]（Johnston 2007）。逆に，倫理的消費の側からは，倫理的消費が従来的な消費者運動と異なる側面をもつことが強調点として指摘されることもあり，むしろ従来的な消費者運動のあり方こそ見直すべきなのではないかという見方も示される。たとえば，次の土屋淳二の分析はそうした見方を端的に示している。

　消費主義へのアンチ・テーゼとしての反消費主義のうちには，はじめから生産側の論理に対する批判的なモーメントがビルト・インされている。…（中略）…ただ（倫理的消費者の概念は），消費の側が消費者のみずからの問題として，公正性にもとづいた倫理的消費を実践し，社会的責任を積極的に果たしていくということを本旨としている。その点で，反グローバル化にみる非消費キャンペーンや不買行動，反広告といった実力行使を伴う運動戦略は，ひとが個々に自由選択すべき価値観を運動内に囲い込み，社会全体への浸透をむしろ阻害するという逆効果性すらはらんでいる。（土屋 2009：160-161）

なるほど，倫理的消費と消費者運動を混同してしまうと，個々人の自由選択としての倫理的消費という側面が見逃されてしまうということになる。倫理的

消費を消費者運動との区別によってとらえる本書の視点は，今日における倫理的消費のもつ意味を明らかにする上では欠かすことができないといえるだろう。それゆえ，以下では倫理的消費を「自らの消費生活と消費環境をよりよいものにしたいという諸個人の関心のもとで倫理的・社会的観点から商品を選択する消費」として定義して分析を進めていきたい。

ただし，従来型の消費者運動と倫理的消費が異なるからといって，それは倫理的消費におけるアクティビズムの次元を排除することを意味してはいない。自らの消費生活を豊かにしたいという欲求は消費者運動の備えていた社会変革志向を内に含んでいるのであって，あくまでその両側面が排他的な関係ではないという点こそが倫理的消費のもつ特徴である[4]。その意味では，消費者運動のもっていた反消費社会的，集合主義的な側面には還元されえないアクティビズムが，倫理的消費のひとつの側面を構成している。

2 消費の脱物質主義的転回

倫理的消費という消費傾向の台頭についてはさまざまな形で説明が試みられてきたが，それらのなかで主に問題とされてきたのは，自然環境や人権保護といったような倫理的・社会的な価値に志向した欲求の高まりという一種の社会変動であった。むろん，前述のように，倫理的消費は新たな観察の枠組みによって「発見」されたもの，つまりそのように概念化されていなかっただけで以前から存在していたという見方も可能であり，倫理的消費それ自体が社会変動の結果として「誕生」したものであるかどうかは必ずしも明確にはわからない。ある社会現象の登場を，観察の枠組みの変化の結果であるか社会それ自体の変化の結果であるかを明瞭に切り分けることは必ずしも容易ではないが，おそらく多くの場合にはその両方の側面から説明することが可能であろう。ここでは，倫理的消費を現代社会の新たな特徴のひとつとして消費文化の変容に着目する「脱物質主義化論」という枠組みについて検討を加えていきたい。

1. 脱物質主義化論

脱物質主義化とは，人びとの行為が物質的欲求だけではなくまた精神的欲求にも動機づけられるようになりつつある現代社会のひとつの趨勢である。R. イングルハートによれば，それは高度な経済発展を経た成熟社会にみられる特徴のひとつであるとされる (Inglehart 1977=1978)。倫理的消費を自然や社会への配慮といった精神的価値が人びとに重視される消費行動だと理解するならば，倫理的消費は脱物質主義化という趨勢のなかに位置づけられる。

間々田孝夫はイングルハートの議論を消費論に導入して，「消費の脱物質主義化」という観点から，高度に発展した豊かな社会では人びとの消費基準が「物質的価値」とともに「精神的価値」に置かれると論じている（間々田 2007: 209-269）。間々田の論じる脱物質主義化とは人びとが物質を消費しなくなるということではなく，消費財の有用性や機能性だけではなくその消費財のもつ社会的価値が人びとをひきつけるようになるということである。

イングルハートと間々田の議論を根底で支えているのは，人間の欲求の水準を段階的なものとして理解する A. マズローの欲求段階説である。マズローは人間の欲求を「生理的欲求」「安全欲求」「帰属欲求」「承認欲求」，そして「自己実現欲求」と5段階に区分し，前者から後者に移るにつれて高度な欲求となると説明している (Maslow 1954=1978)。そして，前段階の欲求が満たされることではじめて，その次の段階の欲求へと移行するものとされる。[5]

マズロー，イングルハート，そして間々田と連なる脱物質主義化論の系譜が前提としているのは，「欲求する」ということが必ずしも「最大効率性を目指す」ことと同じではないということである。それは，消費における選択基準が主観的なものであるということ，そしてより高い生活水準のなかにおいては物質的欲求に縛られずに諸個人の内的基準で商品を選択するようになるという側面をとらえるものであるといえるだろう。そうであるとすれば，間々田が精神的欲求とよぶのは，まさしく諸個人が自らの行為を自身の内的基準に合致させようとする欲求であると理解することができる。

脱物質主義化論の視座から倫理的消費をとらえるならば，それは高度な生活水準を可能とした豊かな社会にみられる精神的消費のひとつのタイプであり，自らの欲求を満たすために諸個人がそれぞれの内的基準のもとで選択するような消費であることになるだろう。

2．高度消費社会の特徴としての倫理的消費

　脱物質主義化論の視座からとらえ返すならば，倫理的消費は高度に発展した消費社会のなかにおいて展開される消費行動だということになろう。こうした見解は，従来的な消費社会批判の前提を掘り崩すことになる。というのも，消費社会批判の文脈においては，経済発展に伴う高度消費社会の形成は道徳的廃頽と公共性の喪失を導くということが基本的な前提として想定されてきたからである。近代化を目指してきた経済発展，高度消費社会化が逆説的にも人間や社会を非近代的なものとしてしまうという「資本主義の文化的矛盾」(Bell 1976=1976) の典型として消費社会は描かれてきた。そうした批判のなかで用いられる高度消費社会化の「高度」とは主に欲求の肥大化のことを意味するものだったわけであるが，こうした欲求の高度化が利他的で公共的な社会の基盤を解体させてしまうと想定されてきたのであった。

　しかし，高度消費社会化という概念が脱物質主義化という傾向を含んでいるとすれば，高度消費社会の「高度」という言葉を精神的欲求の高まりというマズロー的な意味での「高度」とも理解することができる。利他的で公共的な価値に志向した欲求に基礎づけられた消費が高度消費社会の特徴となる可能性も十分に含まれるであろう。そうであるとすれば，消費社会批判の描いてきた高度消費社会の像はある意味でその一面を切り取ったものに過ぎないということになるだろう。

　また，高度消費社会化が諸個人の内的基準への合致を求める精神的欲求の高まりを含んでいるとするならば，高度消費社会化は高度の個人化という傾向を兼ね備えていることにもなろう。この個人化という現代社会の趨勢に対する批

判もまた消費社会批判と常にセットであった。そうした批判は主に，消費者という原子化された個人を単位とした社会編成が，社会的連帯の基盤を掘り崩し社会を分断してしまうという形で展開されてきた。しかし，人びとが個人としての選択や判断によって行為を決定していくような社会の形成が，はたして社会的連帯とトレードオフの関係にあるのかを今一度問う必要がある。自然環境や社会環境に配慮するような倫理的消費が，そのような独立した個人によるそれぞれの内的基準との合致を求める消費としてなされているとすれば，それは高度な個人化を通じた社会的連帯の形成という位相を照らし出しているともいえるだろう。

さて，倫理的消費を脱物質主義化論的な視点からとらえるならば，利他的で公共的な価値を私的欲求のもとで追求するこのようなタイプの消費こそが倫理的消費であると理解することができる。しかし，この倫理的消費に対する分析をさらに掘り下げて検討してみると，それがかなり広範なバリエーションをもった多元的な消費であることが明確となる。次節では，倫理的消費者像の諸類型について考察していきたい。

3　倫理的消費者の特徴

倫理的消費が諸個人の高度な欲求に方向付けられているとはいえ，それを理解しようと試みてきた論者によっても析出されるパターンはさまざまであり，その消費者像にもいくつかの下位分類が可能であるように思われる。ただ，こうした分類に関してもさまざまな観点があり，必ずしも現在において明確なコンセンサスが存在するわけではない。どのようなモデルで倫理的消費を理解するかは，まだ極めて論争的である。ここではそのような論争のなかで構成されてきたいくつかのモデルを取り上げ，倫理的消費者に対する理解可能性の多元性を押さえるとともに，それらのモデルに共通してみられる特徴を析出していく。

1. 倫理的消費者像の分類

　以下では，特に英米圏において展開されてきた倫理的消費者の類型をめぐる議論から析出される(1)「アクティビスト型倫理的消費」，(2)「モラリスト型倫理的消費」，(3)「ポリティクス型倫理的消費」，(4)「こだわり型倫理的消費」，(5)「ライフスタイル型倫理的消費」，(6)「ステータス型倫理的消費」，(7)「モード型倫理的消費」という7つの倫理的消費者像を取り上げる。ただ，これらは倫理的消費のどのような側面を主に切り出すかという観点の相違であるともいえる。それゆえ，これらの消費者像は必ずしも相互排他的な関係ではなく，それぞれのクローズアップされる側面の違いによって構成される理解の枠組みとしてみなす方が適切であろう。

(1)「アクティビスト型倫理的消費」

　M. ヒルトンは，倫理的消費が消費選択を通じた諸個人による社会変革の試みであるという側面を強調する（Hilton 2003）。こうしたタイプの倫理的消費を「アクティビスト型倫理的消費」とよぶことができる。それは個人が自らを社会的存在としてとらえ，自身の生活をよいものにしていくためには社会それ自体がよくならなくてはならないと考える人びとによって行われる消費である。そうした倫理的消費者は，「賢い消費者」として注意深く商品を選択することによって購入と不買を決定する。また，そのような商品の選択を他人にも勧め，積極的に普及を促進していこうと試みる。このように自らの私的生活と社会を切り離さずに両者を一続きのものとしてとらえ，社会を変革しようと試みる消費者が「アクティビスト型倫理的消費」である。

(2)「モラリスト型倫理的消費」

　C. バーネットらは，倫理的消費の「道徳的自己形成」という側面を強調し，消費生活のなかで自らの道徳的アイデンティティを獲得しようとする消費としてそれをとらえる（Barnett, Cloke, Clarke and Malpass 2005）。こうしたタイプ

の倫理的消費を「モラリスト型倫理的消費」とよぶことができる。自身の消費生活をエコでエシカルなものへと積極的に変えていくことで，今日の社会のなかで体現し難くなってきたモラルある自己を実現しようとする傾向が高まりつつあるのだと彼は論じている。バーネットは，こうした倫理的消費行動が教会に通う行動と重なり合っていることから，この消費の本質を「自己形成」として理解する。その意味でこのタイプの倫理的消費は実質的には「宗教型倫理的消費」ないしは「信仰型倫理的消費」とよぶこともできるだろう。このような宗教活動と機能的に等価な消費行動を通じてモラルある個人を体現する消費が「モラリスト型倫理的消費」である。

(3)「ポリティクス型倫理的消費」

　M. ミシェレッティは，倫理的消費者が消費生活のなかにおいて自身の政治的意見を表明しているという側面を強調する（Micheletti 2003）。このようなタイプの倫理的消費を「ポリティクス型倫理的消費」とよぶことができる。従来においても諸個人は今日的な社会のあり方についてのさまざまな考え方をもってはいたが，多くの人は選挙を通してでしかそのような考え方を公的に表出することができなかった。しかし，いまや日常的な買い物を通してそのような自身の考え方を社会に反映させようとする試みがごく一般的な傾向となりつつあるのだと彼女は論じている。それは，消費が一種の投票行動としてなされるという位相（Shaw, Newholm and Dickinson 2006：1051）を映し出していると考えられよう。このように，特定の企業や商品を購入したり買い控えたりすることで自身の政治的意見を表出し，それを社会に反映させようとする消費が「ポリティクス型倫理的消費」である。

(4)「こだわり型倫理的消費」

　M. ベビアは，倫理的消費者がその個人にとっての「ローカルな合理性」に基づいて常に「こだわり」をもって商品を選択しているという点を強調する

(Bevir and Trentmann 2008)。このようなタイプの倫理的消費を「こだわり型倫理的消費」とよぶことができる。彼のいう「ローカルな合理性」とは客観的な意味での効率性ではなく，個人の内面における信条や信念の一貫性を意味するものである。ベビアのとらえる倫理的消費者は，ありふれた日常的な消費においても細部までエコでエシカルというこだわりをもって商品を選ぶような消費者である。また，そうした倫理的消費者がエコでエシカルな商品を進んで購入するのは，消費社会を嫌うからではなく，自分自身がより消費社会を楽しむためである。このように自分のために社会に配慮するような消費が「こだわり型倫理的消費」である。

(5)「ライフスタイル型倫理的消費」

　K. ソパーは，消費者がより個性的でより豊かなライフスタイルを追い求めるなかで倫理的な商品が購入されているということを強調する（Soper 2007）。このようなタイプの倫理的消費を「ライフスタイル型倫理的消費」とよぶことができるだろう。エコでエシカルな商品の選択は消費者の趣味判断としてとらえられるわけであるが，ソパーはこうした趣味判断の特徴を，「自分らしさ」の構築の欲求として理解する。そこで描かれている消費者像は，画一的でスピーディに移り変わっていく既成の消費文化のなかではなく，エコでエシカルな服や食べ物の選択を通じて自身の「個性」を獲得していくような消費者像である。それはスローな消費生活のなかに自らの居場所を見出し，そのなかで人とは一味違った生活を描いていくようなあり方であるともいえるだろう。そのような個性的なライフスタイルの構築という欲求に導かれた消費として倫理的消費を理解するのが「ライフスタイル型倫理的消費」という理解の枠組みである。

(6)「ステータス型倫理的消費」

　M. ヴァルルはフェアトレードの消費者を分析しながら，商品の倫理性それ自体が一種のステータスとして購入されているという側面を明らかにしている

(Varul 2008)。このようなタイプの倫理的消費を「ステータス型倫理的消費」とよぶことができる。彼がここで強調するのは、「他者からのまなざし」である。今日においてステータスとなっているのは自己の職業的地位や社会階層ではなく、自身の生き方や社会に対する意見をしっかりもっていることである。彼が描く倫理的消費者像は、そのような人生観や社会観という内面的なものを消費財という外的表示によって語らせるような消費者である。その意味では、フェアトレードのような倫理的商品は一種の象徴財として機能しているともいえる。エコでエシカルな象徴財の獲得を通じて、自身の人生観や社会観を周囲に積極的にアピールし、他者からの承認を獲得しようとするような消費が「ステータス型倫理的消費」である。

(7) 「モード型倫理的消費」

　R. サッサテッリはエコでエシカルといったいわゆる「倫理的」とよばれるイメージ一般が一種の流行であることを指摘し、倫理的消費者がそうした「流行」や時代的な「雰囲気」にひきつけられているという側面を強調する (Sassatelli 2006：237)。これを「モード型倫理的消費」とよぶことができる。テレビや広告を通じて、人びとは一日中エコやエシカルについての宣伝を目にすることによってそのようなタイプの商品の購入がいまや時流に乗った行動だと認識するようになっており、そうした流行を追い求める態度が倫理的消費として表れるのだと彼女は論じる。サッサテッリ自身は、こうした消費傾向に対して批判的なスタンスをとるが、たしかにそうした視座においてとらえられる倫理的消費者とは、従来において批判されてきた消費社会的な消費者と実はたいして大きく変わらないものだということにもなろう。宣伝の影響をうけ、流行に便乗し、移り変わっていく社会のなかに適応していこうとする姿勢のなかに見出されるのがこの「モード型倫理的消費」である。

　以上、7つの倫理的消費者像を取り上げたが、もちろんそのほかにも類型化の可能性は考えられる。倫理的消費者像はそれをとらえる観点の数だけ存在す

表 8-1 倫理的消費者像の類型とその特徴

類　型	特　徴
アクティビスト型	社会のあり方の変革とその普及
モラリスト型	道徳的アイデンティティの獲得と救済
ポリティクス型	政治的意見の表出と社会への反映
こだわり型	ローカルな合理性への適合
ライフスタイル型	個性的で自分らしい生活の構築
ステータス型	人生観・社会観の表出と承認の獲得
モード型	時流に乗った社会のムードへの適応

るし，それらをあげ尽くすことはできないのが実際のところだからである。ただ，2000年代において英米圏で論じられてきた消費者像の基本的なパターンは以上の分類である程度網羅されているものと考えられる。表8-1は，以上の類型を整理したものである。

2. 自己実現欲求に基づいた倫理的選択

　さて，「アクティビスト型」「モラリスト型」「ポリティクス型」「こだわり型」「ライフスタイル型」「ステータス型」「モード型」の7つの倫理的消費者像は他の類型と互いに重なり合う側面を持ち合わせてはいるが，それぞれ強調される特徴をそれぞれもつ。これは，前述のように7つのタイプの倫理的消費者が存在するという含意とともに，倫理的消費者が7つの側面をもつものとして理解可能だということを示す分類だといえよう。

　このような分類的把握を通じて，倫理的消費には極めて幅広いバリエーションがあることがうかがえる。社会を積極的に変えていくアクションとして商品を選択する「アクティビスト型」から，流行や雰囲気によってエコでエシカルな商品を買い求める「モード型」まで，相当な幅の消費者が倫理的消費者に含まれる。ただ，これらの類型が全体として共通しているのは，倫理的消費が「自

己実現」の手段としてなされるという点であろう。むろん,自己実現といっても社会変革を通じた自己実現から流行への同調を通じた自己実現までそのあり方は多様である。だが,どの類型も消費生活を通じて自身の生き方をより豊かなものにしたいという欲求にその基礎をもつという点では共通している。

　そのようにとらえるならば,英米圏における議論のなかで構成されてきた倫理的消費者像にはさまざまなバリエーションがあれども,消費を通じた自己実現として倫理的消費をとらえるという大きな特徴があるということになる。倫理的消費者は自己実現欲求のもとで利他的で公共的な消費選択を行う消費者として概念化されてきたということである。消費社会批判を前提とする消費者運動は,そのような個人主義的な自己実現欲求を公共的な社会の形成と対置してきた。しかし,ここで概念化される倫理的消費者はそのような個人主義的欲求にもとづいて利他的・公共的な消費選択をおこなっているということになる。

　もちろん,ここでいう個人主義とはエゴイズム（自己中心主義）のことではなく,自己を社会との関係でとらえ,そのなかで自己実現を達成していくような個人主義である。A.ギデンズの言葉を借りれば,再帰的自己構築（Giddens 1991=2005）を通じて自身を個人として確立していくようなあり方であるともいえる。倫理的消費は,社会のあり方を変えようとし,道徳的な自己を確立しようとし,自身の意見を積極的に表明し,また自己の内的基準に準拠して判断し,そして個性的な「自分らしさ」の獲得を求め,周囲からのまなざしのなかで自己を際立たせようとし,さらに流行に乗ってその先端を行こうとするような個人主義に基礎づけられているといえるだろう。こうした個人主義のモデルこそが,2000年代において構成されてきた倫理的消費者像の地平にあると理解できる。

　ところで,実際の消費者に目をむけたときにも,そのような自己実現の追求という側面が析出されるのかという問題がある。以上の分析はあくまで倫理的消費者についての理解の枠組みであった。次節では,そうした消費者像が現実をどれほど上手くとらえることができるのかを検討していきたい。

4　フェアトレード商品の購入者層の分析

　倫理的消費者とは，普段どのような意識をもった人びとなのであろうか。前節で明らかにしたのは，倫理的消費があくまで自らの関心を追求する諸個人の自己実現行動の一種であるという仮説だったといえるだろう。以下では，日本におけるフェアトレード商品の購入者に焦点を当て，量的データを用いた統計分析を通じてそれが実際に妥当するのかどうかを検討していきたい。なお，ここでの分析で用いるのは立教大学間々田研究室が 2010 年におこなった「多様化する消費生活に関する調査」のデータである。表 8-2 はその調査概要を示したものである。

1．フェアトレード商品の購入者の概要

　フェアトレード商品はいったいどのような人びとによって購入されているのかという問題は特にイギリスで検討されてきた。DFID（イギリス国際開発庁）の調査によれば，イギリスでは普段からフェアトレード商品を購入している人

表 8-2　「多様化する消費生活に関する調査」(2010) の調査概要[6)]

調査名称	多様化する消費生活に関する調査
調査主体	立教大学間々田孝夫研究室
調査委託	中央調査社
母集団	新宿駅 40km 圏の 15 歳以上 70 歳未満の男女
調査方法	郵送法による質問紙調査
調査期間	2010 年 9 月～10 月
計画標本規模	4,000
標本抽出法	住民基本台帳を用いた多段無作為抽出法
有効抽出票数	3,962
有効回収数	1,749
有効回収率	44.1%

は全体の約72％にのぼり，1年あたりの平均購入回数は約13回であることが示されている（DFID 2009）。イギリスは早い時期から認証ラベルを導入し，世界でもフェアトレード商品の流通・消費を牽引してきた。消費者にとっても，フェアトレード商品はスーパーに行けば当然あるものであって，比較的購入しやすい環境が整っていることが，高い購入率を示したひとつの要因であろう。また，DFIDによればその購入には消費者の社会的属性が大きく作用しているとされ，主に女性，高所得，高学歴といった要因があげられている。

一方，日本では2008年には内閣府が調査をおこなっており，そのなかではフェアトレードの認知度は2.2％となっている（内閣府 2009）。ただ，2009年以降は急速に認知度は高まっており，2012年の認知度は25.7％となっている。また，実際の購入という点に関しては，本書の分析で用いる調査データによるとその購入率は6.9％（N=120/1740）を示している[7]。これらをみる限りでは，少なくとも日本ではまだフェアトレード商品の購入は必ずしも一般的な消費傾向ではないといえるだろう。

さて，このような日本における状況のなかで，フェアトレード商品を購入しているのはどのような人びとなのであろうか。表8-3は普段からフェアトレー

表8-3 性別・年代別・等価所得別の購入率

性別	(N=1,740) (％)	年代	(N=1,740) (％)	等価所得	(N=1,617) (％)
男性	4.0	10代	0.9	400万未満	6.4
女性	9.3	20代	3.1	400万～600万未満	5.1
全体	6.9	30代	9.6	600万～800万未満	6.7
χ^2=18.36, df=1, p<.001		40代	6.1	800万～1,200万未満	5.8
		50代	8.0	1,200万～	10.4
		60代	8.7	全体	6.9
		全体	6.9	χ^2=7.59, df=4, p>.10	
		χ^2=18.79, df=5, p<.01			

ド商品を購入する人びとの性別，年代別，等価所得別の購入率を示したものである[8]。ここでは性別と年代においても有意な差がみられたが，等価所得においては有意な差はみられなかった。女性によって購入される傾向が高いことはイギリスでの結果と同様の結果が示されているといえよう。

2. 変　数

　フェアトレード商品の購入者層をその意識の側面からとらえるために，フェアトレード商品購入（有＝1，なし＝0の2値変数）を従属変数としてさまざまな変数との関連をみていきたい。分析に用いる独立変数は大きく分けて〈基本属性〉〈消費配慮変数〉〈公共意識変数〉〈消費態度変数〉〈社会意識変数〉である。〈基本属性〉は，「性別」「年齢」「等価所得」「就学年数」によって構成される。なお，これらの従属変数と基本属性の関連は前項で示した通りである。また，〈消費配慮変数〉は「環境配慮」と「健康配慮」の2つの変数によって構成される。これらは，ここでは統制変数としての意味をもつ。そして，〈公共意識変数〉は，「政治関心」「弱者の社会的支援」「公益のための個人的生活犠牲」という3つの変数によって構成される。〈消費態度変数〉は「ライフスタイルに合わせた商品選択」「流行に合わせた商品選択」「他者とは異なる商品選択」「ブランド・メーカーによる商品選択」そして，「品質重視の商品選択」の5つの変数によって構成される。最後の〈自己意識変数〉は「個性志向」と「他人志向」の2つの変数によって構成される。表8-4は，分析で使用するこれらの変数の基本統計量を示したものである。

　以上の16個の変数とフェアトレード商品購入の関連について検討していこう。フェアトレード商品が，自己の消費欲求を差し押さえて社会に貢献しようとする活動として行われているとすれば「弱者の社会的支援」や「公益のために個人的生活犠牲」といった〈公共意識変数〉が強く影響を与えていると考えられる。他方，それが自己の欲求を抑え込むのではなく，自らのより豊かな消費生活の実現を目指す自己実現欲求に基礎づけられているとすれば，〈消費態度変

表 8-4 分析で使用する変数の基本統計量

変数	M	SD	備考
フェアトレード商品購入	0.07	0.25	普段の生活でフェアトレード商品を購入(有=1,無=0)
性別（ref. 女性）	0.54	0.50	ダミー変数（女性=1，男性=2）
年齢	44.48	15.54	
等価所得	4.38	2.27	「200万未満」から「2000万以上」の間を200万円ずつ区切った11カテゴリ
就学年数	13.91	2.11	
〈消費配慮〉			
健康配慮	0.00	1.00	「遺伝子組み換え食品回避」「有機栽培の野菜購入」「無添加食品の購入」という3つの変数（4件法）の主成分得点
環境配慮	1.72	1.47	「マイバック使用」「簡素包装」「リサイクル商品選択」「省エネ電化製品選択」「環境ラベル商品選択」「環境配慮企業・店舗の選択」という6つの変数（2値変数）の加算得点
〈公共意識〉			
政治関心	2.89	0.84	政治に関心がある（4件法）
弱者の社会的支援	3.15	0.72	弱い立場にある人を社会でもっと支えていくべきさ(4件法)
公益のために個人的生活犠牲	2.31	0.85	公共の利益のためには個人の生活が多少犠牲になることがあってもしかたがない（4件法）
〈消費態度〉			
ライフスタイル志向	3.32	0.70	自分のライフスタイルにあったものを選ぶ（4件法）
流行	2.15	0.82	流行になっている商品を選ぶ（4件法）
差異化	2.49	0.87	周囲の人とは違ったっものを選ぶ
ブランド	2.11	0.89	有名なブランドやメーカーの商品を選ぶ（4件法）
品質	2.85	0.81	品質のよい商品を選ぶ（4件）
〈社会意識〉			
個性志向	2.30	0.87	人とは一味違う個性的な生活を送りたい（4件法）
他者志向	2.68	0.89	何かをするとき他人がどう思うかということを考える(4件法)

数〉や〈自己意識変数〉が影響を与えていると考えられる。

また，表8-1で示した倫理的消費者像の諸類型との関連でいえば，「ポリティクス型」は「政治関心」の影響，「こだわり型」であれば「品質重視の商品選択」「個性志向」，そして「ライフスタイル型」であれば「ライフスタイルに合わせた商品選択」「個性志向」，「ステータス型」であれば「ブランド・メーカーによる商品選択」，さらに「モード型」であれば「流行に合わせた商品選択」や「他者志向」の効果がそれぞれ想定される。

3. 分析結果

それでは，以上の変数を用いて実際に分析を試みよう。フェアトレード商品の購入を従属変数とし，〈基本属性〉〈消費配慮変数〉〈公共意識変数〉〈消費態度変数〉〈自己意識変数〉のそれぞれの変数を独立変数としてロジスティック回帰分析を行った結果が表8-5である。

分析の結果，1%水準で有意な関連がみられたのは「環境配慮意識」と「個性志向」，5%水準で有意な関連がみられたのが「性別」「ライフスタイルに合わせた商品選択」「品質重視の商品選択」である。〈消費態度〉と〈社会意識〉のなかでも際立って商品購入に効果を与えている変数がいくつか観察されるが，その一方で〈公共意識〉は必ずしも明確な効果を与えてはいない。この結果からいくつかの興味深い点が浮き彫りになる。

第1に，フェアトレード商品購入者は，公共的な関心に基礎づけられているというよりも，むしろ自分自身の個人的な消費生活への関心に基礎づけられているという点である。この結果をみる限りでは，フェアトレード商品の購入は反消費主義的であるというよりもむしろ消費主義的な行動だといえそうである。少なくともそれは個人的な欲求を抑制するような禁欲的・献身的なタイプの消費行動ではないということになろう。

第2に，そのような個人的な関心のなかでも，ライフスタイルの構築や品質に対する欲求，そして個性への志向が商品購入に影響を与えているということ

表 8-5 フェアトレード商品購入を従属変数とする
　　　　ロジスティック回帰分析

(N=1,567)

	係　数	オッズ比
性別（ref. 女性）	.545*	1.725
年　齢	.010	1.010
等価所得	.038	1.039
就学年数	.107	1.113
〈消費配慮〉		
健康配慮	.112	1.119
環境配慮	.467**	1.595
〈公共意識〉		
政治関心	.138	1.148
弱者の社会的支援	.299	1.348
公益のために個人的生活犠牲	−.023	.978
〈消費態度〉		
ライフスタイル	.395*	1.485
流　行	−.105	.900
差異化	.019	1.020
ブランド	−.189	.828
品　質	.323*	1.381
〈社会意識〉		
個性志向	.378**	1.459
他者志向	.027	1.027
定数	−10.898**	.000
Model χ^2 値	140.083**	
Nagelkerke R^2 値	.221	

(**p < .01　*p < .05)

である。倫理的消費者像の諸類型のなかでいえば,「こだわり型」と「ライフスタイル型」というモデルが有効であることを示す結果となっているといえよう。他方で,「ポリティクス型」「ステータス型」,そして「モード型」に関連する変数の効果はほとんどないことがうかがえる。

以上の考察を通じて,「自分らしいライフスタイルを追求しながらこだわりをもって商品を選択する消費者」というひとつの像が浮かび上がる。こうした消費者像は,前者で論じたような自己実現を目指す再帰的個人というモデルと符合すると考えられる。そうであるとすれば,この結果は,倫理的消費を高度に消費化・個人化された社会のなかにおける諸個人の自由な経済活動として理解することができるという仮説に一定の裏付けを与えるものであるといえよう。

結　び

本章では,倫理的消費のとらえ方について再検討をおこなってきた。そのなかでは,反消費主義的あるいは消費者運動的な「抵抗の実践」としての倫理的消費者像を相対化し,むしろそれが高度消費社会のなかで自己実現を追求する諸個人の自由な経済活動であるとみなしうることを主張してきた。ここにおいて,高度消費社会は個人化を促進することによって人びとを自己の欲求の追求に向かわせて社会的な連帯・共生の基盤を掘り崩してしまうのだという見方が,必ずしもすべてではないということが明らかになる。自己実現の追求という欲求がフェアトレード商品の購入に効果を与えていることからもわかるように,高度消費社会は,自らの関心を追求する個人の行動が公共的秩序を維持・形成するという側面をもっているという理解が与えられる。

むろん,消費社会においては個人の関心と公共秩序の接合がすべてにおいて上手く調整されるのだということを主張するつもりは毛頭ない。本章で示したのは,そのような楽観視が可能だということではなく,個人の欲求と公共秩序の間の調整がどのように可能となっているのかを理解することによって,それ

がいかに促進されうるかを明らかにできるのではないかということである。それゆえ本章の試みは，倫理的消費の分析を通じて，消費社会というものをあらためて問い直す必要があるのではないかという問題を提起するものであった。

そのような消費社会に対する理解の転換を通じて，再び倫理的な経済の可能性を展望することができるのではないだろうか。倫理的な経済は，規範的に動機づけられた行為を通じてのみ維持・形成されるのだと考えられる傾向はいまだに根強いが，本章で示されたように，倫理的消費者は必ずしも規範的に動機づけられているわけではない。むしろ，諸個人の自由な経済活動の結果として倫理的な経済が維持・形成されるという側面が存在することが本章では示された。諸個人の関心の追求としての自己実現行動が公共的で倫理的な経済の維持・形成に寄与するこのようなあり方はまさしく自生的秩序とよばれうるだろう。この秩序が可能となっているのは，個人が自己の欲求を制限するからではなく，個人の自己実現欲求のなかに公共的・倫理的な社会の構築がさまざまなありようで織り込まれているからにほかならない。

注
1) 倫理的消費という言葉の起源は必ずしも明確ではないが，倫理的消費を歴史的に分析したM.ヒルトンによれば，1988年に出版されたJ.エルキントンとJ.ヘイルズの著書 *The Green Consumer Guide*（Elkinton and Heiles 1988）で紹介されたことを契機に広く使用されるようになった（Hilton 2003：317）。
2) 2000年代以降，消費者運動（社会運動）と倫理的消費の間には「イデオロギー的緊張」が生じている。J.ジョンストンによれば，社会運動は集合財（コモンズ）の概念から出発するのに対し，倫理的消費は私有財の概念から出発しているという点で決定的に異なっている（Johnston 2007：243）。しかし，社会運動を集合財概念でとらえる見方は，運動そのものの射程を狭めてしまうという見方もできるだろう。この見方からすれば，倫理的消費は私有財の概念から出発する社会運動だと理解することもできる。本書は消費者運動と倫理的消費の区別を重視するが，しかしそれは社会運動概念が上記のように再定義されたならば倫理的消費も一種の社会運動として位置づけられるという見方を否定するものではない。

3) 近年，倫理的消費が新自由主義ガバナンスの一局面であるという批判が展開される傾向にある（Johnston 2007）。倫理的消費は，公式政治から排除されてきた人びとに日常的買い物を通じた政治参加という道を開いたとされるが，他方でそれは民主主義的参加という市民的理念の補完物・代替物として市場における消費者選択の理念を積極的に促進するものであるとみなされる（Johnston 2007：246）。こうした見方は，倫理的市場の台頭がポスト福祉国家的社会編成の相関物であるという本書の立場と符合するが，しかし倫理的消費に対するこの種の批判は，個人の「選択」の問題をあまりにも新自由主義に帰せ過ぎているように思われる。選択の問題が新自由主義の主張には収まりきらない広い領野を有しているとすれば，個人の選択を通じた社会編成の台頭を全て新自由主義の問題として扱うのは短絡的ではないだろうか。この種の問題はさらに詳細に検討すべきであるが，本章ではこれ以上立ち入らず，終章においてあらためて論じたい。
4) 土屋が論じるように，倫理的消費者には「社会的な責任と公正を自覚し，オルタナティブな"生き方"を模索する市民的消費者としての姿」（土屋 2009：161）がたしかにあるだろう。倫理的消費者に「消費主義的側面」があると本書がいうときの「消費主義」とは，大衆消費社会を支えた無反省的態度のことではなく，そうした"生き方"を消費において具現化させようとする態度にほかならない。その意味で消費主義という概念を用いるならば，それは必ずしもアクティビズムの次元を排除するものではないといえる。
5) もちろん，この欲求段階説はモデルであって，必ずしもすべての人間や状況に当てはまるようなものではない。たとえば，承認欲求よりも帰属欲求に方向付けられる傾向が強い人もいるだろうし，安全欲求が満たされないなかでも自己実現を欲求するということもあるだろう。ただ，そのようにマズローの構成するカテゴリそれ自体にとらわれすぎると，かえってその含意をつかむことができないように思われる。というのも，マズローの欲求段階説の意義は，諸欲求の客観的なカテゴリ化という点にあるのではなく，むしろ欲求というものを主観的次元でとらえる点にあるように思われるからである。つまり，このモデルで重要なのは，人間の欲求が一元的な効率性のみではなく，生活水準の差異に由来するそれぞれの主観的側面に大きく左右されることをとらえた広い意味での限界効用論の地平を有しているという点である。
6) 本調査は平成22年度から平成24年度にかけて科学研究費補助金（基盤研究B）に採択された「ポスト・グローバル消費社会の動態分析——脱物質主義化を中心として」（研究課題番号：22330160）研究の一環として行われた。
7) フェアトレード商品の購入者とは，「あなたは，ふだんの買い物で次のことに

配慮していますか。あてはまるものをお選びください。」(いくつでも○)という多重回答質問項目のひとつ,「フェアトレードの商品(発展途上国の人びとに配慮した商品)を選ぶ」に対する回答である。
8) 等価所得とは世帯年収を世帯人数の平方根で除した値のことである。世帯年収よりも世帯構成員の生活水準を反映する。

終章　倫理的市場の行方

はじめに

　本書では，諸行為の意図せざる結果として形成される自生的秩序という視点から，倫理的市場に対する理解を与えてきた。その結果として明らかにされたのは，企業や消費者の自由な選択に基づく経済活動が，どのような過程を通じて倫理的な経済を形成しているのかということであった。CSR，認証制度，社会的企業，そして倫理的消費者といった1990年代以降に台頭してきた倫理的市場の構成要素に対する分析を通じて，現在進行しつつある社会編成原理の地殻変動ともいえるような位相がとらえられてきたように思われる。それは，かつて自然環境や社会環境を破壊するものとしてみなされてきた企業や個人の自由な経済活動が，今日においてはむしろ自然環境や社会環境を保護するための重要な要素となりつつあるという根本的な転換であった。
　本書は，こうした社会編成原理の転換に対して積極的な意義を見出してきた。「個を捨て全体のために」という公共社会形成のモデルに対する批判的眼差しから出発し，そのオルタナティブとして，個の自己実現への志向を原動力とした公共社会形成のモデルを彫琢してきた。しかし，このモデルが有する限界も当然ながら存在する。本書の最後では，倫理的市場の台頭の積極的な意義を前提としながらも，その限界について考察を展開していく。
　倫理的市場の限界のひとつは，倫理的配慮がニーズ化されることで，倫理的

生産・取引・消費が欲求依存的な一種の「モード」となるという点にある。本書で論じてきたように, 生活者が自らの利害関心として倫理的配慮を要求するならば, 経済システムは自らの合理性のもとで倫理的配慮を追求するという一種の制御メカニズムが作動すると考えられる。しかし, 自然環境保護や社会環境の保護がニーズという観点からしか正当化されないのであれば, それによって以下のような問題が生じるかもしれない。ひとつは, 倫理的配慮がニーズに依存するということは, 同時に倫理的に配慮しないことも「ニーズが存在しない」ということで正当化されうるということである。もうひとつは, いったい何が倫理的な事柄であるかという内容それ自体が無規定であるがゆえに, 消費者が「そうだと思い」さえすれば, いかにでも「倫理的配慮」のもつ意味内容は変わりうるということである。以下では, 倫理的配慮がニーズ化されるということの意味について検討していく。

1 ニーズを通じた経済システムの制御

　本書で論じてきた「外部性の内部化」の理論を社会システム理論的に解釈するならば, それは経済システムが自らの内側に構成した概念としての「内的環境」に適応していくという「オートポイエーシス」の原理に該当する。内的環境とは閉鎖的に構成される, つまりシステム自体に固有の関心によって外部を「解釈」することで構成される概念である。この「内的環境＝解釈された環境」は環境のコピーではなく, 固有の「添え字」を伴う「当該システムによって選択的に構成された環境」であり, まさしくこの内的環境のみが, システムの適応対象として措定される。倫理的配慮が経済システムに自らの内的環境への適応手段として選択される過程を通じて, つまり倫理的配慮が経済的目的の達成のための有効な手段として認識される過程を通じて, はじめて倫理的配慮はシステムにとって意味あるものとなる。

　経済システムは自らの内的環境を「市場」として構成する。この内的環境化

の過程において，市場の要求は「ニーズ」として処理され，システム適応のためのデータとして参照される。というのも，システムによる環境解釈はシステム固有の関心に依存せざるをえないからである。倫理的配慮がニーズ化されるということは，経済システム自体の目的として倫理的配慮が有意味化されるということ，すなわちこれまで経済システムから排除されてきた倫理的配慮が，経済活動の一環として経済システムに包摂されることを意味しているわけである。

　社会システム理論の言語で倫理的配慮のニーズ化を論じることで明らかになるのは，このニーズ化が倫理的市場を通じた新たな社会編成における必要条件だったということである[1]。その意味では，このニーズ化は「システムによる生活世界の植民地化」(Habermas 1981=1985)の契機というよりも，むしろ，「システムによる生活世界の包摂」の契機とみなすことができる。なぜなら，このニーズ化は結果として，生活者の社会的意味感覚が経済システムにとって適応すべき対象そのものとなることを意味しているからである。倫理的配慮がニーズ化されるということは，同時に倫理的配慮が「リスク化」されるということでもあるわけであるが，それは生活者の社会的意味感覚に逆らうことが経済活動上の不利益として認識されるということを意味する。倫理的配慮の「ニーズ化／リスク化」によって，企業は生活者の社会的意味感覚に敏感となり，自らの経営活動上の選択がそれに適応しているかどうかを常にモニタリングし続けなければならないことになる。

　こうした包摂が促進されることで，倫理的配慮は経営能力化する。低賃金での長時間労働を強いる企業の商品がボイコットされ，その企業のイメージの悪化や収益・株価の低下が生じる場合，社会的にはその企業の倫理性が問題とされていることに疑いない。しかし，経済システム内部で生じているのは，経営者に対する道徳的非難ではなく，社会的意味感覚に鈍感な経営者に対するリスクヘッジである。倫理的配慮がニーズ化・リスク化されるということは，倫理的諸問題が経済システム内部において，経済の言語で語られ，経済の論理で処

理されるということにほかならない．それによってまさしく，倫理的配慮が経済活動の「おまけ」ではなく，経済活動そのものとして実践されることになるわけである．

　ここで問題となるのは，生活者の論理が市場原理に一元化されてしまうとか，生活者の存在がニーズという経済的単位に矮小化されてしまうとか，そういったことではない．むしろ，生活者は消費者ニーズとして経済システム内部で構成されることで，自らを環境とする経済に対してこれまでになく強大な権力を手に入れることになる．生活者の社会的意味感覚こそが，企業の経営活動の正当性根拠となるのであり，積極的に生活者に従属することが一種の経営戦略にさえなるのである．ここでは，もはや「産業の論理／生活の論理」という二項対立図式はその有効性を失い，産業とそれを取り巻く社会的環境とのカップリングという問題設定へと移行せざるをえない．

　近代産業社会に対する批判の論点は，まさしく産業の論理が社会的意味感覚を無視して突き進み，自らの利益のために自然環境や社会環境を破壊してきたということにほかならなかった．消費者運動や環境運動などが主張してきたのは，産業の論理が生活の論理に従わなければならないという「生活者主権」であった．こうした近代産業批判を顧みるならば，倫理的配慮のニーズ化という新たな事態は，生活の論理を産業的利害関心に織り込むことで，「生活者主権」を実現しているといえるだろう．この織り込みによって，企業の利害関心そのものが生活者の論理に従属せざるをえないのである．その意味では，倫理的配慮のニーズ化という現象は，生活の論理による産業の制御という側面をもつという点を見逃してはならないだろう．

2　消費者主権の陥穽

　倫理的配慮が消費者ニーズへの適応としてなされていくことに対する重要な批判は，利害関心をベースとする倫理的配慮それ自体はけっして倫理的ではな

いという批判である。倫理学の領域では倫理的取引や倫理的消費について議論もなされているが，その多くの議論では，自らの利害関心や趣味嗜好に動機づけられる行為は，その結果として倫理的な帰結がもたらされるとしても倫理的なものではないと考えられている。本書の立場も同様であり，倫理的市場が倫理的であるとみなしてはいない。倫理的市場は，むしろどのようなことが倫理的であるとして評価されるかという「予期」に準拠しているのであって，倫理的な「価値」それ自体に準拠した行為とは分析上区別される必要がある。

　ニーズという予期に準拠して倫理的配慮がなされるということは，倫理的配慮が「モード」という形をとってあらわれることを意味する。つまり，何が倫理的配慮としてみなされるかが，その都度，生活者の社会的意味感覚に依存するということである。先にも述べた通り，この依存それ自体は経済システムの社会的制御にとって重要であるが，それは，倫理的配慮として指し示される内容が，消費者からの支持によってのみ正当化されるということでもある。たとえば，自然環境保護を謳えば「消費者ウケ」はするかもしれないが，あまり認知されていないような社会的配慮には企業は手を出さないだろう。また，コストがニーズに見合わなければ，ある種の配慮には消極的になっていくかもしれない。

　倫理的配慮のニーズ化は，経済システムに生活の論理を織り込むという側面を有しながらも，他方でそれが徹底されればされるほど倫理的配慮が経済システムに依存せざるをえないことになる。たとえば，7章で取り上げた社会的企業の People Tree は，倫理的配慮への潜在的なニーズを発掘することで，日本のフェアトレードの普及に大きく貢献した。しかし，People Tree の一部の店舗では売り上げがコストに見合わず閉店を迎えるという事態も生じている。倫理的配慮がモードとなるということは，消費者がそれを選択しなければ，どれほど企業が崇高な理念を掲げようとも，環境配慮や社会的公正を実現することはできないということである。

　CSR を通じた市民規制についても，この種の議論は展開されている。D. ヴ

ォーゲルは，市民規制のみによって環境的・社会的改善を図ろうとするならば，追加的なコストが企業の利益を凌駕すると論じる（Vogel 2005=2007：305）。企業の利害関心の追求を原理とする市民規制において，利益がコストを上回るということは，その規制の原動力そのものが失われるということを意味する。CSR を通じた市民規制に積極的な姿勢を示す S. ザデクさえも，社会面や環境面で好業績を長期間に渡って維持することはほとんどできないだろうとみなしている。

また，倫理的配慮のニーズ化はもうひとつの問題を持つ。倫理的配慮がニーズに準拠するということは，予期に準拠するということでもあり，「人々が倫理的であると思うもの」が倫理的配慮の対象になるということを意味する。今日においては倫理的とみなされえないような事柄——やや極端かもしれないが，たとえばファシズムを支援する商品の販売や購入など——も，社会が変化さえすれば倫理的配慮の対象になるかもしれない。消費者による投票行動として倫理的消費を理解する見方もあるが，それは何が望ましい配慮であるかが市場によって決まるということでもある。倫理的配慮がニーズ依存的なモードとなるということで，こうした（社会システムにとっての）逆説的な事態に陥る可能性も否定はできないであろう。

3　倫理的市場と新自由主義

倫理的市場におけるこの種の陥穽は，新自由主義ガバナンスの展開との関連で論じられる傾向にある。新自由主義は文脈によってさまざまに概念化されている論争的な概念であるが，ここでは主に消費者選択を通じた公共の決定，すなわちポスト福祉国家的社会編成を推進する政治的ガバナンスを意味している。1990 年代後半の労働党政権の推し進めた「アクティブな市民社会」を目指す「第三の道」もこの種のガバナンスとして指摘されることもある。

J. ジョンストンは，「市民-消費者」という新たな概念のもとで展開されて

きた 2000 年代以降の倫理的市場の形成が，新自由主義の展開と共振的な関係にあると論じる（Johnston 2007）。市民-消費者による倫理的消費という考え方は，これまで公式政治から排除されてきた人びとに日常的買い物を通じた政治参加という道を開く一種の政治的包摂として論じられてきた。買い物を投票行動としてとらえ，消費選択を通じた意見表明が社会変革を促進していくという発想は，そうした包摂による生活者主権の実現を示唆するものであった。しかし，ジョンストンによれば，それは民主主義的参加という市民的理念の補完物・代替物として市場における消費者選択の理念を積極的に促進する発想にほかならない。

ジョンストンによれば，新自由主義ガバナンスの台頭によって，これまで国家の責任の問題とされてきた自然環境や社会環境の保護が「消費者の社会的責任」あるいは「企業の社会的責任」の問題へと移り変わってきた。その結果，国家が環境的規制に対する責任を延期すると同時に，消費者は消費者決定を通じて環境リスクを自己マネジメントする責任ある主体へと再概念化されてきたという（Johnston 2007：246）。倫理的消費の台頭は消費者権限の増大としてとらえられる他方，消費者の自己マネジメントの増殖を通じた新自由主義ガバナンスの補完としてもとらえられるわけである。本来であれば産業主義に対する異議申し立てであるはずの環境配慮消費やフェアトレードが，消費者選択の問題に還元されることで，それ自体が新自由主義的な「新しい公共」の一翼を担うことになったとも言えよう。

ジョンストンの指摘は，本書の「自由選択を通じた公共的社会」というモデルに対する鋭い批判を含んでいる。しかし，この種の批判は2つの難点を持つ。第1に，ジョンストンは「私的関心を通じた社会変革」を言説・イデオロギーとして処理するが，それを真剣に理論として取り扱わない。それゆえ「利己／利他」の二項対立を自明視する「ツリー型」の社会観でしか倫理的消費を評価できていない。第2に，この種の批判は，消費者選択を通じた公共形成を新自由主義的理念とあまりにも同一視し過ぎることで，それが持つ可能性を矮小化

している。英米圏では，個人の消費選択の持つ政治的影響は新自由主義が台頭する以前の19世紀から指摘されていたし，そもそも戦後の日本の消費者運動も安全・安心な消費選択を追求する異議申し立てを原動力としていた——その意味では，生協運動さえも消費選択を通じた公共形成として理解可能である。

　この2つの難点が示唆するのは，新自由主義を新たな社会編成原理として受容すべきということではない。「自由選択を通じた公共社会の形成」というモデルは確かに新自由主義もその内に含んでいるが，しかしそれは新自由主義という枠に収まりきるものではなく，より広いカテゴリーで理解されるべきだということである。このより広いカテゴリーこそが本書で論じてきた「リゾーム型」社会という言葉で指し示されるものである。このリゾーム型社会というカテゴリーは，新自由主義ガバナンスのみでなく，個を基盤とする社会運動や社会的企業，そして倫理的消費も内に含む。これらは新自由主義と共振しているというよりも，より広いカテゴリーとしての「リゾーム型」という社会編成モデルのなかにともに含まれるものと理解する方が適切であろう。

　したがって，新自由主義としての倫理的市場という指摘は，問題の本質を必ずしも正確に表現するものではない。しかし，この種の批判は，そこから派生するいくつかの重要な問題提起を含んでいることも確かである。第1に，消費選択の概念を中心とする民主主義的参加の是非をめぐる問題，第2に，自然や社会への配慮における国家の責任の再-位置づけをめぐる問題である。いずれの問題も，市場ニーズと公共的決定の関連をめぐる問題を内に含んでいるという意味では，新自由主義への問いというよりもリゾーム型社会への問いとしてみなすべきであろう。

　本書では，上記の2つの問題に決定的な解答を与える準備はまだできていない。しかし，本書で論じてきた「ルール」についての見方は，その手がかりを与えてくれるように思われる。本書ではルールの概念を制定律（一次的ルール）と慣習律（二次的ルール）に区別し，後者を前者の環境としてとらえ，前者が後者に適応するプロセスの発展として倫理的市場の展開を描いていた。倫理的

市場は，倫理的配慮がニーズ化されるプロセスであると同時にそれがルール化されるプロセスである。この観点から，消費者主権型民主主義について考察する準備を進めることができるように思われる。

4　ニーズからルールへ

　経済の環境は必ずしも消費者ニーズのみではなく社会的ルールも含んでいるということは，制度派経済学のみならず市場理論でも広く認められている。社会学の新制度派組織論も，技術的環境（ニーズ）のみではなく制度的環境（ルール）に適応しようとする経済主体の像を描いてきた。経済の環境をめぐるこれらの研究が結果として見出したのは，ニーズとルールの複雑で曖昧な関係である。ニーズに適応する行動とルールに適応する行動は，必ずしも相反するものではない。両者の相違は，むしろ弾力性の違いとして説明されうる。

　この点を考えるにあたって思い起こすべきなのは，ルールそれ自体は自生的秩序のなかで育まれてきたものであり，社会の外部に予め設定されているものではない，ということである。その意味では，社会的なルールに従うことは，ニーズへの適応と同様に予期準拠的な行為である。しかし，ルールはそのときどきの人びとの気分や時代状況によって変えられるものではなく，歴史的蓄積と文化的コンテクストに支えられているという点でニーズとは異なる。ニーズもルールも生活者の社会的意味感覚を反映しているが，しかし前者よりも後者の方が相対的に時間の変化に対する弾力性が小さいと言えるだろう。

　F. ハイエクは，ポピュリズムを防ぐためには徹底した「法の支配」が重要だと論じている。ポピュリズムは，政治がニーズへの適応によって正当化される消費者主権型民主主義のひとつの形だと言える。民意として立ち現れるそのときどきの人びとのニーズは，慣習として社会的に積み重ねられてきたルールと必ずしも一致しているとは限らないし，そのルールに背くこともある。ハイエクが立法を重視するのは，それが自生的秩序のなかで育まれてきた暗黙のル

ールを明文化するものだからであり，たとえ人びとのニーズがルールに背いたとしても政治を容易には変化させないからである。

　それは同様に，経済についての考察にもあてはまる。経済を制御する生活の論理とは，消費者のニーズのみを意味するのではなく，歴史的なコンテクストを背負った「文化」そのものを意味している。この生活の論理を経済に反映させるということは，社会的要求がニーズ化され，それが経済的価値として追求されるようになるということだけではなく，それがルールとして記録され，その記録されたルールに経済活動が従うようになるということでもある。

　以上の考察が示すのは，流動的で時間変化に対する弾力性が相対的に大きい「ニーズ」と，恒常的で時間変化に対する弾力性が相対的に小さい「ルール」という２つの次元の区別が可能だということである。この区別は，ニーズ適応を利益追求，ルール適応をその抑制としてとらえる理解を相対化する。今日の経営活動において，いまやニーズ適応は「短期的利益の追求」，ルール適応は「長期的利益の追求」と呼ばれつつある。昨今，経営の現場に普及しつつある「コンプライアンス」は，利益追求を抑制する行動ではなく長期的利益を追求する行動として理解すべきであろう。

　弾力性の相違の問題としてニーズとルールを区別することでわかるのは次のことである。すなわち，倫理的配慮のモード化という消費者主権の陥穽は，この市場が短期的利益への追求という形で発展することに由来するということである。このモード化を制御するためには，長期的利益の追求が促進される必要があるということになるだろう。つまり，倫理的配慮が人びとのニーズを満たす商品となるだけではなく，政府による法的規制や業界内基準の整備などを通じて，環境や社会の保護が常識化されなければならないということである。

　倫理的配慮がルール化されるということは，諸個人の利害関心を抑制する強制力が働くということではない。自生的秩序のなかで育まれてきたルールは，経済内部の利害関心を破壊するのではなく，むしろその利害関心を形作る環境となる。倫理的配慮がルールとして定着するということは，倫理的配慮それ自

体が利害関心に織り込まれるということである。この織り込みの次元を，経済システムの「反省」と位置づけることができるだろう。自らにとっての利害とは何か，という経済システムの継続的な反省こそが経済の自己制御を形作るのであれば，倫理的配慮のモード化の制御もまた，この自己制御のなかで達成されるということが想定されなければならないだろう。

結　び

　経済システムを社会的に制御するということは，倫理的配慮のニーズ化ないしはリスク化を促進するということと対立的な関係にあるわけではない。なぜなら，社会の論理を経済の論理に内部化していくためには，それが「ニーズ」や「リスク」という経済の言語に変換される必要があるからである。システムはシステム内部の観点から外部を解釈し，その解釈された内的環境のみに適応するというオートポイエーシスの理論を前提とするならば，必然的な帰結であろう。経済の論理に外在する言語（たとえば社会正義）を用いた企業批判や産業批判は，経済システムにとっては所詮「ノイズ」でしかない。もちろん，その「ノイズ」に込められたメッセージは社会的には重要である。だからこそ，社会の側としては，それが「ノイズ」として処理されてしまうのではなく，経済システム内部で重要な問題として受容されるために，そのメッセージが経済システムの関心に接続可能な言語へと積極的に翻訳される必要がある。本書が扱ってきた1990年代以降の倫理的な経済の「市場志向的転換」という過程は，まさしく「社会正義」から「ニーズ・リスク」へという翻訳の過程であったし，その中心として扱った認証制度は社会の論理を経済の論理に変換する翻訳機であったといえよう。

　この終章で扱ったのは，この翻訳だけで果たして倫理的な経済秩序の維持・形成は可能か，という問題であった。オートポイエティック・システムは，自己の内部に環境を構成しそれに適応するという自動回転のなかで突き進んでい

く。そこでは、予期が価値から独立し、予期が予期を生み出していく。その自動回転の帰結は最初の価値から大きく乖離したものとなってしまわないだろうか、という危惧が本章の根本的問題であった。

　だからこそシステムは開放されなければならない、という「開放システム理論」は一見すると魅力的であるかもしれない。開放システム理論は、経済システムと社会システムの間の不透明性を除去することで、システム間のコミュニケーションを通じた相互理解可能性を開こうとする。しかし、環境に対する概念構成が常にシステム固有の仕方のみでしかなされえないという前提、すなわち環境とは常に固有の添え字を伴った「解釈された環境」であるという基本的な前提に立つならば、システム間の合意もまた解釈上の問題であり、その不透明性は社会外在的な視点が存在しない限りは除去しえない。もちろん、社会規範が経済システム内部の活動に妥当しているという場合は当然ながら存在するが、その妥当はあくまで観察者の側の解釈である。経済システム内部では、社会規範が固有の仕方で解釈され、あたかも社会規範に沿っているかのようなふるまいをみせているだけかもしれない。

　開放システム理論からすれば、これは極めてペシミスティックな結論であろう。なぜなら、一見すると経済システムは社会規範に沿っているようにみえる場合でも、実は社会的な論理とはまったく異なる論理のもとで動いてしまっていることになるからである。つまり、閉鎖システム理論では、経済活動が社会規範に従うことはないことになってしまうという批判が開放システムの理論の側から寄せられるのである。だが、序章でも論じたように「ふるまいが社会規範に妥当している」ということと、「社会規範に妥当するようにふるまう」ということはまったく異なる事態である。この区別に基づけば、規範的行為とは行為者の主観的な動機づけが観察者の説明図式に従うような行為だけでなく、あたかも説明図式に従っているかのようにみえる行為をも包含することになる。この後者の意味での規範的行為によって構成される秩序をペシミスティックにとらえる見方は、逆にいえば、公共的な社会の形成における行為者の自由選択

の余地を極端に狭めるものとならざるをえないだろう。

　本書は，1990年代以降の倫理的市場の展開を，この「あたかも・・・であるかのように」という次元で展開される倫理的配慮の拡大として示すものであった。もちろん，これはひとつの説明視角に過ぎないといわれるかもしれないが，この説明視角には公共的な社会のあり方を考える上で決定的に重要な位相が含まれているはずである。もちろん，こうした経済のあり方を表現する際に「倫理的」という言葉を用いてよいのか，という倫理学的批判は真摯に受け止めなければならない。この経済では「倫理的」という言葉は既にシンボル的な機能をなすのみであり，経営活動においては手段的な「データ」に過ぎないともいえる。「倫理的」という言葉をその水準に貶めている時点で非倫理的であるといわれても仕方がないであろう。

　本書はその批判から倫理的市場を擁護する気は毛頭ない。ただ，必ずしも常に倫理的であるとは限らない人間たちが，自然環境や社会環境を破壊しない仕方で共生していくためには，「倫理的」意図には還元されない制度がどうしても必要なのではないだろうか。むろん，この制度が「偽善」といわれることは否定しない。しかし，これまで「偽善」とよばれ拒絶されてきたものこそが社会を支えているという側面を直視することから出発して，その可能性と限界を明らかにすることも，社会学の仕事として重要なのではないだろうか。

注
1) むろん，経済システムの環境を市場としてしかとらえない社会システム論の視座に対しては制度論の立場から批判もあるが，その根本的論点は「開放システム」か「閉鎖システム」かという出発点をめぐる問題に帰着するように思われる。
2) 「長期的利益の追求」としてルール遵守が経済に内部化されてきたのはごく最近のことである。経済システムに内部化されたルール遵守は「コンプライアンス」とよばれている。この「長期的利益の追求」という点において，政府規制が市場の要素として内部化される。言い換えれば，企業が政府規制への従属をコンプライアンスという「経済活動」とみなすことで，経済と政治の構造的カップリングが生じることになる。ポスト福祉国家的社会編成における政府規制の位

置づけについては,本書では十分に検討できなかったが,「介入」から「構造的カップリング」へという視点からするならば,政府規制は自由選択を通じた公共社会の形成のための障害ではなく,むしろその構造的条件を構成するものとして理解することができるだろう。

あとがき

　本書は 2014 年 6 月に早稲田大学で学位を授与された博士論文「〈倫理の市場〉の台頭とその展開——フェアトレードの『転換』をめぐる社会学的分析」に大幅な修正を加えたものであり，平成 28 年度科学研究費助成事業「研究成果公開促進費（学術図書）」（課題番号：16HP5181）の助成をうけて出版されたものである。本書の執筆において，序章と終章をはじめとして文章にはかなりの変更を加えたが，全体の構成や論旨は博士論文を受け継いでいる。

　博士論文の構想を開始した当初，筆者は「自由選択を通じた公共社会の形成」という本書を貫くテーマを持ち合わせていたわけではなかった。むしろ，試みとしては，「倫理的市場のパラドクス」という視座によって，エコ消費やフェアトレードが本来のあり方から乖離して自己効用化していることを指摘し，それを新自由主義との関連でとらえるという一種の市場経済批判を展開することを予定していた。倫理的配慮の消費主義化という逆説を示した修士論文の成果をさらに展開し，よりメタ的な文脈から市場経済の問題を明らかにするのがその狙いだったわけである。

　こうした当初の目論見が筆者のなかで転換していったのは，秩序形成という問題系と出会うことによってであった。特に F. ハイエクの理論との出会いの影響は大きい。博士課程入学当初，筆者に大きな影響を与えていたのは K. ポランニーや P. ブルデュ，そして M. フーコーの市場観であり，これらの視座からハイエクを批判的に読み込もうとはじめた秩序形成論の研究であったが，結果としてはミイラ取りがミイラになったといえるかもしれない。ハイエクの社会理論は，当初想定していた通俗的な新自由主義言説とはまったく異なり，人間行動に対する鋭い洞察と丁寧で力強い論理展開に満ちていた。その強固な論理に魅せられた筆者は，博士課程 2 年次には，オーストリア学派経済学を社会学に導入した「市場の社会学」をテーマとして博士論文を書きたいと指導教授

に申し出た程であった。指導教授からの丁寧な指導もあってこの構想は結局お蔵入りとなったが，今から思えば一時の熱に浮かされて研究の方向性を決めてしまわなくてよかったと思っている。

　フェアトレード研究と秩序形成論が筆者のなかで直接的に結びつくようになったのは，その熱も少し冷めた頃であった。当初は，批判的な眼差しを向けていた「倫理的市場のパラドクス」が，秩序形成論を経由することによって，少しずつ脱パラドクス化されていた。そして，この脱パラドクス化によって，フェアトレード運動の歴史や認証制度の台頭が，これまでとはまったく異なった形でみえるようになっていた。分析過程で1990年代における「市場志向的転換」という構図がネガティブな位相であるというよりは，むしろ倫理的な経済の可能性を考える上で非常に重要な位置を占めているように思われるようになってきたのである。今から思えば，フェアトレードの「転換」という本書の分析テーマは，実は筆者自身の市場観の「転換」の投影であったのかもしれない。

　それにしても，振り返ってみれば「自由選択を通じた公共社会の形成」とはなんとも尖った大胆な問題設定であろうか。ある意味で従来の社会学への挑発ではないかとも思える。「必ずしも市場だけが経済のあり方ではない」と主張してきた社会学的伝統のなかにおいて，「市場それ自体が社会的形成物である」と主張する本書は反社会学なのかもしれないと筆者自身も葛藤を重ねた。本書のテーマは社会学ではなく経済学のテーマだと周囲からいわれたこともあった。筆者の発想はネオリベだといわれたこともあった。しかし，「行為が秩序に妥当している」ことと「秩序に妥当するように行為する」ことは異なるという前提から出発して，市場がそもそも社会的なものであると強調したのは，ほかならぬ社会学の礎を築いたウェーバーであった。執筆が終わった今では，本書の問題設定は社会学への反逆ではなく，むしろ社会学の根本問題を背負っているものと確信している。

　とはいえ，本書には反省すべき点も多い。第1に，理論的用語の整理がまだ十分とは言い難く「諒解」「自生的秩序」「構造的カップリング」「リゾーム」

といった主要な理論概念の間の具体的な関連性が不明瞭なまま残されているという点である。本書の主眼は経験的分析の方にあった，というのは言い訳に過ぎず，その不明瞭さの根底にあるのは筆者の勉強不足にほかならない。今後は研鑽を重ね，その関連性を丁寧に整理していく必要があろう。第2に，倫理的市場の倫理的問題を回避しているという点である。本書が示したのは，倫理的動機づけなき倫理的経済に対する社会学的説明可能性であって，その倫理的評価には立ち入らなかった。これは本書の射程範囲を超える問題である，と言えばそれまでだが，本書の議論を展開することでこの知的フロンティアに一石投じることもできるのかもしれない。この問題は，現代社会が自由選択に基づく公共形成という新たな理念とどのように向き合っていくべきかという規範的問題を含むことになるだろう。

　そのほか多くの反省点や問題点が本書に見出されるかもしれないが，それら一つひとつを真摯に受け止めて筆者の今後の課題としていきたい。

　本書が出版されるまでに，筆者は数多くの学恩をうけた。学部時代以来の恩師であり博士課程の指導教授である山田真茂留先生からは，厳しくもそのなかに励ましのこもった熱心な指導を頂いた。頑固な筆者を最後まで見放さず指導を頂いたことに心より感謝を申し上げたい。また，大学院時代を通じて貴重なアドバイスを頂いた土屋淳二先生，間々田孝夫先生，森元孝先生，いずれの先生を欠いても本書が今の形として完成することはありえなかった。

　そのほかにも，多くの方々の支えのおかげで本書の完成に漕ぎ着けることができた。大学院の先輩である原科達也氏との日々の対話は，本書の理論的発想の源泉であった。また，山田ゼミの参加者から受けた学問的な刺激は，本書の執筆の大きな原動力となった。そして，立教大学の「グローバル消費文化研究会」のメンバーがいなければ，筆者が計量分析に携わる機会はなかったであろう。さらに，学文社の田中千津子社長，および編集部の方々には，出版にあたってさまざまな相談に乗って頂き，丁寧なアドバイスを頂いた。ここではすべてを挙げ尽くすことはできないが，筆者の研究活動を支えてくれたすべての方々に

厚く御礼申し上げたい。

2016 年 10 月

畑山　要介

〔付　記〕
　筆者は，本書の完成までにさまざまな研究助成の支えを受けてきた。本書に関わる研究助成を以下に記して感謝申し上げる。

・2010-12 年度　科学研究費補助金：基盤研究（B）（課題番号：22330160）
　「ポスト・グローバル消費社会の動態分析：脱物質主義化を中心として」（代表者：間々田孝夫）
・2010-12 年度　科学研究費補助金：特別研究員奨励費（課題番号：10J00855）
　「消費主義と倫理的消費の関係をめぐる基礎的研究」
・2013 年度　早稲田大学特定課題：新任の教員等
　「現代社会における倫理的消費の位置づけを再考する理論的研究」
・2013-14 年度　科学研究費補助金：研究活動スタート支援（課題番号：25885087）
　「コーヒー流通業者を事例とした倫理的認証ラベル市場の形成をめぐる社会学的研究」
・2015 年度　早稲田大学特定課題：基礎助成
　「制度論における市場概念の位置づけを再考する理論社会学的研究」
・2016-18 年度　科学研究費補助金：特別研究員奨励費（課題番号：16J00535）
　「自生的秩序としての倫理的消費の制度化：フェアトレードの市場化をめぐる日英比較研究」

引用・参考文献

Adler, Max [1936] 1975, *Das Rätsel der Gesellschaft: Zur erkenntniskritischen Grundlegung der Sozialwissenschaft*, Wien: Saturn-Verlag.
Anheier, Helmut K. (2005) *Nonprofit Organizations: Theory, Management, Policy*, Oxon: Routledge.
Arrow, K. J. and G. Debreu (1954) "Existence of an Equilibrium for a Competitive Economy," *Econometrica*, 22：265-290.
ATJ (2010)「オルター・トレード・ジャパン 2010 年度年次報告」ATJ
――――(2011)「オルター・トレード・ジャパン 2011 年度年次報告」ATJ
Barnett, Clive, Paul Cloke, Nick Clarke and Alice Malpass (2005) "Consuming Ethics: Articulating the Subjects and Spaces of Ethical Consumption," *Antipode*, 37 (1)：23-45.
Barratt-Brown, Michael (1993) *Fair Trade*, London: Zed Books.(＝青山薫・市橋秀夫訳 (1998)『フェア・トレード――公正なる貿易を求めて』新評論)
Barrientos, Stephanie, Michael E. Conroy and Elaine Jones (2007) "Northen Social Movements and Fair Trade," Laura T. Raynolds, Douglas L. Murray and John Wilkinson eds., *Fair Trade: The Challenges of Transforming Globalization*, London: Routledge：51-62.
Baudrillard, Jean (1970) *La societe de consommation: ses mythes, ses structures*, Paris: Gallimard.(＝今村仁司・塚原史訳 (1979)『消費社会の神話と構造』紀伊國屋書店)
Bauman, Zygmunt (2001) *The Individualized Society*, Cambridge: Polity Press.(＝澤井敦・菅野博史・鈴木智之訳 (2008)『個人化社会』青弓社)
Bell, Daniel (1976) *The Cultural Contradictions of Capitalism*, New York: Basic Books.(＝林雄二郎訳 (1976)『資本主義の文化的矛盾』講談社)
Bendell, Jem and Anthony Kleanthous (2007) *Deeper Luxury: Quality and Style When the World Matters*, London: WWF-UK.
Berger, Peter L. and Thomas Luckmann (1966) *The Social Construction of Reality: A Treatise in the Sociology of Knowledge*, New York: Irvington Publishers.(＝山口節郎訳 (2003)『現実の社会的構成――知識社会学論考』新曜社)
Bertalanffy, Ludwig (1971) *General System Theory: Foundations, Development, Applications*, London: Allen Lane.(＝長野敬・太田邦昌訳 (1973)『一般システム理論

――その基礎・発展・応用』みすず書房)
Bevir, Mark and Frank Trentmann (2008) "Civic Choices: Retriveving Perspectives on Rationality," Kate Soper and Frank Trentmann eds., *Citizenship and Consumption*, New York: Palgrave Macmillan：19-33.
Black, Maggie (1992) *A Cause for Our Times: Oxfam The First Fifty Years*, Oxford: Oxford University Press.
Boris, Jean-Pierre (2005) *Commerce inéquitable: Le roman noir des matières premières*, Paris: Hachette.(＝林昌宏訳 (2005)『コーヒー，カカオ，コメ，綿花，コショウの暗黒物語――生産者を死に追いやるグローバル経済』作品社)
Callinicos, Alex T. (2001) *Against the Third Way*, London: Polity Press.(＝中谷義和監訳 (2003)『第三の道を超えて』日本経済評論社)
Chossudovsky, Michel (1997) *The Globalisation of Poverty: Impact of IMF and World Bank Reforms*, London: Zed Books.(＝郭洋春訳 (1999)『貧困の世界化――IMFと世界銀行による構造調整の衝撃』柘植書房新社)
Davies, Iain A., Doherty, Bob and Simon Knox (2010) "The Rise and Stall of a Fair Trade Pioneer: The Cafédirect Story," *Journal of Business Ethics*, 92 (1)：127-147.
Dees, Gregory, J. (1998) "Enterprising Nonprofits," *Harvard Business Review*, January-February：55-67.
Defourny, Jacques and Campos Monson (1992) *Economie sociale: entre économie capitaliste et économique publique*, Bruxelles: De Boeck Université.(＝富沢賢治訳 (1995)『社会的経済――近未来の社会経済システム』日本経済評論社)
DiMaggio, Paul J. and Walter W. Powell (1983) "The Iron Cage Revisited: Institutional Isomorphism and Collective Rationality in Organizational Fields," *American Sociological Review*, 48 (2)：147-160.
DiMaggio, Paul J. and Helmut K. Anheier (1990) "The Sociology of Nonprofit Organizations and Sectors," *Annual Review of Sociology*, 16：137-159.
DFID (2009) "Eliminating World Poverty: Building our Common Future," London: DFID.
土場学 (1995)「自生的秩序と個人主義的秩序――ハイエクの自生的秩序論における正義論的秩序問題」『社会学評論』46 (1)：2-15
土肥将敦 (2006)「ソーシャル・アントレプレナー (社会的企業家) とは何か」谷本寛治編『ソーシャル・エンタープライズ――社会的企業の台頭』中央経済社
Doherty, Bob and Sophi Tranchell (2007) "Radical Mainstreaming of Fairtrade: the Case of the Day Chocolate Company,"*Equal Opportunities International*, 26 (7)：

693-711.
Driver, Stephen and Luke Martell (2002) *Blair's Britain*, London: Polity Press.
Elkington, John and Julia Hailes (1988) *The Green Consumer Guide: From Shampoo to Champagne: High-Street Shopping for a Better Environment*, London: V. Gollancz.
FINE and DAWS (2008) "Fair Trade 2007: New Facts and Figures from an Ongoing Success Story: A Report on Fair Trade in 33 Consumer Countries," DAWS.
FLO (2011a) "Fairtrade Standard for Small Producer," FLO. (http://www.fairtrade.net/fileadmin/user_upload/content/2011-12-27_SPO_EN_FINAL.pdf) アクセス日：2012年5月9日
──── (2011b) "Fairtrade Standard for Hired Labour," FLO. (http://www.fairtrade.net/fileadmin/user_upload/content/2011-12-29-HL_EN.pdf) アクセス日：2012年5月9日
──── (2011c) "Fairtrade Standard for Contract Production," FLO. (http://www.fairtrade.net/fileadmin/user_upload/content/2011-12-29_CP_EN.pdf) アクセス日：2012年5月9日
──── (2011d) "Generic Fairtrade Trade Standard," FLO. (http://www. fairtrade.net/fileadmin/user_upload/content/2009/standards/documents/2012-04-02_GTS_EN.pdf) アクセス日：2012年5月9日
──── (2012) "Fairtrade Minimum Price and Fairtrade Premium Table," FLO. (http://www.fairtrade.net/fileadmin/user_upload/content/2009/standards/documents/2012-04-17_EN_Fairtrade_Minimum_Price_and_Premium_table.pdf)
Foerster, Heinz von [1981] 1984, *Observing Systems* (2nd ed), Seaside, Calif.: Intersystems Publications.
Foucault, Michel (2004) *Naissance de biopolitique: cours au College de France 1978-1979*, Paris: Seuil/Gallimard.（＝慎改康之訳 (2008)『生政治の誕生』筑摩書房）
Friedman, Milton (1962) *Capitalism and Freedom*, Chicago: University of Chicago Press.（＝村井章子訳 (2008)『資本主義と自由』日経BP社）
Freeman, R. Edward (1983) "Stockholders and Stakeholders: a New Perspective on Corporate Governance," *California Management Review*, 25 (3)：88-106.
──── (1984) *Strategic Management: a Stakeholder Approach*, Boston: Pitman.
藤井敦史 (2007)「ボランタリー・セクターの再編成過程と『社会的企業』──イギリスの社会的企業調査をふまえて」『社会政策研究』7：85-107
Gabriel, Yiannis and Tim Lang (2005) "A Brief History of Consumer Activism," Rob Harrison, Terry Newholm, Deirdre Shaw eds., *The Ethical Consumer*, Thousand

Oaks: Sage : 39-53.
Gadamer, Hans-Georg (1960) *Wahrheit und Methode: Grundzüge einer philosophischen Hermeneutik*, Tübingen: J. C. B. Mohr. (＝轡田收・巻田悦郎訳 (2008)『真理と方法2』法政大学出版局)
Galbraith, John K. (1958) *The Affluent Society*, New York: New American Library. (＝鈴木哲太郎訳 (1960)『ゆたかな社会』岩波書店)
Giddens, Anthony (1991) *Modernity and Self-identity: Self and Society in the Late Modern Age*, Stanford: Stanford University Press. (＝秋吉美都・安藤太郎・筒井淳也訳 (2005)『モダニティと自己アイデンティティ―後期近代における自己と社会』ハーベスト社)
——— (1998) *The Third Way*, London: Polity Press. (＝佐和隆光訳 (1999)『第三の道―効率と公正の新たな同盟』日本経済新聞社)
Habermas, Jürgen (1981) *Theorie des kommunikativen Handelns*, Frankfurt am Main: Surkamp. (＝丸山高司・丸山徳次・厚東洋輔・森田数実・馬場孚瑳江・脇圭平訳 (1985)『コミュニケーション的行為の理論 (下)』未来社)
橋本努 (1994)『自由の論法―ポパー・ミーゼス・ハイエク』創文社
——— (1995)「A. シュッツの方法論に関する批判的考察―オーストリア学派との関係から」『社会学評論』46 (2): 144-157
橋爪大三郎 (1985)『言語ゲームと社会理論―ヴィトゲンシュタイン・ハート・ルーマン』勁草書房
畑山要介 (2011)「フェアトレードは商業化されているか？―商業性と運動性の関係の変容を通して」『年報社会学論集』24: 192-203
——— (2012)「フェアトレード商品を購入するのはいかなる人か？」『経済社会学会年報』34: 173-181
——— (2014)「フェアトレードの分水嶺―『認証ラベル論争』をめぐる分析」『年報社会学論集』27: 158-169
——— (2015)「倫理的消費者の意識構造―フェアトレード商品の購入要因の分析を通じて」『消費社会の新潮流―ソーシャルな視点，リスクへの対応』立教大学出版会: 7-22
——— (2016a)「食の安全・安心をめぐるリスクと信頼―『共有モデル』と『架橋モデル』」『現代社会学理論研究』10: 89-101
——— (2016b)「社会民主主義のポスト福祉国家的転換―1980-90年代におけるイギリス労働党の言説とその論争布置」『ソシオロジカル・ペーパーズ』26: 1-16
Hart, Herbert L. A. (1961) *The Concept of Law*, Oxford: Clarendon Press. (＝矢崎光圀監訳 (1976)『法の概念』みすず書房)

Hay Colin (1997) "Blaijorism: Towords a One-Vision Polity?" *Political Quarterly*, 68 (4) : 372-378.

Hayek, Friedlich A. (1935) *Collectivist Economic Planning*, London: George Routledge & Sons. (＝嘉治元郎・嘉治佐代訳 (2008)「社会主義経済計算 (1) (2)」『個人主義と経済秩序』春秋社 : 119-244)

――― (1937) "Economics and Knowledge," *Economica*, 4 (13) : 33-54. (＝嘉治元郎・嘉治佐代訳 (2008)「経済学と知識」『個人主義と経済秩序』春秋社 : 49-80)

――― (1940) "Socialist Calculation: The Competitive 'Solution'," *Economica*, 7 (26) : 125-149. (＝嘉治元郎・嘉治佐代訳 (2008)「社会主義経済計算 (3)」『個人主義と経済秩序』春秋社 : 181-282)

――― (1943) "The Fact of the Social Sciences," *Ethics* 54 (1) : 1-13. (＝嘉治元郎・嘉治佐代訳 (2008)「社会科学にとっての事実」『個人主義と経済秩序』春秋社 : 81-107)

――― (1945) "*The Use of Knowledge in Society,*" *American Economic Review*, 35 (4) : 519-530. (＝嘉治元郎・嘉治佐代訳 (2008)「社会における知識の利用」『個人主義と経済秩序』春秋社 : 109-128)

――― (1952) *Counter-Revolution of Science: Studies on the Abuse of Reason*, Glencoe, Ill.: Free Press. (＝渡辺幹雄訳 (2011)『科学による反革命』春秋社)

――― (1973) *Law, Legislation and Liberty v.1: Rules and Order*, Chicago: University of Chicago Press. (＝矢島鈞次・水吉俊彦訳 (2007)『法と立法と自由 1』春秋社)

――― (1979) *Law, Legislation and Liberty v.3: The Political Order of a Free People*, Chicago: University of Chicago Press. (＝渡部茂訳 (2008)『法と立法と自由 3』春秋社)

Hilton, Matthew (2003) *Consumerism in Twentieth-century Britain: The Search for a Historical Movement*, New York: Cambridge University Press.

Horkheimer, Max and Theodor W. Adorno (1969) *Dialektik der Aufklärung: philosophische Fragmente*, Frankfurt am Main: Fischer Taschenbuch Verlag. (＝徳永恂訳 (2007)『啓蒙の弁証法――哲学的断想』岩波書店)

堀田正彦 (2005)「オルター・トレード・ジャパン，『民衆交易』の初志と未来」『季刊 at』0 : 56-64

――― (2006)「岐路に立つフェアトレードの現状と課題」『季刊 at』3 : 35-38

――― (2012)「オルター・トレード・ジャパン (ATJ) とは何者か」『民衆交易とフェアトレードのこれからを考える』APLA : 6-29

堀田正彦・秋山眞兄 (2005)「『善意』から『生きる力』としてのバナナへ――オルタ

ー・トレード・ジャパン，十五年の歩み」『季刊 at』1：40-55
市橋秀夫（2012）「英国におけるフェアトレード『メインストリーム化』の逆説」『民衆交易とフェアトレードのこれからを考える』APLA：66-89
今村都南雄（2005）「NPM」阿部齊・今村都南雄・岩崎恭典・大久保皓生・澤井勝・辻山幸宣・山本英治・寄本勝美『地方自治の現代用語〈第二次改訂版〉』学陽書房
Ingelhart, Ronald (1977) *The Silent Revolution: Changing Values and Political Style among Western Publics*, Prinston: Prinston University Press.（＝三宅一郎ほか訳（1978）『静かなる革命——政治意識と行動様式の変化』東洋経済新報社）
岩根邦雄（2012）『生活クラブという生き方——社会運動を事業にする思想』太田出版
Johnston, Josée (2007) "The Citizen-Consumer Hybrid: Ideological Tensions and the Case of Whole Foods Market," *Theory and Society*, 37：229-270.
Katz, Elihu and Paul F. Lazarsfeld (1955) *Personal Influence: The Part Played by People in the Flow of Mass Communications*, Glencoe: Free Press.（＝竹内郁郎訳（1965）『パーソナル・インフルエンス——オピニオン・リーダーと人びとの意思決定』培風館）
川田侃（1977）『南北問題——経済的民族主義の潮流』東京大学出版会
経済同友会（2001）「21世紀宣言」経済同友会（http://www.doyukai.or.jp/policyproposals/articles/2000/pdf/001225a_01.pdf）アクセス日：2013年7月10日
Kirzner, Israel M. (1997) *How Markets Work: Disequilibrium, Entrepreneurship and Discovert*, London: Institute of Economic Affairs.（＝西岡幹雄・谷村智輝訳（2001）『企業家と市場とはなにか』日本経済評論社）
喜多村浩（1982）「新国際経済秩序（NIEO）」斎藤優編『南北問題——開発と平和の政治経済学』有斐閣：299-324
Knight, Frank H. (1921) *Risk, Uncertainty and Profit*, Boston: Houghton Mifflin Company.（＝奥隅栄喜訳（1959）『危険・不確実性および利潤』文雅堂書店）
Kocken, Marlike (2006) "SIXTY Years of Fair Trade: A Brief History of the Fair Trade Movement," EFTA.
近藤康男（2012）「市民・民衆の経済としての民衆交易・フェアトレードを考える」『民衆交易とフェアトレードのこれからを考える』APLA：46-65
近藤康史（2001）『左派の挑戦——理論的刷新からニュー・レイバーへ』木鐸社
Kotler, Philip and Alan Andreasen (1996) *Strategic Marketing for Nonprofit Organizations*, New Jersey: Pearson Education.（＝井関利明監訳（2005）『非営利組織のマーケティング戦略』第一法規）
Kotler, Philip and Nancy Lee (2005) *Corporate Social Responsibility: Doing Most Good for Your Company and Your Cause*, Hoboken, N. J.: Wiley.（＝恩藏直人監訳

(2007)『社会的責任のマーケティング―「事業の成功」と「CSR」を両立する』東洋経済新報社)
楠茂樹 (2010)『ハイエク主義の「企業の社会的責任」論』勁草書房
Lavoie, Don (1981) "A Critique of the Standard Account of the Socialist Calculation Debate," *The Journal of Libertarian Studies*, 5 (1) : 41-87. (=日向健訳 (1998)「社会主義経済計算論争の標準的解釈への批判」『経営情報学論集』4 : 161-198)
Lipschutz, Ronnie D. and Cathleen Fogel (2002) "Regulation for the Rest of Us? Global Civil Society and the Privatization of Transnational Regulation," Rodney Bruce Hall and Thomas J. Biersteker eds., *The Emergence of Private Authority in Global Governance*, Cambridge: Cambridge University Press : 115-140.
Low, Will and Eileen Davenport (2006) "Mainstreaming Fair Trade: Adoption, Assimilation, Appropriation", *Journal of Strategic Marketing*, 14 (4) : 315-327.
Luhmann, Niklas (1984) *Soziale Systeme: Grundriss einer allgemeinen Theorie*, Frankfurt am Main: Suhrkamp. (=佐藤勉監訳 (1993)『社会システム理論』恒星社厚生閣)
――――― (1988) *Die Wirtschaft der Gesellschaft*, Frankfurt am Main: Suhrkamp. (=春日淳一訳 (1991)『社会の経済』文眞堂)
―――――(1990) *Die Wissenschaft der Gesellschaft*, Frankfurt am Main: Suhrkamp. (=徳安彰訳 (2009)『社会の科学1』法政大学出版局)
――――― (1997) *Die Gesellschaft der Gesellschaft*, Frankfurt am Main: Suhrkamp. (=馬場靖雄・赤堀三郎・菅原謙・高橋徹訳 (2009)『社会の社会1』法政大学出版局)
間々田孝夫 (2007)『第三の消費文化論―モダンでもポストモダンでもなく』ミネルヴァ書房
Marcuse, Herbert (1964) *One-dimensional Man: Studies in the Ideology of Advanced Industrial Society*, Boston: Beacon Press. (=生松敬三・三沢謙一訳 (1980)『一次元的人間―先進産業社会におけるイデオロギーの研究』河出書房新社)
Maslow, Abraham H. (1954) *Motivation and Personality 2nd ed.*, New York: Harper & Row. (=小口忠彦訳 (1978)『人間性の心理学―モチベーションとパーソナリティ』産能大学出版部)
Maturana, Humberto R. and Francisco J. Varela (1980) *Autopoiesis and Cognition : the Realization of the Living*, Dordrecht, Holland; Boston: D. Reidel Pub. Co. (=河本英夫訳 (1991)『オートポイエーシス―生命システムとはなにか』国文社)
――――― (1984) *El árbol del conocimiento: las bases biológicas del entendimiento humano*, Santiago de Chile : Editorial Universitaria. (=管啓次郎訳 (1997)『知恵の樹―生きている世界はどのようにして生まれるのか』筑摩書房)

Menger, Carl (1871) *Grundsätze der Volkswirtschaftslehre*, Wien: Wilhelm Braumüller.(＝安井琢磨・八木紀一郎訳 (1999)『国民経済学原理』日本経済評論社)
―――― (1883) "Untersuchungen über die Methode der Sozialwissenschaften und der politischen Ökonomie insbesondere," *Gesammelte Werke*, Tübingen: J. C. B. Mohr. (＝福井孝治・吉田昇三訳 (1986)『経済学の方法』日本経済評論社)
Micheletti, Michele (2003) *Political Virtue and Shopping: Individuals, Consumerism, and Collective Action*, New York: Palgrave Macmillan.
ミニー・サフィア (2008)『おしゃれなエコが世界を救う――女社長のフェアトレード奮闘記』フェアトレード・カンパニー
―――― (2009)『BY HAND――世界を変えるフェアトレード・ファッション』幻冬舎
Mises, Ludwig (1920) "Die Wirtschaftsrechnung im sozialistischen Gemeinwesen," *Archiv für Sozialwissenschaft und Sozialpolitik*, 47：86-121.
―――― (1924) "Neue Beiträge zum Problem der sozialistischen Wirtschafts- rechnung,"*Archiv für Sozialwissenschaft und Sozialpolitik*, 51：488-500.
見田宗介 (1966)『価値意識の理論――欲望と道徳の社会学』弘文堂
―――― (1996)『現代社会の理論――情報化・消費化社会の現在と未来』岩波書店
宮内泰介 (1996)「エビの社会学――消費社会と第三世界」見田宗介他編『岩波講座現代社会学 25――環境と生態系の社会学』岩波書店
Moreau, Jacques (1994) *L'économie sociale face à l'ultra libéralisme*, Vasileios: Syros. (＝石塚秀雄・中久保邦夫・北島健一 (1996)『社会的経済とはなにか――新自由主義を超えるもの』日本経済評論社)
Morgenstern, Oskar (1935) "Vollkommene Voraussicht und wirtschaftliches Gleichgewicht," *Zeitschrift für Nationalökonomie*, 6 (3)：337-357. (＝Knight, F. H. and A. Schotter trans. (1976) "Perfect Foresight and Economic Equilibrium," *Selected Writings of Oskar Morgenstern*, New York: New York University Press：169-183)
森元孝 (1995)『アルフレート・シュッツのウィーン――社会科学の自由主義的転換の構想とその時代』新評論
―――― (2006)『フリードリヒ・フォン・ハイエクのウィーン――ネオ・リベラリズムの構想とその時代』新評論
村井吉敬 (1988)『エビと日本人』岩波書店
Murray, Douglas L. and Laura T. Raynolds (2007) "Globalization and its Antinomies: Negotiating a Fair Trade Movement," Laura T. Raynolds, Douglas L. Murray and John Wilkinson eds., *Fair Trade: The Challenges of Transforming Globalization*, London: Routledge：3-14.

長尾弥生（2008）『フェアトレードの時代——顔と暮らしの見えるこれからの国際貿易を目指して』日本生活協同組合連合会
長坂寿久（2006）「欧州のフェアトレード市場と日本」『国際貿易と投資』64：75-88
――――（2008）『日本のフェアトレード』明石書店
――――（2009）『世界と日本のフェアトレード市場』明石書店
内閣府（2009）『国民生活白書』時事画報社
那須壽（1997）『現象学的社会学への道——開かれた地平を索めて』恒星社厚生閣
Nicholls, Alex and Charlotte Opal (2005) *Faire Trade: Marketing-Driven Ethical Consumption*, London: Sage Publication. （＝北澤肯訳（2009）『フェアトレード——倫理的な消費が経済を変える』岩波書店）
仁平典宏（2011）『「ボランティア」の誕生と終焉——〈贈与のパラドックス〉の知識社会学』名古屋大学出版会
西部忠（1993）「社会的制度としての市場像——社会主義経済計算論争をめぐるハイエクとポランニーの市場像」伊藤誠・小幡道昭編『市場経済の学史的検討』社会評論社
西川潤（1979）『南北問題——世界経済を動かすもの』日本放送出版協会
――――（2007）「連帯経済——概念と政策」西川潤編『連帯経済——グローバリゼーションへの対案』明石書店：11-30
西城戸誠・角一典（2009）「生活クラブ生協の『共同性』の現状と課題——戸別配送システム導入および組織改革後の生活クラブ生協北海道の事例を中心として」『年報社会学論集』22：161-160
O'Driscoll, Gerald P. Jr. and Mario J. Rizzo (1985) *The Economics of Time and Ignorance*, Oxford: New York: B. Blackwell.（＝橋本努・井上匡子・橋本千津子訳（1999）『時間と無知の経済学——ネオ・オーストリア学派宣言』勁草書房）
小川英司（1991）「シュッツと経済学者たち——ひとつの思想的背景としてのオーストリア学派」西原和久編『現象学的社会学の展開』青土社：73-106
大野和興（2012）「今後の民衆交易とフェアトレードはどうなっていく!?」『民衆交易とフェアトレードのこれからを考える』：90-107
Oxfam (1985) *The Field Director's Handbook: An Oxfam Manual for Development Workers*, Oxford: Oxford University Press.
Packard, Vance O. (1960) *The Waste Makers*, New York: Mackay.（＝南博・石川弘義訳（1961）『浪費を作り出す人々』ダイヤモンド社）
Parsons, Talcott (1937) *The Structure of Social Action: A Study in Social Theory with Special Reference to a Group of Recent European Writers*, New York: McGraw-Hill.（＝稲上毅・厚東洋輔・溝部明男訳（1989）『社会的行為の構造』（第5分

冊）木鐸社）
Parsons, Talcott and Edward A. Shils (1951) *Toward a General Theory of Action*, Cambridge: Harvard University Press.（＝永井道雄・作田啓一・橋本真訳（1960）『行為の総合理論を目指して』日本評論新社）
Parsons, Talcott and Neil J. Smelser (1956) *Economy and Society: a Study in the Integration of Economic and Social theory*, London : Routledge and Paul.（＝富永健一訳（1958）『経済と社会Ⅰ・Ⅱ』岩波書店）
Polanyi, Karl (1922) "Sozialistische Rechnungslegung," *Archiv für Sozialwissenschaft und Sozialpolitik*, 49：377-420.
―――― (1924) "Die funktionelle Theorie der Gesellschaft und das Problem der sozialistischer Rechnungslegungen," *Archiv für Sozialwissenschaft und Sozialpolitik*, 52：218-228.（＝長尾史郎訳（2003）「機能的社会理論と社会主義の計算問題」『経済の文明史』筑摩書房：141-166）
―――― (1925) "Neue Erwägungen zu unserer Theorie und Praxis," *Der Kampf. Sozialdemokratische Monatsschrift*, Wien: Sozialdemokratische Partei Österreichs.（＝若森みどり・植村邦彦・若森章孝編訳（2012）「われわれの理論と実践についての新たな検討」『市場社会と人間の自由―社会哲学論選』大月書店：3-19）
―――― (1944) *The Great Transformation*, Boston: Beacon Press.（＝吉沢英成・野口建彦・長尾史郎・杉村芳美訳（1975）『大転換―市場社会の形成と崩壊』東洋経済新報社）
―――― (1977) *The Livelihood of Man*, New York: Academic Press.（＝玉野井芳郎・栗本慎一郎訳（1980）『人間の経済Ⅰ―市場社会の虚構性』岩波書店）
Polanyi-Levitt, Kari and Marguerite Mendell (1987) "Karl Polanyi: His Life and Times," *Studies in Political Economy*, 22：7-39.
Power, Michael (1997) *The Audit Society: Rituals of Verification*, Oxford: Oxford University Press.（＝國部克彦・堀口真司（2003）『監査社会―検証の儀式化』東洋経済新報社）
Prendergast, Christopher (1986) "Alfred Schutz and the Austrian School of Economics," *American Journal of Sociology*, 92 (1)：1-26.
Ransom, David (2001) *The No-nonsense Guide to Fair Trade*, New Internationalist Publication.（＝市橋秀夫訳（2004）『フェアトレードとは何か』青土社）
Raynolds, Laura T. (2000) "Re-embedding Global Agriculture: The International Organic and Fair Trade Movements,"*Agriculture and Human Values*, 17 (3)：297-309.
―――― (2008) "Mainstreaming Fair Trade Coffee: From Partnership to Traceabil-

ity," *World Development*, 37 (6): 1083-1093.
Renard, Marie-Christine (2003) "Fair Trade: Quality, Market and Conventions," *Journal of Rural Studies*, 19: 87-96.
Robbins, Lionel C. (1932) *An Essay on the Natural and Significance of Economic Science*, London: Macmillan. (=辻六兵衛訳 (1981)『経済学の本質と意義』東洋経済新報社)
Rothbard, Murray N. (1962) *Man, Economy, and State*, Princeton, N. J.: Van Nostrand.
斎藤優 (1982)「南北問題の潮流と新展開」斎藤優編『南北問題——開発と平和の政治経済学』有斐閣: 2-32
Salamon, Lester M. (1997) *Holding the Center: America's Nonprofit Sector at a Crossroads*, New York: The Nathan Cummings Foundation. (=山内直人訳 (1999)『NPO最前線——岐路に立つアメリカ市民社会』岩波書店)
Sams, Craig and Josephine Fairlay (2009) *Sweet Dreams: The Story of Green & Blacks*, London: Random House Business.
Sassatelli, Roberta (2006) "Virtue, Responsibility and Consumer Choice," John Brewer and Frank Trentmann eds., *Consuming Cultures: Global Perspectives*, London: Berg: 219-250.
佐藤郁哉・山田真茂留 (2004)『制度と文化——組織を動かす見えない力』日本経済新聞社
佐藤慶幸 (1988)『女性たちの生活ネットワーク——生活クラブに集う人びと』文眞堂
Schütz, Alfred (1932) *Der sinnhafte Aufbau der sozialen Welt*, Wien: J. Springer. (=佐藤嘉一訳 (2006)『社会的世界の意味構成——理解社会学入門 (改訂版)』木鐸社)
Schutz, Alfred (1943) "The Problem of Rationality in the Social World," *Economica*, 10: 130-149. (=那須壽訳 (1991)「社会的世界における合理性の問題」『アルフレッド・シュッツ著作集3』マルジュ社)
——— (1953) "Common-sense and Scientific Interpretation of Human Action," *Philosophy and Phenomenological Research*, 14: 1-37. (=那須壽訳 (1983)「人間行為の常識的解釈と科学的解釈」『アルフレッド・シュッツ著作集1』マルジュ社: 49-108)
——— (1954) "Concept and Theory Formation in the Social Sciences," *Journal of Philosophy*, 51: 257-274. (=松井清・久保田芳廣訳 (1983)「社会科学における概念構成と理論構成」『アルフレッド・シュッツ著作集1』マルジュ社: 109-133)
Schutz, Alfred and Talcott Parsons (1978) *The Theory of Social Action: The Correspondence of Alfred Schutz and Talcott Parsons*, Bloomington: Indiana University

Press. (=佐藤嘉一訳 (1980)『社会理論の構成――社会的行為の理論をめぐって A. シュッツ = T. パーソンズ往復書簡』木鐸社)

Scott, W. Richard and John W. Meyer (1983) "The Organization of Societal Sectors," John W. Meyer and W. Richard Scott eds., *Organizational Environments: Ritual and Rationality*, California: Sage Publication: 129-153.

Sennett, Richard (1976) *The Fall of Public Man*, Cambridge: Cambridge University Press. (=北山克彦・高階悟訳 (1991)『公共性の喪失』晶文社)

妹尾裕彦 (2009)「コーヒー危機の原因とコーヒー収入の安定・向上策をめぐる神話と現実――国際コーヒー協定 (ICA) とフェア・トレードを中心に」『千葉大学教育学部研究紀要』57:203-228

盛山和夫 (1995)『制度論の構図』創文社

Shaw, Deirdre, Newholm, Terry and Roger Dickinson (2006) "Consumption as Voting: An Exploration of Consumer Empowerment," *European Journal of Marketing*, 40 (9):1049-1069.

Simmel, Georg [1908] 1923, *Soziologie: Untersuchungen über die Formen der Vergesellschaftung*, Berlin: Duncker & Humblot. (=居安正訳 (1994)『社会学――社会化の諸形式についての研究 (上)』白水社)

Simon, Herbert A. (1972) "Theories of Bounded Rationality," McGuire, C. B. and Roy Radner eds., *Decision and Organization*, Amsterdam: North-Holland Publication.

下山保 (2009)『異端派生協の逆襲――生協は格差社会の共犯者か』同時代社

Soper, Kate (2007) "Re-thinking the 'Good Life': The Citizenship Dimension of Consumer Disaffection with Consumerism," *Journal of Consumer Culture*, 7 (2):205-229.

Soper, Kate and Frank Trentmann (2008) "Introduction," Kate Soper, and Frank Trentmann eds., *Citizenship and Consumption*, New York: Palgrave Macmillan:1-16.

Sustainable Agriculture Network (2010) "Sustainable Agriculture Standard," Sustainable Agriculture Network. (http://sanstandards.org/ userfiles/file/SAN % 20Sustainable % 20Agriculture % 20Standard % 20July % 202010.pdf) アクセス日:2013年5月9日

Sustainable Agriculture Network and Rainforest Alliance (2012) "Chain of Custody Policy," SAN. (http://sanstandards.org/userfiles/file/SAN % 20RA % 20Chain % 20of % 20Custody % 20Policy % 20May % 202012 (1).pdf) アクセス日:2013年5月9日

谷本寛治 (2000)「NPO と企業の境界を越えて――NPO の商業化と NPO 的企業」『組

織科学』33(4):19-31
―――(2004)『CSR経営―企業の社会的責任とステークホルダー』中央経済社
―――(2013)『責任ある競争力―CSRを問い直す』NTT出版
Taylor, Peter L. (2004) "In the Market but Not of It: Fair Trade Coffee and Forest Stewardship Council Certification as Market-Based Social Change," *World Development*, 33 (1): 129-147.
寺島拓幸(2012)「エコ消費―現代消費社会における環境配慮」『季刊家計経済研究』95: 26-37
Trentmann, Frank (2007) "Citizenship and Consumption," *Journal of Consumer Culture*, 7: 147-158.
土屋淳二(2009)『モードの社会学(下)―自由と束縛のファッション力学』学文社
辻村英之(2013)『農業を買い支える仕組み―フェアトレードと産消提携』太田出版
塚本一郎(2008)「イギリスにおけるソーシャル・エンタープライズ研究の動向」塚本一郎・山岸秀雄編著『ソーシャル・エンタープライズ―社会貢献をビジネスにする』丸善: 33-57
上田誠(2012)「民衆と市民によるオルタナティブな事業の20年の軌跡と現状」『民衆交易とフェアトレードのこれからを考える』: 32-45
Valkila, Joni (2009) "Fair Trade Organic Coffee Production in Nicaragua: Sustainable Development or a Poverty Trap?"*Ecological Economics*, 68: 3018-3025.
Varul, Matthias Z. (2008) "Ethical Selving in Cultural Context: Fair Trade Consumerism as an Everyday Ethical Practice in the UK and Germany," presented paper of 3th Fair Trade International Symposium.
Veblen, Thorstein [1899] 2004, *The Preconceptions of Economic Science*, Whitefish: Kessinger Publishing.
Vogel, David (2005) *The Market for Virtue*, Washington, D.C. The Brookings Institution. (=小松由紀子・村上美智子・田村勝省訳(2007)『企業の社会的責任(CSR)の徹底研究―利益の追求と美徳のバランス』一灯舎)
若森みどり(2011)『カール・ポランニー―市場社会・民主主義・人間の自由』NTT出版
Walras, Léon (1874) *Éléments d'économie politique pure, ou, Théorie de la richesse sociale*, Lausanne: L. Corbaz. (=久武雅夫訳(1983)『純粋経済学要論―社会的富の理論』岩波書店)
渡辺幹雄(2006)『ハイエクと現代リベラリズム―「アンチ合理主義リベラリズム」の諸相』春秋社
渡辺龍也(2007)「フェアトレードの形成と展開―国際貿易システムへの挑戦」『現代

法学』14：3-72
――――(2009)「フェアトレードの拡大と深化――経済・社会・政治領域からの考察」
『現代法学』17：89-124
――――(2010)『フェアトレード学――私たちが創る新経済秩序』新評論
Weber, Max (1913) "Über einige Kategorien der verstehenden Soziologie," *Logos: Internationale Zeitschrift für Philosophie der Kultur*, 3：253-294. (＝海老原明夫・中野敏夫訳 (1990)『理解社会学のカテゴリー』未来社)
―――― [1921] 1972, "Die Wirtschaft und die gesellschaftlichen Ordnungen," Wirtschaft und Gesellschaft, Tübigen, J. C. B. Mohr：181-198. (＝世良晃志郎訳 (1974)「経済と社会的諸秩序」『法社会学』創文社)
―――― [1921] 1972, "Soziologische Grundkategorien des Wirtschaftens," *Wirtschaft und Gesellschaft*, Tübigen, J. C. B. Mohr：31-121. (＝富永健一訳 (1975)「経済行為の社会学的基礎範疇」尾高邦雄編『マックス・ウェーバー』中央公論社：301-484)
White, Harrison (1981) "Where Do Markets Come From?" *American Journal of Sociology*, 87 (3)：517-547.
Wilkinson, John (2007) "Fair Trade: Dynamic and Dilemmas of a Market Oriented Global Social Movement," *J Consum Policy*, 30：219-239.
Wilshaw, Rachel (1994) "Invisible Threads: Oxfam's Bridge Programme,"*Gender & Development*, 2 (3)：23-28.
Wolfenden Committee (1978) "The Future of Voluntary Organisations", London: CroomHelm.
吉永良正 (1996)『「複雑系」とは何か』講談社
Zadek, Simon and Pauline Tiffen (1996) "Fair Trade: Business or Campaign?" *Development*, 3：48-53.
Zadek, Simon, Lingayah, Sanjiv and Maya Forstater (1998) *Social Labels: Tools for Ethical Trade*, London: New Economics Foundation for the European Commission.

初出一覧

　本書の執筆にあたって，一部の章は既に学術論文に発表している。いずれも，本書への掲載にあたって大幅に書き換えられている。

- 1章　書き下ろし
- 2章　書き下ろし
- 3章　2013「フェアトレード運動の自由主義的転換——慈善・開発・対抗の運動からNPO・社会的企業・CSRへ」『ソシオロジカル・ペーパーズ』22：23-50
- 4章　書き下ろし
- 5章　2014「フェアトレードの分水嶺——『認証ラベル論争』をめぐる分析」『年報社会学論集』27：158-169
- 6章　書き下ろし
- 7章　書き下ろし
- 8章　2012「フェアトレード商品を購入するのはいかなる人か？」『経済社会学会年報』34：173-181
- 終章　書き下ろし

事項索引

Artisans du Monde　193
ATJ　→オルター・トレード・ジャパン
BOID　98
CoC　→チェーン・オブ・カスタディ
CSR　→企業の社会的責任
Ctmaltromercato　193
DFID　→イギリス国際開発庁
EFTA　→欧州フェアトレード協会
FLJ　→フェアトレード・ラベル・ジャパン
FLO　→フェアトレード・ラベル機構
FLO-CERT　140, 141, 143, 148, 170
FSC　→森林管理協議会
IDEAS　193
IFAT　→国際オルタナティブ・トレード連盟
IFTA　→国際フェアトレード連盟
ILO　→国際労働機関
IMF　→国際通貨基金
ISEAL Alliance　→国際社会環境認定表示連合
ISO　→国際標準化機構
JCNC　→日本ネグロス・キャンペーン委員会
MCC　→メノナイト派中央委員会
MSC　→海洋管理協議会認証
NPM　→新公共経営
NPO　→非営利組織
NPOの経営論的転回　117, 119
NPOの商業化　119, 121, 174
People Tree　24, 220, 221, 225, 226, 228-231, 234-241, 243-246, 248-252, 283
RA　→レインフォレスト・アライアンス
SAN　→サステナブル・アグリカルチャー・ネットワーク
SRI　→社会的責任投資
tertius gaudens　16, 19
TWIN　→第三世界情報ネットワーク
UNCTAD　→国際貿易開発会議
WFTO　→世界フェアトレード機構

あ 行

アグロセル　229, 230, 245, 251
アシシ・ガーバメンツ　229, 230, 251
新しい公共　118, 285
アルテルエコ　120
アントレプレナー　→企業家
イギリス国際開発庁（DFID）　135, 269, 270
イコール・エクスチェンジ　107, 108, 132
一次的ルール　286
一般基準　143, 144, 148, 150
遺伝子組み換え農産物　146
意図せざる結果　30, 32, 65, 85, 189, 279
意味の共有　210-214, 217-220, 223
インセンティブ　133, 183, 191
インプット　50, 51, 53, 54, 56-59, 158
ウィン－ウィン関係　183
ウォルフェンデン報告　133
埋め込み　3, 20, 48, 49, 51, 56, 69-72, 84, 87, 133, 153, 158
エコシュリンプ　199, 222
エンパワーメント　106, 112
欧州フェアトレード協会（EFTA）　112, 126
オーガニック（有機栽培）　61, 214, 229, 234, 236, 251
大きな政府　117
オーストリア学派経済学　62
オートポイエーシス　54, 56, 60, 154, 280, 289
オックスファム（Oxfam）　103-105, 112, 115, 118, 132, 138
――・トレーディング　105
オピニオン・リーダー　234, 237, 239, 251
オルター・トレード・ジャパン（ATJ）　24, 194, 196-212, 214-223, 225, 238, 239, 243, 248
オルタナティブ・ヘドニズム　239, 240, 252

314　事項索引

か 行

カーボン・オフセット　4, 27, 61
解釈　10, 11, 39, 41, 44, 50, 52, 53, 69, 78, 79, 87-90, 97, 154, 280, 281, 289, 290
開発貿易　102-106, 108, 109, 111-113, 137
外部性の内部化　152-154, 160, 168, 184, 191, 192, 280
海洋管理協議会認証（MSC）　161, 171
顔と顔の見える関係　7, 173, 177, 178, 190, 200, 216
学習　2, 36, 42, 45, 47, 48, 157, 246
学生運動　200, 201, 209
攪乱（ノイズ）　53, 54, 59, 63, 289
価値　1-4, 12-15, 17-19, 21, 22, 27-29, 38, 40, 43, 58, 115, 118, 119, 121, 134, 147, 151, 153, 156, 166-168, 191, 201, 202, 214-216, 218, 233, 240, 244, 245, 251, 255-262, 283, 288, 290
カフェダイレクト（Cafedirect）　114-116, 120, 131, 137, 174
環境 ⟷ システム　22, 36, 43, 45, 50, 53-57, 59, 63, 64, 82, 92, 121, 133, 134, 152-156, 158, 159, 280-291
国際社会環境認定表示連合（ISEAL Alliance）　170, 172
　　内的――　55, 56, 63, 64, 154, 159, 168, 280, 289
監査　136, 140-142, 148, 151, 152, 155, 157, 169-173, 177, 181, 194
慣習律 ⟷ 制定律　20-22, 286
関心 ⟷ 利害関心
関連ある知識　10, 78, 79, 82
関連性の構造　53, 56, 58
企業家（アントレプレナー）　134, 226-228, 230, 244-250, 252
　　社会的――　226-228
　　　　――主義的開発主義　247, 250
　　　　――精神　230, 245
企業の社会的責任（CSR）　5, 27, 60, 117, 119, 120, 128, 285
希少性　55, 83, 159, 160, 167-169
規制　45, 63, 93, 110, 150, 151, 154-157, 159, 160, 167-169, 183, 184, 194, 283-285, 288, 291, 292
　　市民――　155-157, 159, 160, 167, 183, 184, 194, 283, 284
政府――　159, 291, 292
　　――のプライバタイゼーション　155, 157, 159
擬制　71, 85
機能的社会主義　72-74, 76, 96
規範　1-3, 9, 11, 12, 23, 26-31, 33, 36, 38, 40-45, 48-51, 56, 59-61, 85, 95, 155, 156, 159, 169, 172, 183, 188, 207, 239, 256, 257, 276, 290
　　――的志向　1, 11, 38, 40, 41, 48
　　―― - 内面化論　23, 26, 29-31, 33, 36, 42, 44, 60, 61, 95
客観価値説　13-15, 21
共生　11, 12, 197, 207, 209, 211, 218, 219, 221, 275, 291
競争　13, 15-17, 19-22, 66, 67, 96, 110, 111, 118, 133, 160, 161, 164-169, 184, 204, 208, 212, 215, 228, 231, 238, 244, 249
協定　11, 50, 73-75, 84, 87, 89, 110, 158
協定価格　16, 20, 21, 24, 36, 71, 74, 79, 80, 84, 85, 109, 150, 170, 171
協同組合　1, 3, 6, 24, 29, 50, 114, 115, 125, 127, 128, 134, 138, 180, 185, 196, 197, 199, 208, 209, 212, 213, 219, 238, 239, 248
規律訓練　157, 159, 169
均衡分析　66, 67, 76-78, 88, 97
草の根貿易の会　196
グリーン・ウォッシュ　177, 193
グリーンコープ　197, 199, 200, 207-209, 211-213, 215, 221, 223
グリーン・コンシュマリズム　62, 151
グローバル・ヴィレッジ　225-228
計画経済　1, 4-7, 23, 29, 50, 61, 68-76, 81-87, 94, 96, 100, 102, 109, 124, 173, 176-178, 187, 228, 242, 244, 245, 247, 249, 250, 257
経済効率性　5, 73, 74, 120, 182, 188, 189
経済同友会　28, 61
啓発された自己利益　158
限界効用　277
限定合理性　52, 63
行為の準拠枠　38
交換　13, 15, 17, 18, 50, 70, 85, 96, 105, 106, 201
公共の福祉　35

事項索引　315

公正　1, 5, 6, 13, 15, 17, 18, 20-23, 27, 31, 42, 65, 73, 74, 93, 95, 96, 100, 101, 104, 111-113, 116, 118, 120, 125, 131, 134, 136, 138, 141, 147, 148, 150, 154, 165, 168, 169, 180, 182, 183, 185-192, 194, 227, 231-233, 237, 241, 242, 245-250, 252, 257, 258, 277, 283
　機会の——　185-188
　結果の——　186-188, 190, 191
　——な機会　242, 245
　——な対価　6, 27, 31, 95, 100, 112, 116, 131, 187, 188
　——な取引　1, 6, 15, 17, 18, 20-22, 42, 96, 104, 111, 125, 136, 150, 188-192, 232, 233, 237, 245, 248, 250
　——の延期　191, 192
構成概念　10, 39, 40, 53, 57, 78, 154
　一次的——　39, 40, 57, 78
　二次的——　39, 40, 57, 78
構造調整プログラム　109, 110, 132
構造的カップリング　48, 49, 54, 56, 59, 60, 137, 153, 154, 291, 292
構造的暴力　198, 199, 201, 203
公的規制　→政府規制
合理性　52, 63, 68, 94, 152, 156, 169, 171, 211, 264, 265, 280
　限定——　52, 63
　ローカルな——　264, 265
合理的選択　4, 151, 152, 171
コーヒー危機　110, 132
国際オルタナティブ・トレード連盟（IFAT）　112, 133
国際コーヒー協定　110
国際社会環境認定表示連合（ISEAL Alliance）　170-172
国際通貨基金（IMF）　109, 110
国際フェアトレード連盟（IFTA）　133
国際標準化機構（ISO）　148, 164, 167, 171, 181
国際労働機関（ILO）　146
国民健康サービス及びコミュニティ・ケア法　133
国連貿易開発会議（UNCTAD）　105
互恵　49, 56, 72, 76, 85, 96
個人化　12, 212-214, 247, 254, 255, 261, 262, 275

個人主義　213, 215, 223, 257, 268
コスタ　166
個性　28, 31, 38, 42, 223, 233, 265, 268, 271, 273
古典的自由主義　4, 5
個配（戸配）　213, 215, 219, 223
コマーシャリズム　→商業主義
コミットメント　27, 43, 134, 188, 241, 256, 257
コンプライアンス　288, 291

さ 行

再帰的自己構築　268
最低価格　21, 22, 148-150, 171
再分配　49, 56, 72, 76, 85, 96, 142, 186, 187
サステナブル・アグリカルチャー・ネットワーク（SAN）　162, 164
作動上の閉鎖　53, 54, 153
サプライチェーン　4, 6, 114, 115, 124, 137, 138, 141, 147, 148, 152, 164, 230
産業の論理　←→生活の論理　210-212, 214-217, 220, 282
産直団体　197, 202, 205, 207, 215, 216, 223
サンディカリズム　74
サンディニスタ　108
事業評価　155, 156, 158, 184
自己実現　12, 28, 31, 260, 267-269, 271, 275-277, 279
自己調整的市場　70, 71, 75, 76
自己マネジメント　157, 159, 285
市場価格　←→協定価格　16, 20, 21, 24, 36, 71, 74, 79, 80, 84, 85, 109, 150, 170, 171
市場経済　←→計画経済　1, 4-7, 23, 29, 50, 61, 68-76, 81-87, 94, 96, 100, 102, 109, 124, 173, 176-178, 187, 228, 242, 244, 245, 247, 249, 250, 257
市場志向　100, 102, 112-114, 116, 117, 133, 160, 226, 248, 289
自助努力　20, 118, 185, 186
システム　←→環境　26, 49-64, 71, 96, 150, 151, 153-155, 158-162, 168, 169, 184, 189, 190, 197, 207, 208, 213, 219, 220, 223, 280-284, 289-291
　オートポイエティック・——　52, 54, 55, 59, 159, 289

316　事項索引

開放—— 49-54, 56, 57, 60-63, 158, 290, 291
閉鎖—— 49, 52, 53, 158, 290, 291
システム理論　26, 49, 50, 53, 56, 57, 59, 60, 63, 64, 153, 154, 280, 281
自生的秩序　2, 3, 5, 7, 11, 12, 23, 26, 30, 31, 34-37, 40-46, 48, 59, 60, 62, 63, 79, 81, 82, 93, 168, 276, 279, 287, 288
慈善貿易　102-107, 109, 112, 132
資本主義　29, 90, 100, 107, 108, 116, 194, 209, 261
市民社会　5, 118, 156, 284
市民生協　197, 200, 208-210, 212-216, 218-220
市民的オルタナティブ　199-201, 206, 207, 209-212, 214-217, 220, 223, 224
市民-消費者　257, 284, 285
社会運動　1, 100, 128, 175, 212, 213, 219, 237, 238, 276, 286
『社会科学・社会政策雑誌』　73
社会システム理論　→システム理論
社会主義経済計算論争　10, 97
社会正義　90-92, 289
社会的企業　2, 12, 60, 114, 116, 117, 119-121, 124, 128, 134, 138, 174, 215, 219, 220, 225-228, 238, 240, 243, 245, 249, 252, 279, 283, 286
社会的経済　3, 5-8, 10, 24, 29, 62, 65, 66, 69, 70, 76, 86, 90, 94-96, 100, 108, 130, 131, 174, 188
社会的責任投資　102, 156
社会の目　4, 46, 160, 167, 168, 182-184, 186, 189, 190
社会民主主義　118, 133, 134
シャプラニール　221
集合主義　257, 259
自由市場　92, 101, 102, 109-113, 128, 131, 152, 173-175, 177, 184, 198, 199, 207, 208, 212, 215, 242, 243, 247-249
主観価値説　14, 15, 17, 18, 22
主観主義　36, 37, 40, 41, 43, 48, 62
小規模生産者　140, 144, 146, 148, 170, 194
商業主義（コマーシャリズム）　116, 120, 131, 175, 190
承認　10, 45, 50, 74, 76, 86, 87, 188, 260, 266, 277

消費者運動　24, 200, 209, 254, 256-259, 268, 275, 276, 282, 286
消費社会　24, 28, 212, 236-239, 241, 243, 244, 253-257, 259, 261, 262, 265, 266, 268, 275-277
商品別基準　144, 148, 150
自立基金　201, 203, 204, 221, 222
新公共経営　117, 133
新古典派経済学　24, 65-71, 75-80, 82-84, 86, 94
新自由主義　277, 284-286
新制度派組織論　133, 134, 287
シンボル　11, 12, 35, 36, 42, 79, 90, 210, 291
森林管理協議会認証（FSC）　161, 162, 171
スターバックス・コーヒー　126, 180
ステークホルダー　4, 119-121, 151, 152, 154-156, 158, 161, 164, 168, 169
スワローズ　229, 230, 245, 249
生活協同組合（生協）　128, 138, 196, 197, 199, 208, 209, 238, 239, 248
生活クラブ　197, 199, 200, 207-213, 215, 218, 222, 223
生活の論理　⟷産業の論理　210-212, 214, 220, 282, 283, 288
制御　1, 3, 5, 9, 18, 29, 48-51, 54, 56-59, 152-154, 156-161, 168, 169, 189, 190, 210, 280, 282, 283, 288, 289
外部——　157-159, 168, 169
内部——　5, 157-161, 168, 169
生協　→生活協同組合　197, 200, 202-223, 243, 286
生産者団体　106, 112, 138-140, 146, 150, 167, 170, 181, 229, 230, 235, 244-247, 249, 251, 252
制定律　20-22, 286
世界ショップ　107, 114, 126
世界フェアトレード機構（WFTO）　133
社会的責任投資（SRI）　62, 156
設計主義　80-82, 97
善意　21, 91, 178, 188-190, 192, 201, 203, 205, 222
贈与　104-106
ソーシャル・ビジネス　100, 102
組織間取引　138, 139, 141

組織内取引　　137-139, 143
た　行
対抗的経済圏　　107, 108, 116, 173, 199
第三者機構　　93, 124, 148, 160, 168
第三世界グループ　　107
第三世界情報ネットワーク　　111
第三の道　　133, 284
大地を守る会　　199, 207, 223
脱物質主義　　254, 259-262, 277
谷本寛治　　118-121, 134, 155, 156
地域生協　　→市民生協
小さな政府　⟵⟶　大きな政府　　117, 118
チェーン・オブ・カスタディ（CoC）　　164
チャリティ法　　118
調整　　2, 7, 12, 36, 42, 70, 71, 75, 76, 79, 81, 89, 109-111, 132, 165, 166, 172, 187, 189, 242, 275
追跡可能性　　→トレーサビリティ
ツリー型　⟵⟶　リゾーム型　　86, 88, 90, 218, 219, 240-243, 249, 285
提携型　　→提携型フェアトレード　　134, 169, 173, 174, 176-180, 182-184, 187-194, 196, 214
デイ・チョコレート　　114, 120, 174
データ　　10, 47, 75, 77, 78, 92, 97, 281, 291
テスコ　　121, 124, 126, 127
テンサウザンド・ビレッジ（Ten Thouthand Villages）　　132
道徳　　3, 26, 48, 51, 56, 59, 61, 79, 158, 159, 169, 254, 261, 263, 268, 281
独占　　13, 18-20, 107, 108, 111, 222
取扱率　　180, 183, 184, 191, 193
取引コスト　　138, 152
トレーサビリティ（追跡可能性）　　124, 141, 146, 147, 151, 164
トレード・クラフト　　229
トロピカル・ホールフーズ　　120

な　行
ナイキ　　171
内面化　　3, 11, 12, 23, 26, 29-31, 33, 36, 40, 42-45, 48, 51, 60, 61, 85, 95, 159
内面的見通し　　11, 12, 49, 50, 75, 76, 87, 88, 96, 190, 192
南北問題　　6, 100, 104, 105, 107-109

二次的ルール　　286
日本ネグロス・キャンペーン委員会（JCNC）　　196-199, 202
人間の経済　　67, 68, 70, 72, 76, 83
認証型　　→認証型フェアトレード
認証制度　　→認証ラベル制度
認証ラベル　　6, 7, 23, 24, 60, 122-128, 130, 131, 134-136, 138, 139, 143, 147, 150, 151, 161, 164, 166-169, 171-174, 176-185, 187, 189, 191, 193, 196, 215, 219, 270
　　──制度　　4, 7, 23, 27, 60, 122, 123, 128, 130, 131, 137, 139, 148, 150-152, 154, 157, 160, 165, 166, 168, 169, 173, 174, 177, 179-183, 185, 188, 191, 279, 289
　　──論争　　24, 169, 173, 174, 176, 187, 189, 191
ネグロス　　196-199, 202, 204, 206, 221
ネスレ　　115, 116, 127, 135, 171, 176, 177, 180
ネパリ・バザーロ　　225
ノイズ　　→攪乱
能力開発　　106, 108, 230, 246, 247, 249, 250, 252

は　行
パートナーシップ　　132, 178, 191, 192
バランゴンバナナ　　199-205, 207, 211, 215, 217, 221, 222
パルシステム　　197, 207, 208, 213, 219, 220, 223
非営利組織（NPO）　　117-119, 121, 128, 133, 134, 155, 162, 174
　　──の商業化　　119, 121, 174
評価制度　　27, 158
フェアトレード　　5-9, 11, 13, 18, 23, 24, 27, 31, 61, 95, 96, 100-103, 106, 107, 109, 111-144, 146-151, 160, 161, 164, 166, 167, 169, 171, 173-188, 191, 193, 194, 196, 197, 201, 212, 214-217, 219-221, 225-240, 242-253, 257, 265, 266, 269-271, 273, 275, 277, 278, 283, 285
フェアトレード・カンパニー　　225, 226, 228, 230, 231, 251
　　提携型──　　169, 173, 196, 214
　　認証型──　　169, 173
　　──のメインストリーム化　　113, 114, 117,

事項索引

119, 121, 122, 136, 174
フェアトレード・プレミアム　115, 148-150, 170, 171, 194
フェアトレード・ラベル機構（FLO）　6, 122, 124-128, 130, 131, 135, 136, 139-144, 146-150, 161, 162, 164-168, 170-172, 176, 179-181, 193, 215, 219, 223
フェアトレード・ラベル・ジャパン（FLJ）　128, 142, 170, 171
付加価値　4, 19, 115, 151, 153, 166, 167, 191
不確実性　67, 169, 250
福祉国家　←→ポスト福祉国家　117-119, 122, 128, 133, 159, 169, 277, 284, 291
福祉多元主義　133
不等価交換　18
フランクフルト学派　255
ブリッジ・プログラム　106, 115, 138
プレミアム　→フェアトレード・プレミアム
ポスト福祉国家　117-119, 122, 128, 133, 159, 169, 277, 284, 291
ホモ・エコノミクス　54, 66, 80, 83, 84, 94

ま 行

エシカル・マーケティング　27
マスコバド糖　199-202, 211
マックスハベラー（Max Havelaar）　123
マルチ・ステークホルダー　155, 156, 164
民衆交易　24, 192, 196, 197, 199-203, 205-209, 211, 212, 214-217, 219-223
メノナイト派中央委員会　103, 132
目的動機　←→理由動機　40, 42-44, 63

や 行

有機栽培　→オーガニック
有機的連関　34, 36
与件　→データ
欲求段階説　260, 277

ら 行

ライセンス契約　141, 143
ライフスタイル　28, 31, 42, 116, 212-214, 234, 238, 240, 241, 244-246, 252, 263, 265, 267, 271, 273, 275
利害関心　2-5, 8-10, 12, 14, 30, 32, 41, 42, 44, 45, 48, 49, 53, 58, 78, 98, 121, 152, 154-156, 158-160, 168, 184, 193, 198, 199, 219, 225, 227, 232, 233, 238-241, 244, 249, 255, 257, 259, 269, 271, 273, 275, 276, 280-285, 288, 289
利己　3, 5, 29, 93, 94, 96, 168, 190, 220, 239, 240, 252, 257, 285
リスク　4, 27, 58, 59, 93, 124, 152, 153, 159, 160, 169, 171, 229, 244-250, 252, 253, 281, 285, 289
──・マネジメント　4, 124
リゾーム型　←→ツリー型　86, 90, 94, 98, 219, 240-242, 286
利他　3, 5, 92, 93, 98, 168, 190, 205-207, 211, 218, 220, 239, 240, 252, 257, 261, 262, 268, 285
利他性　207, 211
理由動機　←→目的動機　40, 42-44, 63
諒解　11
倫理的市場　3-7, 9-13, 23, 24, 26-32, 34, 36, 40, 42-45, 49, 59, 60, 65, 66, 69, 70, 86, 90, 91, 94-96, 100, 124, 130, 131, 134, 137, 160, 169, 174, 188, 196, 253, 277, 279, 281, 283-286, 291
──のパラドクス　9, 26, 29, 30, 32, 36, 40, 42-45, 49, 59, 60
倫理的消費　2, 8, 12, 24, 28, 60, 151, 215, 216, 240, 243, 249, 252-254, 256-269, 273, 275-277, 279, 283-286
ルール　6, 13, 21-23, 35, 41, 43-49, 60, 62, 63, 78-80, 83, 89, 90, 92-95, 123-125, 136, 155, 160, 161, 165, 168, 172, 181, 184, 186-191, 194, 286-288, 291
一次的──　45, 46, 286
正しい行動──　92-94, 188
抽象的──　35, 47, 48, 78-80, 83, 89, 90
二次的──　45-47, 286
レインフォレスト・アライアンス（RA）　161, 162, 164-168, 171, 172
連帯　62, 102-104, 107-109, 111-113, 116, 134, 137, 175, 178, 193, 196, 197, 199-201, 206, 210, 212-216, 219, 223, 241, 255, 256, 262, 275
連帯貿易　102-104, 107-109, 111-113, 116, 134, 137, 197, 199, 201, 214
ロハス　215, 216

人名索引

あ 行

アドラー, M.　97
アンハイア, H. K.　133
市橋秀夫　181
岩根邦雄　223
イングルハート, R.　260
ヴァルキラ, J.　193
ヴァルル, M.　265
ヴァレラ, F.　53, 54, 64
ウィルキンソン, J.　178
上田誠　198, 200, 201, 211, 215, 221
ウェーバー, M.　9, 11, 14-17
ヴェブレン, T.　67
ヴォーゲル, D.　155, 157, 283
エルキントン, J.　276
オパル, C.　171

か 行

カーズナー, I.　245
ガダマー, H. G.　52, 53
ガブリエル, Y.　257
ガルブレイス, J. K.　255
ギデンズ, A.　268
楠茂樹　5, 61, 92, 93
ケルゼン, H.　97
コッケン, M.　103, 105
コトラー, P.　119, 121
近藤康男　133, 177, 179, 180

さ 行

サッサテッリ, R.　266
ザデク, S.　113, 174, 284
佐藤郁哉　171
佐藤慶幸　210
下山保　208, 209, 213, 219, 223
サムズ, C.　181
シュッツ, A.　37, 39-41, 57, 62
ジョンストン, J.　276, 284, 285
ジンメル, G.　16, 17, 19
スコット, W. R.　133
スミス, A.　4, 5, 242
スメルサー, N.　50

セネット, R.　255
ソパー, K.　240, 252, 257, 265

た 行

ダヴェンポート, E.　114
土屋淳二　258, 277
ディーズ, G. J.　119
ティフェン, P.　113, 174
ディマジオ, P. J.　133
テイラー, P. L.　175
土肥将敦　228
トレントマン, F.　257

な 行

ナイト, F.　96
長坂寿久　127, 134, 193, 194, 225
那須壽　62
ニコルス, A.　171
西川潤　62
西部忠　83

は 行

バイラー, E. R.　103, 132
バーガー, P.　61
橋爪大三郎　46
橋本努　97
パーソンズ, T.　1, 37-41, 43, 50, 51, 57, 58, 60, 62, 89
ハート, H. L. A.　45-47, 63, 160
バーネット, C.　263, 264
ハイエク, F.　5, 34-37, 41, 46, 47, 60-64, 66, 70, 76-86, 88-98, 168, 287
バウアー, C. O.　97
バウマン, Z.　255
パッカード, V.　255
バラット=ブラウン, M.　111, 116, 131, 133, 175
バリエントス, S.　177
パワー, M.　157, 169
ヒルトン, M.　263, 276
フーコー, M.　157
フェアリー, J.　181
藤本敏夫　223

フリードマン, M. 156
フリーマン, M. E. 154
ブレア, A. C. L 117, 133
ヘイルズ, J. 276
ベビア, M. 264, 265
ベルタランフィ, L. 50
堀田正彦 176-178, 198-206, 208-211, 214-216, 220, 222, 223
ボードリヤール, J. 255
ポランニー, K. 3, 10, 49-51, 58, 60, 66, 70-76, 82-90, 94-98, 153
ボリス, J. P. 179, 180
ホワイト, H. 16, 24, 161

ま 行

マイヤー, J. W. 133
マズロー, A. 260, 261, 277
マトゥラーナ, H. 53, 54, 64
間々田孝夫 260, 269
マルクス, K. 13
マレー, D. L. 186
マンデヴィル, B. 4
ミシェレッティ, M. 264
ミーゼス, L. 62, 73, 74, 96, 97
見田宗介 255
ミニー, サフィア 225-237, 239, 242, 246, 247, 251

メンガー, C. 14, 31-37, 60, 64, 79, 168
森元孝 62, 97
モルゲンシュテルン, O. 96

や 行

山田真茂留 171
行岡良治 221, 223

ら 行

ラヴォア, D. 97
ラザーズフェルド, P. 251
ラング, T. 257
ランサム, D. 131
ルーマン, N. 54-56, 60
ルックマン, T. 61
レイノルズ, L. T. 186
レイノルズ, K. 98
レナード, M. 175
ロウ, W. 114
ロスバード, M. 152

わ 行

若森みどり 87, 97
渡辺龍也 6, 7, 63, 102, 103, 105, 108, 118, 120, 126, 129, 131, 134, 135, 139, 150, 170, 171, 174, 178, 182-186, 194, 217, 221, 252

著者紹介

畑山 要介(はたやま ようすけ)

1985年，石川県生まれ。
2008年に早稲田大学第一文学部を卒業後，2014年に同大学大学院博士後期課程を修了。博士（文学）取得。
2010年より日本学術振興会特別研究員（DC1），その後2013年より早稲田大学文学学術院助手を経て2016年より日本学術振興会特別研究員（PD）。
専門分野は社会学。
主要著書・論文
「倫理的消費者の意識構造」間々田孝夫編『消費社会の新潮流―ソーシャルな視点リスクへの対応』(2015年，立教大学出版会)，「フェアトレードの分水嶺」『年報社会学論集』27号（2014年）など。

倫理的市場の経済社会学
―自生的秩序とフェアトレード

2016年11月20日　第1版第1刷発行

著　者　畑山　要介

発行者　田中　千津子　〒153-0064　東京都目黒区下目黒3-6-1
　　　　　　　　　　　電話　03（3715）1501代
発行所　株式会社 学文社　FAX 03（3715）2012
　　　　　　　　　　　http://www.gakubunsha.com

©2016 HATAYAMA Yosuke　Printed in Japan　◎検印省略
乱丁・落丁の場合は本社でお取替えします。　印刷　新灯印刷（株）
定価は売上カード，カバーに表示。

ISBN978-4-7620-2679-9